ESCOLA DE CONTAS
E O CONTROLE SOCIAL
NA FORMAÇÃO PROFISSIONAL

PATRÍCIA VERÔNICA NUNES
CARVALHO SOBRAL DE SOUZA

Prefácio
Sebastião Helvecio Ramos de Castro

ESCOLA DE CONTAS E O CONTROLE SOCIAL NA FORMAÇÃO PROFISSIONAL

Belo Horizonte

2018

© 2018 Editora Fórum Ltda.

É proibida a reprodução total ou parcial desta obra, por qualquer meio eletrônico, inclusive por processos xerográficos, sem autorização expressa do Editor.

Conselho Editorial

Adilson Abreu Dallari
Alécia Paolucci Nogueira Bicalho
Alexandre Coutinho Pagliarini
André Ramos Tavares
Carlos Ayres Britto
Carlos Mário da Silva Velloso
Cármen Lúcia Antunes Rocha
Cesar Augusto Guimarães Pereira
Clovis Beznos
Cristiana Fortini
Dinorá Adelaide Musetti Grotti
Diogo de Figueiredo Moreira Neto
Egon Bockmann Moreira
Emerson Gabardo
Fabrício Motta
Fernando Rossi
Flávio Henrique Unes Pereira

Floriano de Azevedo Marques Neto
Gustavo Justino de Oliveira
Inês Virgínia Prado Soares
Jorge Ulisses Jacoby Fernandes
Juarez Freitas
Luciano Ferraz
Lúcio Delfino
Marcia Carla Pereira Ribeiro
Márcio Cammarosano
Marcos Ehrhardt Jr.
Maria Sylvia Zanella Di Pietro
Ney José de Freitas
Oswaldo Othon de Pontes Saraiva Filho
Paulo Modesto
Romeu Felipe Bacellar Filho
Sérgio Guerra
Walber de Moura Agra

Luís Cláudio Rodrigues Ferreira
Presidente e Editor

Coordenação editorial: Leonardo Eustáquio Siqueira Araújo

Av. Afonso Pena, 2770 – 15º andar – Savassi – CEP 30130-012
Belo Horizonte – Minas Gerais – Tel.: (31) 2121.4900 / 2121.4949
www.editoraforum.com.br – editoraforum@editoraforum.com.br

S677e   Sobral de Souza, Patrícia Verônica Nunes Carvalho

Escola de contas e o controle social na formação profissional / Patrícia Verônica Nunes Carvalho Sobral de Souza.– Belo Horizonte : Fórum, 2018.

268 p.
ISBN 978-85-450-0447-9

1. Direito Público. 2. Pedagogia. I. Título.

CDD 341
CDU 342

Informação bibliográfica deste livro, conforme a NBR 6023:2002 da Associação Brasileira de Normas Técnicas (ABNT):

SOBRAL DE SOUZA, Patrícia Verônica Nunes Carvalho. *Escola de contas e o controle social na formação profissional*. Belo Horizonte: Fórum, 2018. 268 p. ISBN 978-85-450-0447-9.

À minha mãe-avó, Lourdes, por suas lições de incentivo, hoje e sempre.

Ao meu esposo, Carlos Alberto Sobral de Souza, pelo zelo e dedicação ao Tribunal de Contas do Estado de Sergipe.

Aos meus filhos, Romeu Neto e Carlos Alberto Filho, luzes e bússolas da minha vida.

AGRADECIMENTOS

A gratidão é o único tesouro dos humildes.

(William Shakespeare)

Nada mais justo do que expressar os meus agradecimentos a Deus, pela saúde, inspiração e determinação a mim dispensadas ao longo desta difícil caminhada.

A Lourdes, minha mãe-avó, mulher admirável, augusto símbolo da bondade, cujo amor e confiança em mim têm significado uma significativa alavanca desde meu nascimento até o momento presente.

Aos meus filhos, Romeu Neto e Carlos Alberto Filho, pela compreensão quando não pude estar presente cumprindo plenamente o mister de mãe.

Ao meu esposo, incentivador e amigo de todas as horas, Carlos Alberto Sobral de Souza, Conselheiro do Tribunal de Contas do Estado de Sergipe TCE/SE, homem público de valor inestimável, pelo carinho e privilégio de poder partilhar dos seus vastos conhecimentos e de sua valiosa orientação.

À Professora Veleida Silva, pela zelosa orientação, constante incentivo e apoio que tanto aperfeiçoaram este trabalho.

Ao Professor Bernard Charlot e a todos os colegas que fazem parte do grupo de pesquisa EDUCON, pelos profícuos e proveitosos debates que solidificaram nosso entendimento na seara educacional.

Aos colegas de doutorado Analice, Cristiane, Ana Lúcia, Kátia, Mariana, Elissandra, Glebson, Aline, Rose, Josi, Maria Augusta, Andrea e Ricardo por estes três anos de caminhada e pela incrível experiência do humanismo e da amizade sincera.

Aos servidores e professores (Ms. Eanes Correia e Drs. Luiz Eduardo de Oliveira, Sônia Meire, Eva Siqueira Alves, Paulo Neves, Fábio Zoboli, Renato Izidoro, Anamaria Bueno, Marizete Lucini e Jorge Carvalho) do PPGED (Programa de Pós-Graduação em Educação da UFS), pelo inquestionável exemplo de dedicação e profissionalismo junto à UFS.

Ao Grupo Tiradentes quanto ao apoio logístico na persecução das minhas lides acadêmicas e pela prestigiosa concessão de bolsa de estudos.

Ao Presidente do Instituto Rui Barbosa (IRB), Conselheiro do TCE/MG, Sebastião Helvécio, pela atenção dispensada aos meus apontamentos, com indicação de referências bibliográficas, pertinentes observações ao fomento do controle social e, ainda, por respaldar este projeto encaminhando carta de recomendação a todas as escolas de contas do Brasil, o que muito me auxiliou na coleta de dados.

Ao Presidente do TCE/SE, Conselheiro Clóvis Barbosa, por respaldar este projeto e entender que o controle social aperfeiçoa a atuação dos órgãos de controle e é caminho inevitável a ser seguido.

Aos estimados colegas do Tribunal de Contas do Estado de Sergipe e da Escola de Contas José Amado Nascimento (ECOJAN), pela amizade, solidariedade, zelo profissional, e valioso auxílio na coleta de dados junto aos tribunais de contas do Brasil, especialmente a Yan Cápua, Milena Kauss e Edna Amorim.

Ao Procurador-Geral do Ministério Público junto ao Tribunal de Contas do Estado de Sergipe, Doutor João Augusto Bandeira de Mello, que dedicadamente se debruçou sobre o presente texto e pelo apoio, incentivo e reflexões pertinentes.

Ao eminente Conselheiro do TCE/SE, Dr. Carlos Pinna de Assis, pela compreensão e significativo apoio que se constituíram num grande contributo para a consecução do meu objetivo.

Aos confrades e confreiras das colendas Academias Sergipana de Letras, Sergipana de Ciências Contábeis e Itabaianense de Letras, pelo apoio e por compreenderem as minhas ausências às sessões.

Aos professores doutores: Luciana Aboim (SE), Lucas Silva (SE), Paula Nazareth (TCE/RJ), Adelmo Guimarães (TCM/BA), Gustavo Elias (TCE/MG), Raylane Barreto (UNIT/SE) pela companhia nos aprofundados debates e defesas de dissertações e teses nos eventos científicos. Especialmente a Dra. Rosa Chaise, pelas orientações seguras acerca da temática que nos une.

Ao Dr. Luciano Barreto, pelo expressivo apoio e por difundir e defender a importância do controle social, que, na sua visão de atuante e bem-sucedido empresário, é o rumo certo para colocar o Brasil no seu devido patamar.

A todos os servidores das escolas de contas do Brasil, pelo apoio e solicitude com que prontamente responderam aos questionários.

Aos meus alunos e ex-alunos, Altair O. Filho, Amanda Audi, Amanda Sampaio, Ana Rafaella, Bruno Lima, Dênio Barreto, Gusttavo Alves, Ismael Pereira, Jéssica das Virgens, João Luciano, Jorge Alberto, Jully Anny, Karine Santos, Lânia Mirelle, Marcos Henrique, Matheus Matos, Thiago Menezes e Vitor Afonso que contribuíram com suas indagações, reflexões, respostas aos questionários e entrevistas.

Aos professores Carlos Magno (Fanese) e Jailton Moura (Faculdade Pio Décimo), pelo apoio quanto às entrevistas concedidas. Às professoras Nancy Azeredo e Tânia Silva, pelo apoio e revisão atenta do texto.

Aos membros da Banca Examinadora da Tese apresentada ao Programa de Pós-Graduação em Educação da Universidade Federal de Sergipe: Doutores Veleida Anahi da Silva, Bernard Jean Jacques Charlot, Rita de Cácia Santos Souza, Maria José Nascimento Soares (UFS), Elione Maria Nogueira Dióges (UFAL) e Marcos Antônio Rios da Nóbrega (UFPE).

É, enfim, chegado o auspicioso momento de curvar-me diante da sagrada terra dos papagaios e cajueiros para expressar os meus agradecimentos pelos percalços, dificuldades e constantes obstáculos, pois cada um serviu para redobrar a minha coragem e determinação de vencer, me permitindo, destarte, estar aqui, intacta e fortalecida.

Que Deus faça florescer permanentemente dentro do meu coração o sagrado dom da gratidão.

Em primeiro lugar, a educação é um direito, e não uma mercadoria. É um direito universal, ligado à própria condição humana e é enquanto direito que ela deve ser defendida.

(CHARLOT, 2001, p. 5)

LISTA DE ABREVIATURAS E SIGLAS

AMBARCO	Associação Municípios da Barra do Cotinguiba e Vale do Japaratuba
AMURCES	Associação dos Municípios da Região Centro-Sul de Sergipe
ASEOPP	Associação Sergipana dos Empresários de Obras Públicas e Privadas
CE	Controle Externo
CEAC	Centro de Estudos e Acompanhamento da Constituinte
CF/88	Constituição Federal
CNE	Conselho Nacional de Educação
CONSED	Conselho Nacional de Secretários de Educação
CRC	Conselho Regional de Contabilidade
EaD	Educação a Distância
EC	Escola de Contas
ECs	Escolas de Contas
ECOJAN	Escola de Contas José Amado Nascimento
EdC	Educação Corporativa
ENA	École Nationale d'Administration
ENAP	Escola Nacional de Administração Pública
EUA	Estados Unidos da América
FAMES	Federação dos Municípios do Estado de Sergipe
FNDE	Fundo Nacional de Desenvolvimento da Educação Básica
FNCEE	Fórum Nacional dos Conselhos Estaduais de Educação
FPE	Fundo de Participação dos Estados
FUNDEB	Fundo de Manutenção e Desenvolvimento da Educação Básica e de Valorização dos Profissionais da Educação
GEC	Grupo das Escolas de Contas
ICMS	Imposto sobre Circulação de Mercadorias e Serviços
IDEB	Índice de Desenvolvimento da Educação Básica
IPIexp	Imposto sobre Produtos Industrializados, proporcional às exportações
IPVA	Imposto sobre a Propriedade de Veículos Automotores
IRB	Instituto Rui Barbosa
LDB	Lei de Diretrizes e Bases da Educação Nacional
LNT	Levantamento de Necessidades Técnicas
LRF	Lei de Responsabilidade Fiscal
MEC	Ministério da Educação e da Cultura
PDI	Plano de Desenvolvimento Institucional
PEC	Proposta de Emenda Constitucional

PIB	Produto Interno Bruto
PIDESC	Pacto Internacional de Direitos Econômicos, Sociais e Culturais
PNE	Plano Nacional de Educação
PNLD	Programa Nacional do Livro Didático
PPI	Projeto Pedagógico Institucional
REAP	Rede de Escolas de Formação de Agentes Públicos de Minas Gerais
SASE	Secretaria de Articulação com os Sistemas de Ensino
SEBRAE	Serviço Brasileiro de Apoio às Micro e Pequenas Empresas
SGI	Serviço de Gestão de Informações
SEGU	Sistema de Escola de Governo da União
SENAC	Serviço Nacional de Aprendizagem Comercial
STJ	Superior Tribunal de Justiça
TAG	Termo de Ajustamento de Gestão
TCU	Tribunal de Contas da União
TCE	Tribunal de Contas do Estado
TCE/SE	Tribunal de Contas do Estado de Sergipe
TCM	Tribunal de Contas do Município
TCMs	Tribunal de Contas dos Municípios
TCs	Tribunais de Contas
UCA	Um computador por aluno
UNCME	União Nacional dos Conselhos Municipais de Educação
UNIDIME	União Nacional dos Dirigentes Municipais de Educação
UFS	Universidade Federal de Sergipe
UNIT	Universidade Tiradentes

LISTA DE TABELAS

Tabela 1 – Regiões das escolas de contas 107

Tabela 2 – Tempo de atuação das escolas de contas 109

Tabela 2.1 – Denominação: escolas, instituto e centro de aperfeiçoamento 110

Tabela 3 – Composição das diretorias/presidência das escolas por conselheiros/membros 111

Tabela 3.1 – Formação acadêmica dos diretores/coordenadores das escolas 112

Tabela 4 – As escolas de contas possuem projeto político-pedagógico . 113

Tabela 5 – Servidores efetivos nas escolas de contas 114

Tabela 6 – Servidores efetivos por ECs 115

Tabela 7 – Servidores comissionados nas escolas 118

Tabela 8 – Servidores comissionados por ECs 118

Tabela 8.1 – Servidores deficientes físicos nas escolas de contas 121

Tabela 9 – Professores efetivos nas escolas de contas 121

Tabela 10 – Professores externos nas escolas de contas 122

Tabela 11 – Quantitativo de salas de aula 124

Tabela 12 – Biblioteca nas escolas de contas 125

Tabela 13 – As escolas de contas possuem auditório 126

Tabela 14 – Quantidade de lugares no auditório 127

Tabela 15 – Espaço de convivência nas escolas de contas 128

Tabela 16 – Práticas de educação a distância (EaD) 129

Tabela 17 – Cursos de educação a distância (EaD) 131

Tabela 18 – Produção de conteúdo da escola 132

Tabela 19 – Canais de comunicação 134

Tabela 20 – As escolas de contas possuem missão 136

Tabela 21 – Levantamento da missão dos tribunais de contas e das escolas de contas 137

Tabela 22 – Público-alvo dos projetos 145

Tabela 23 – Categorização dos projetos implementados 147

Tabela 24 – O Projeto TCE Cidadão alcança o seu objetivo em promover a cidadania e divulgar a atuação do Tribunal de Contas/SE? 178

Tabela 25 – Plenária do colegiado e acompanhamento da pauta de julgamento de processos do dia 180

Tabela 26 – A participação na plenária do colegiado contribui na compreensão do Tribunal de Contas e suas ações? 181

Tabela 27 – A participação na plenária do colegiado incentiva a atuação do cidadão na fiscalização de recursos públicos? 183

Tabela 28 – A participação na plenária do colegiado para melhoria da comunicação entre o Tribunal de Contas/SE e a sociedade .. 184

Tabela 29 – A proposta do Projeto TCE Cidadão motiva universitários e universidades/faculdades a conhecer os princípios da boa Administração Pública? 185

Tabela 30 – As ações do TCE/SE e de sua Escola de Contas tornam mais fácil a fiscalização cidadã sobre o controle dos gastos públicos? 187

Tabela 31 – Antes da aplicação do Projeto TCE Cidadão, a sua visão sobre o controle de gastos públicos era a mesma que tem agora? 189

Tabela 32 – Todos os cidadãos, alfabetizados ou não, precisariam conhecer o trabalho do TCE/SE e de sua Escola de Contas sobre a fiscalização dos gastos públicos? 190

Tabela 33 – O controle social é uma das formas de combater a corrupção? 192

Tabela 34 – A concepção de controle que a Escola de Contas considera para o aperfeiçoamento do processo democrático da sociedade brasileira 195

Tabela 35 – A Escola de Contas acompanha e auxilia nas tomadas de tais providências junto às atividades do controle externo?.. 196

Tabela 36 – Os objetivos do Tribunal de Contas/SE estão centrados para a contribuição que, não só quer, mas que tem a obrigação de prestar à sociedade controle dos gastos públicos eficientemente. A escola entrevistada assume o mesmo procedimento? Por que sim? E, se não, por quê? Há projetos/ações para tais fins?... 197

Tabela 37 – A sociedade que presta seus serviços, principalmente nas funções de controle externo, auxilia todo o conjunto dos entes e dos órgãos do aparelho estatal, tanto indireta quanto diretamente. Isso ocorre com esta escola entrevistada?........ 198

Tabela 38 – A escola entrevistada atua com práticas pedagógico-preventivas?.. 199

Tabela 39 – A escola entrevistada está de acordo com o pensamento de servir à coletividade e este ponto está em consonância com a missão da escola?... 200

Tabela 40 – Quais os maiores desafios já enfrentados pela escola?.......... 201

Tabela 41 – Escolas de contas que podem servir de modelo para as demais. 202

Tabela 42 – A escola entrevistada se considera dentro de um grau relevante de autonomia pedagógica? Possui plano pedagógico de ação? Como é elaborado e em qual intervalo de tempo? Possui plano de desenvolvimento institucional (PDI)? 203

Tabela 43 – A escola entrevistada possui grupo de pesquisa ou de estudos voltados a temas que envolvam o caráter ensino-pesquisa-aprendizagem da equipe de servidores do TCE? 204

Tabela 44 – Como é o funcionamento destinado à formação e ao desenvolvimento de servidores públicos da escola entrevistada?... 205

Tabela 45 – A escola possui aparato tecnológico que viabiliza a consecução de maior conhecimento e afirmaria como satisfatórios os cursos promovidos à distância?.................... 206

Tabela 46 – A escola entrevistada concorda que as escolas de governo tratam do desempenho de sua missão junto à sociedade, levando a efeito um programa geral de formação da cidadania? 207

Tabela 47 – Quais projetos socioeducacionais foram criados pela escola entrevistada que poderiam ser listadas e apontadas as suas características, objetivos e resultados geradores de cidadania? 208

Tabela 48 – Como a escola entrevistada tem trabalhado o ensinamento e a aprendizagem sobre as contas públicas no tocante às questões relacionadas à ética e à moral? Que resultado tem apresentado? 209

LISTA DE QUADROS

Quadro 1 – Número de participantes, por instituições de nível superior em Sergipe, no Projeto TCE Cidadão. Período: 2012-2015.. 171

Quadro 2 – Participantes do Projeto TCE Vai à Escola. Período 2013-2015 174

LISTA DE GRÁFICOS

Gráfico 1 – Regiões das escolas de contas 108

Gráfico 2 – Tempo de atuação das escolas de contas 109

Gráfico 3 – Formação acadêmica dos diretores/coordenadores das
escolas 112

Gráfico 4 – As escolas de contas possuem projeto político-pedagógico . 113

Gráfico 5 – Servidores efetivos nas escolas de contas 117

Gráfico 6 – Servidores comissionados nas escolas de contas 120

Gráfico 7 – Professores efetivos nas escolas de contas 121

Gráfico 8 – Professores externos nas escolas de contas 123

Gráfico 9 – Quantitativo de salas de aula 124

Gráfico 10 – Biblioteca nas escolas de contas 125

Gráfico 11 – As escolas de contas possuem auditório 126

Gráfico 12 – Quantidade de lugares no auditório 127

Gráfico 13 – Espaço de convivência nas escolas de contas 128

Gráfico 14 – Práticas de educação a distância (EaD) 130

Gráfico 15 – Cursos de educação a distância (EaD) 131

Gráfico 16 – Produção de conteúdo da escola 133

Gráfico 17 – Canais de comunicação 135

Gráfico 18 – As escolas de contas possuem missão que se volta para a
sociedade ou para o controle social 136

Gráfico 19 – Público-alvo dos projetos 145

Gráfico 20 – Categorização dos projetos implementados 148

SUMÁRIO

PREFÁCIO
Sebastião Helvecio Ramos de Castro 27

INTRODUÇÃO 29

CAPÍTULO 1
METODOLOGIA 35
1.1   Caracterização da pesquisa 35
1.2   Sujeitos da pesquisa 37
1.3   Instrumentos de coleta de dados 38
1.4   Procedimentos 39

CAPÍTULO 2
EDUCAÇÃO, DEMOCRACIA E CIDADANIA:
PERSPECTIVA PARA UMA EDUCAÇÃO VOLTADA
AO CONTROLE SOCIAL 43
2.1   Democracia e cidadania: elementos necessários ao controle
social...51
2.2   A Constituição Federal do Brasil de 1988: a educação como
um direito 56
2.3   Elos articuladores dos órgãos públicos para a promoção da
educação 64
2.4   Recursos para financiamento da educação: o caso Fundeb.........67

CAPÍTULO 3
AS ESCOLAS DE CONTAS NO CONTEXTO
SOCIOEDUCATIVO ESTATAL 73
3.1   Aspectos históricos e constitucionais e a função de controle
externo dos tribunais de contas 73

3.2   Tribunal de Contas de Sergipe: aspectos gerais 89

3.3   Educação corporativa (EdC) no âmbito das escolas de governo: da palavra à ação 92

3.4   Do Instituto Rui Barbosa 105

3.5   O perfil das escolas de contas do Brasil 107

3.6   As escolas de contas: ações para o controle social 149

CAPÍTULO 4
ESCOLA DE CONTAS JOSÉ AMADO NASCIMENTO (ECOJAN): UM ESTUDO DE CASO 153

4.1   Escola de Contas José Amado Nascimento (ECOJAN): aspectos da organização acadêmica 161

4.2   Escola de Contas José Amado Nascimento (ECOJAN): aspectos da organização administrativa 167

4.3   Escola de Contas José Amado Nascimento (ECOJAN): estrutura do corpo técnico administrativo 169

4.4   Projetos da ECOJAN que se voltam ao controle social 170

4.4.1   Escola de Contas José Amado Nascimento: Projeto TCE Cidadão/SE 170

4.4.2   Escola de Contas José Amado Nascimento: Projeto TCE Itinerante/SE 172

4.4.3   Escola de Contas José Amado Nascimento: Projeto TCE Vai à Escola/SE 173

CAPÍTULO 5
ANÁLISE E DISCUSSÃO DOS RESULTADOS DAS ENTREVISTAS 177

5.1   Entrevistas com alunos e professores contemplados com o Projeto TCE Cidadão ECOJAN 177

5.2   Entrevista com a escola de contas mais antiga (TCE/MG) e com a mais recente (TCMs/BA) 195

CONSIDERAÇÕES FINAIS 211

REFERÊNCIAS 219

APÊNDICES

APÊNDICE I – ROTEIRO DE ENTREVISTA 1 233

APÊNDICE II – ROTEIRO DE ENTREVISTA 2 237

APÊNDICE III – TERMO DE LIVRE CONSENTIMENTO 239

APÊNDICE IV 241

ANEXOS 245

PREFÁCIO

Em boa hora, Patrícia Verônica Nunes Carvalho Sobral de Souza oferece à comunidade a sua obra *Escolas de contas e o controle social na formação profissional*, oportunizando um diálogo do conhecimento com tendências da Administração Pública centrado na valorização das pessoas.

A publicação – composta de cinco vigorosos capítulos, além da introdução e considerações finais – é densa sob o ponto de vista acadêmico, com apoiamento em robustos pensadores e, ao mesmo tempo, objetiva, pois resulta da inquietação da autora, profissional destacada no prestigiado Tribunal de Contas do Estado de Sergipe desde 1997, especialmente quando exerceu a coordenação da Escola de Contas José Amado Nascimento nos biênios 2012-2013 e 2016-2017, nos revelando um inédito diagnóstico da situação das escolas de contas.

Esta é a senha para uma aprimorada pesquisa qualitativa, aliada ao caráter exploratório e descritivo, tendo como sujeitos os representantes das trinta e quatro escolas de contas nacionais que conformam o nosso sistema pedagógico, tendo como recorte temporal o período de 2002-2015. Trabalho de fôlego, feito com técnica e pertencimento.

O leitor – servidor de escolas de contas, auditor de controle externo, membro da Administração Pública, cidadão interessado no controle social – sentir-se-á contemplado ao fazer parte da discussão do papel inclusivo das escolas de contas no empoderamento da Sociedade (sim, com S maiúsculo para simbolizar o protagonismo do cidadão), *vis-à-vis* com objetivos do desenvolvimento sustentável das Nações Unidas e que tem o Brasil como signatário, especialmente o ODS 16, que quer promover sociedades pacíficas e inclusivas, proporcionar o acesso à justiça para todos e construir instituições eficazes, responsáveis e inclusivas em todos os níveis.

Por derradeiro, concordando com a jovem autora, renovo o meu otimismo quando o estudo identifica a atuação das escolas de contas como espaço para a formação da cidadania e nos permite inferir que as casas de contas são pilares fortes e indispensáveis para a concretude da democracia.

Boa leitura!

Sebastião Helvecio Ramos de Castro

Graduado em Medicina pela Universidade Federal de Juiz de Fora. Graduado em Direito pela Faculdade de Ciências Jurídicas Vianna Júnior. Pós-Graduado em Controle Externo pela Pontifícia Universidade Católica de Minas Gerais. Especialista em Didática do Ensino Superior pela Universidade Federal de Juiz de Fora. Doutor em Saúde Coletiva, área de concentração Políticas, Administração e Planejamento pela Universidade do Estado do Rio de Janeiro. Conselheiro do Tribunal de Contas do Estado de Minas Gerais. Presidente do Instituto Rui Barbosa.

INTRODUÇÃO

A formulação de argumentos para clarear as necessidades da sociedade civil quanto ao uso de modo apropriado dos recursos do Estado brasileiro e administrá-los exige investimentos na atuação direta dos órgãos em relação à promoção de formação complementar aos sujeitos servidores burocratas, administradores e gestores de órgãos, bem como profissionais e a sociedade como um todo, que se ocupam em fiscalizar se os recursos públicos estão sendo utilizados devidamente e de forma eficiente e eficaz para atender aos propósitos dos projetos aprovados e destinados aos diversos segmentos estatais.

Desse modo, surgem questionamentos de toda ordem com significado sócio-político-educativo, a exemplo de questões que norteiam a atuação e a função das escolas de contas (ECs) do Brasil, notadamente a Escola de Contas (EC) do Estado de Sergipe enquanto promotora do controle social, objeto de estudo desta pesquisa.

Nesse aspecto, é viável apresentar as ECs brasileiras inseridas em um cenário corporativo, sendo imperativo expor suas funções e funcionalidade enquanto promotoras do bem-estar do cidadão, auxiliando na prestação de contas dos recursos públicos à sociedade em geral.

O referido estudo se justifica, num primeiro momento, pelo mapeamento das ECs existentes no Brasil na perspectiva de registrar suas atividades de caráter educacional, em que compareçam aspectos didático-pedagógicos na atuação dos profissionais nos tribunais de contas (TCs) e, também, para delinear o perfil da Escola de Contas José Amado Nascimento (ECOJAN), apresentando sua proposta educacional em relação à função do controle feito pelo próprio estado e pela sociedade e, assim, fixar a tese de que o Tribunal de Contas, por meio de projeto específico, exerce um papel formativo de controle social, fortalecendo a democracia e a cidadania nas instituições públicas.

Igualmente, pretende-se demonstrar nesta obra aspectos históricos que abrangem o surgimento, a constitucionalização e o exercício do Controle Externo (CE) pelos TCs, evidenciando a significância das ECs no cumprimento do seu papel de auxiliar dos controles acima mencionados ao formar pessoas com habilidades didático-pedagógicas destinadas a esta especificidade de trabalho, além da função de esclarecer e elidir dúvidas dos cidadãos que necessitam de amparo técnico-institucional de como questionar contas dos recursos públicos no portal de domínio público.

Vale ressaltar que todos os sujeitos devem ter acesso ao uso e benefícios provindos dos recursos públicos mediante o entendimento de como funcionam a Administração Pública e sua corresponsabilização na fiscalização e aplicação, não só para seus servidores e os jurisdicionados, mas para todos os sujeitos que usufruam de recursos a serem utilizados enquanto práticas para o fortalecimento da cidadania e, também, enquanto controle social, considerando que todo processo de democratização e de redemocratização do país fortalece a cidadania, em pleno exercício das garantias estabelecidas pela Carta Magna. Logo, a democratização demanda uma participação efetiva dos atores sociais no sentido de promover um debate mais atuante, vinculante e abrangente entre estes. Já a redemocratização seria um repensar sobre o movimento da essência democrática.

Desse modo, a construção da cidadania requer um processo ininterrupto de mobilização social elaborado por meio da conscientização dos cidadãos,[1] que se concretiza na forma de questionamentos, insurgências, ideias conflitantes e consenso. Assim, é na luta pelos direitos que os sujeitos sociais se predispõem a opinar sobre quais seriam as estratégias mais adequadas para que as ECs funcionem calcadas em critérios educacionais via aspectos didático-pedagógico-corporativos, considerando a construção de uma sociedade mais difusa, com propósitos de reduzir as desigualdades individuais, e universalizando as oportunidades de acesso à educação.

Esta pesquisa teve origem na inquietação proveniente da experiência profissional junto ao Tribunal de Contas/SE como servidora efetiva desde 1997. Tal inquietação tornou-se mais evidente quando passamos a coordenar a ECOJAN nos anos de 2012 e 2013, período

---

[1] Entende-se por cidadão a pessoa portadora de conhecimentos e opiniões acerca de determinados assuntos e que os coloca em prática ao adotar uma atitude participativa de modo ético, enquanto integrante da sociedade contemporânea.

em que foram criados os projetos TCE Itinerante/SE, TCE Cidadão/SE e TCE vai à Escola/SE.

Então, a questão tão somente de cunho profissional tornou-se também numa meta de pesquisadora, tentando apresentar respostas a questionamentos oriundos das situações práticas no âmbito de atuação das ECs no sentido de poder verificar se essa atuação contribui para a promoção do exercício do controle social.

O controle social pode ser entendido como um conjunto de estratégias desenvolvidas pela sociedade para garantir o poder de interferência real no controle das ações governamentais. Implica envolvimento do cidadão na gestão pública, na fiscalização e controle das ações da Administração Pública.

Atualmente, uma série de evidências oriundas do controle social (também entendido como mecanismo para a prevenção da corrupção e robustecimento da cidadania) sinaliza para que práticas ilegais sejam incorporadas enquanto corresponsabilidade de quem as praticou, sendo levadas a juízo e punidos seus responsáveis.

Nesse aspecto, a sociedade organizada busca dimensionar formas de controle social mediante sanções, ações reativas, punições e outros mecanismos a depender das normas estabelecidas no seio da sociedade, em que padrões organizativos podem definir normas, valores e metas sociais considerados fundamentais para a ordem social.

Assim, o controle social pode ser de muita valia aos controles interno e externo. O primeiro é aquele exercido pelo próprio órgão público sobre suas atividades. O segundo se refere à fiscalização da máquina estatal através dos órgãos de controle externo que são alheios à sua estrutura, a exemplo dos tribunais de contas. Já o controle popular é aquele exercido pelo cidadão através de conselhos públicos, representações, observatórios sociais, etc.

Diante dessa perspectiva, questiona-se: a Escola de Contas José Amado Nascimento (ECOJAN) desempenha a função de despertar o interesse da sociedade para a fiscalização da destinação dos recursos públicos, conferindo aos servidores, aos jurisdicionados e à sociedade noções de democracia, cidadania, ética, transparência e processo participativo no acompanhamento dos gastos públicos e as formas de controle social?

O presente trabalho atende ao *objetivo geral* de: compreender a atuação da Escola de Contas José Amado Nascimento para a promoção do exercício do controle social no Estado de Sergipe.

São *objetivos específicos*:

1) investigar a temática da educação, da democracia e da cidadania, tendo em vista o controle social e a atuação das escolas de contas brasileiras;
2) mapear o perfil das escolas de contas no Brasil;
3) inventariar a trajetória histórica da escola de contas do TCE/SE ECOJAN com destaque para suas atividades;
4) analisar os dados obtidos através da investigação realizada junto às escolas de contas brasileiras, evidenciando a ECOJAN.

A análise das práticas educacionais desenvolvidas pelas escolas de contas (ECs) do Brasil, especificamente a ECOJAN, possibilitará entender, para além do seu trabalho técnico na qualificação dos seus servidores e jurisdicionados, a sua responsabilidade no sentido de desenvolver projetos e atividades pautados na cidadania e voltados para o controle social.

A ECOJAN promove projetos, a saber: TCE Itinerante/SE, TCE Cidadão/SE e TCE vai à Escola/SE. O Tribunal de Contas do Estado de Sergipe tem envidado esforços no sentido de se aproximar da sociedade, promovendo a profissionalização dos seus servidores e jurisdicionados e de fomentar a formação de cidadãos com vistas à participação consciente na sociedade ao se tornarem parceiros dos órgãos de controle, a exemplo dos tribunais de contas.

A pesquisa empreendida se justifica pela efetivação dos cursos promovidos pela ECOJAN de modo a alcançar resultados para uma descrição e compreensão do problema formulado. Quanto à relevância acadêmica, este é um estudo inédito. Em geral, é reduzido o número de pesquisas, especificamente quanto à EC, que integra o Tribunal de Contas do Estado de Sergipe. Sua relação com o CE se dá em função da fiscalização dos aspectos relativos à garantia de que o mencionado órgão governamental, por meio de sua escola, está construindo democracia e cidadania e atuando sob uma perspectiva educacional pedagógico-preventiva, voltada ao estímulo do controle social.

O estudo encontra-se estruturado em 5 (cinco) capítulos, além da introdução e considerações finais. O capítulo 1, *Metodologia*, encarrega-se do percurso adotado para a colheita de dados e a análise dos resultados que subsidiarão esta pesquisa. No capítulo 2, *Educação, democracia e cidadania: uma perspectiva para uma Educação voltada ao controle social*, são comentados e aprofundados aspectos da educação enquanto um direito de todos mediante processos de democracia e exercícios de uma cidadania ancorada nos princípios constitucionais e legais no Brasil.

O capítulo 3, intitulado *As escolas de contas no contexto socioeducativo estatal*, apresenta a necessidade, estabelecida pela Constituição Federal (CF/88), da criação das escolas de governo para desenvolver planos de carreira e aperfeiçoamento de servidores públicos e, ainda, as ações sob a forma de projeto do Tribunal de Contas como modo de socializar informações para capacitar e formar profissionais e alunos das escolas da comunidade nos atos profissionais desenvolvidos pelas ECs para fins de exercer o controle social quanto ao uso dos recursos públicos no Brasil. Ainda no capítulo 3, analisa-se o papel dos tribunais de contas na Administração Pública, que se constitui na elaboração de um panorama sobre os tribunais de contas desde sua gênese até a atuação deles com a implementação das ECs. No capítulo 4, intitulado *Escola de Contas José Amado Nascimento (ECOJAN): um estudo de caso*, discorre-se sobre sua implantação e operacionalização e seus projetos com vistas ao controle social. Finalmente, o capítulo 5 trata da análise e discussão dos dados que foram coletados e oferecem suporte à presente pesquisa.

As considerações finais expõem os processos formativos de produção do conhecimento via ECs, institutos recentes que ainda estão amadurecendo quanto ao seu mister institucional, demonstrando que a ECOJAN exerce uma prática pedagógica, com estratégia que se volta não apenas para os seus servidores e jurisdicionados, mas também para o controle social. Contudo, as inferências apresentam que há muito por fazer, eis que tanto a ECOJAN quanto as outras ECs do Brasil devem acompanhar o passo da contemporaneidade com o uso de tecnologias educacionais e intensificar práticas para o fortalecimento do controle social. Em seguida, vêm as referências que subsidiaram o estudo em questão, os apêndices e anexos.

CAPÍTULO 1

METODOLOGIA

Neste capítulo, apresentam-se as características da pesquisa, a sua contextualização e o aporte metodológico a ser utilizado para demonstrar o caminho percorrido na realização das etapas da coleta de dados: caracterização da pesquisa, dos sujeitos, dos instrumentos da coleta de dados e das discussões e análises dos resultados até a consecução das considerações finais da presente investigação.

1.1 Caracterização da pesquisa

A metodologia de pesquisa, conforme Minayo (2012), é fundamental para o direcionamento de qualquer trabalho de cunho científico. Trata-se do norte que estabelece etapas e procedimentos para se chegar satisfatoriamente à conclusão da pesquisa. "Ocupa um lugar central na teoria e trata-se basicamente do conjunto de técnicas a serem adotadas para construir uma realidade" (MINAYO, 2012, p. 19-20), ou seja, a metodologia estabelece as técnicas para coleta de dados, define as formas de análise dos dados coletados e apresenta uma amostra do estudo.

Partindo da compreensão de Minayo (2012), o tipo de pesquisa adotado é a qualitativa, que contribui para entender o objeto de estudo, para ir além, ver muito mais do que é permitido no mundo do gráfico de apurações estatísticas de modo a entender os fenômenos em toda a sua complexidade e contexto social, não se restringindo a responder tão somente as questões previamente elaboradas.

A abordagem qualitativa oferece espaço para a compreensão mais abrangente das situações, incluindo as experiências e os significados das ações e do que se consegue perceber a partir da visão "[...] dos sujeitos mediante a sua elucidação e descrição" (BOGDAN; BIKLEN, 1994,

p. 67). Isso quer dizer que o pesquisador pode mostrar perspectivas novas sobre o seu objeto de estudo de modo a descrevê-lo, comentá-lo, compará-lo e analisá-lo.

Além da pesquisa qualitativa, adotou-se o estudo de caráter exploratório e descritivo. O estudo exploratório tem como principal objetivo familiarizar-se com o fenômeno da investigação, de modo que o estudo maior e definitivo seja projetado com maior compreensão, profundidade e precisão. O estudo exploratório/descritivo (que pode usar qualquer uma entre as variedades de técnicas, normalmente com uma pequena amostra) permite ao investigador definir o seu problema de pesquisa e formular suas hipóteses com mais precisão. Esse tipo de estudo também permite ao pesquisador escolher as técnicas mais adequadas para a investigação e o auxilia nas tomadas de decisão sobre as questões que mais precisam de ênfase na abordagem e investigação detalhada, além de poder alertá-lo para potenciais dificuldades, sensibilidades e áreas de resistência. Pensando no tipo de objeto de estudo, surge a problemática: é possível e viável analisar se os conhecimentos trabalhados em cursos e projetos voltados à educação dos servidores públicos, jurisdicionados ou não, e da sociedade realizados pelas ECs fortalecem a democracia e a cidadania quanto ao estímulo do controle social?

A pesquisa descritiva possibilita o aprofundamento sobre determinado assunto que ainda não foi esclarecido de forma satisfatória, pois, segundo Cervo, Bervian e Silva (2007), a forma descritiva permite ao observador a obtenção de uma melhor compreensão do comportamento dos fatores e dos elementos que influenciam determinados fenômenos, ou seja, dá ao pesquisador uma visão abrangente do fenômeno em estudo. Assim, vislumbra-se a combinação do estudo do tipo exploratório/descritivo em que, após a exploração de todas as informações, sistematização e categorização dos dados e posterior descrição, é possível destacar os elementos essenciais para a formatação do processo que influenciaram na efetivação da educação "corporativa" pautada no controle social.

Esta pesquisa encontra-se estruturada como um estudo de caso utilizado, como preleciona Gil (2013, p. 64), para "[...] descrever a situação do contexto em que está sendo feita determinada investigação, além de preservar o caráter unitário do objeto estudado". Nesse contexto, "[...] a pesquisa educacional traz desafios teóricos e metodológicos que por vezes permanece em aberto" (GATTI, 2002, p. 22). Portanto, a pesquisa aqui proposta "[...] serve acima de tudo para dar uma base

CAPÍTULO 1
METODOLOGIA | 37

de entendimento sobre uma realidade e a partir disso transformá-la"
(GATTI, 2002, p. 33).

1.2 Sujeitos da pesquisa

Os sujeitos da pesquisa são os representantes (diretores/
coordenadores) das 26 (vinte e seis) ECs dos tribunais de contas de cada
Estado brasileiro; do Instituto Serzedelo Corrêa (Tribunal de Contas da
União); de 4 (quatro) escolas dos tribunais de contas dos municípios
da Bahia, do Ceará, de Goiás e do Pará e das escolas do Tribunal de
Contas do Município de São Paulo e do Rio de Janeiro. Eis as escolas:

1 - Escola de Contas Conselheiro Alcides Dutra de Lima	TCE/AC
2 - Escola de Contas Públicas Conselheiro José Alfredo de Mendonça	TCE/AL
3 - Escola de Contas do Tribunal de Contas do Estado do Amapá (ESCON)	TCE/AP
4 - Escola de Contas Públicas do Estado do Amazonas	TCE/AM
5 - Escola de Contas Conselheiro José Borba Pedreira Lapa (ECPL)	TCE/BA
6 - Escola de Contas do Tribunal de Contas dos Municípios do Estado da Bahia	TCMs/BA
7 - Instituto Superior de Contas e Gestão Pública Ministro Plácido Castelo (IPC)	TCE/CE
8 - Instituto Escola Superior de Gestão Pública Waldemar Alcântara (IESWA)	TCMs/CE
9 - Escola de Contas Públicas do Tribunal de Contas do Distrito Federal	TC/DF
10 - Instituto Leopoldo de Bulhões	TCE/GO
11 - Escola de Contas do Tribunal de Contas dos Municípios de Goiás	TCMs/GO
12 - Escola de Contas Públicas/ES	TCE/ES
13 - Escola Superior de Controle Externo (ESCX)	TCE/MA
14 - Escola de Contas e Capacitação Professor Pedro Aleixo	TCE/ MG
15 - Escola Superior de Controle Externo (ESCOEX)	TCE/MS
16 - Escola Superior de Contas Benedito Santana da Silva Freire	TCE/MT
17 - Escola de Contas Alberto Veloso	TCE/PA
18 - Escola de Contas Públicas Conselheiro Irawaldir Rocha	TCMs/PA
19 - Escola de Contas Conselheiro Otacílio Silveira (ECOSIL)	TCE/PB
20 - Escola de Contas Públicas Professor Barreto Guimarães (ECPBG)	TCE/PE
21 - Escola de Gestão e Controle do Tribunal de Contas do Estado do Piauí (ECG)	TCE/PI
22 - Escola de Gestão Pública do Tribunal de Contas do Estado do Paraná	TCE/PR
23 - Escola de Contas e Gestão do Tribunal de Contas do Estado do Rio de Janeiro (ECG/TCE/RJ)	TCE/RJ
24 - Centro de Capacitação, Aperfeiçoamento e Treinamento (CAT)	TCM/RJ
25 - Escola de Contas Professor Severino Lopes de Oliveira	TCE/RN
26 - Escola Superior de Gestão e Controle Francisco Juruena	TCE/RS

27 - Escola de Contas do Tribunal de Contas de Roraima (ESCON/TCE/RR)	TCE/RR
28 - Escola Superior de Contas Conselheiro José Renato de Frota Uchôa (ESCON)	TCE/RO
29 - Instituto de Contas do Tribunal de Contas do Estado de Santa Catarina (ICON/TCE/SC)	TCE/SC
30 - Escola de Contas Conselheiro José Amado Nascimento (ECOJAN)	TCE/SE
31 - Escola Paulista de Contas Públicas Presidente Washington Luís	TCE/SP
32 - Escola Superior de Gestão e Contas Públicas Conselheiro Eurípedes Sales	TCM/SP
33 - Instituto de Contas 05 de Outubro (ISCON)	TCE/TO
34 - Instituto Serzedello Corrêa: Escola Superior do Tribunal de Contas da União (ISC)	TCU

O recorte temporal feito nesta pesquisa corresponde ao período de 2002 a 2015, sendo a amostra contemplada por 34 (trinta e quatro) ECs, que responderam às perguntas de um questionário, conforme o apêndice II. Em relação ao campo científico, Minayo (2012) destaca como sendo permeado por conflitos e contradições, postulado que nos serve para sustentar o aspecto qualitativo do presente estudo, pois o pesquisador deve buscar, dentre os conflitos e contradições, a consciência histórico-social, ou seja, dar intencionalidade às ações e às suas construções, estabelecendo uma relação social.

Além de entrevistas realizadas com oito graduandos e dois professores contemplados com o Projeto TCE Cidadão, também foram realizadas entrevistas com a EC mais recente (TCMs/BA) e a escola mais antiga[2] (TCE/MG).

1.3 Instrumentos de coleta de dados

O instrumento de coleta de dados utilizado neste caso foi uma entrevista semiestruturada. Neste estudo, a entrevista não se limitou a um instrumento utilizado na coleta de dados. A esse respeito, Minayo (2012, p. 75) diz que a entrevista é "[...] um instrumento privilegiado de coleta de informações para as ciências sociais. Ela é a possibilidade de a fala ser reveladora de condições estruturais, transmitindo as representações de grupos determinados, em condições históricas, socioeconômicas e culturais específicas". Desse modo, foi adotado um roteiro básico enfocando questões relativas à temática.

---

[2] Não foi levada em consideração, para efeitos desta análise, a Escola do TCU Instituto Serzedello Corrêa, criada em 1994, visto que é muito mais evoluída do que as demais escolas dos Estados e municípios da Federação.

Outro instrumento utilizado foi um questionário que se refere a um instrumento de coleta constituído, conforme Lakatos e Marconi (2010, p. 203), "[...] por uma série ordenada de perguntas, que devem ser respondidas por escrito e sem a presença do entrevistador". Este instrumento de pesquisa é bastante aplicado para grandes universos, principalmente. Entende-se, também, que esse tipo de instrumento de investigação visa recolher informações baseando-se, geralmente, na inquisição de um grupo representativo da população em estudo, conforme Teixeira e Loureiro (2009).

1.4 Procedimentos

Para a concretização desta pesquisa, foram desenvolvidas três etapas. Na etapa inicial, foi realizado o levantamento das fontes (bibliográficas e eletrônicas), dos documentos das ECs e de artigos científicos, dissertações e teses, sendo finalizada com a sistematização das ideias principais dos autores, conforme descrito anteriormente.

Foram realizados levantamentos bibliográficos e documentais por intermédio de diversas fontes: a Constituição Federal de 1988 (BRASIL, 1988); a Lei Orgânica do Tribunal de Contas de Sergipe – Lei nº 205/2011 (SERGIPE, 2010); o Regimento Interno da EC do TCE/SE, ECOJAN e resoluções pertinentes; a Lei de Diretrizes e Bases da Educação Nacional nº 9.394/94 (BRASIL, 1996). Recorreu-se também ao uso de materiais como livros, revistas, legislações, artigos e periódicos, bem como de bancos de dados indexados em bases eletrônicas, relatórios de auditoria operacional, *software*, tendo por finalidade apresentar uma problematização. Logo, investiu-se na busca por aprofundar as causas e os aspectos que constituem o objeto da pesquisa, além de apontar possíveis soluções com base no arcabouço literário pesquisado.

Na segunda etapa, foi elaborado o texto argumentativo referente à pesquisa exploratória/descritiva voltada para a fundamentação do tema e problemática abordados. Em seguida, foram estruturados e formatados os instrumentos de coleta – questionários e entrevistas –, contribuindo simultaneamente para o esboço do presente trabalho. Posteriormente, foi aplicado o questionário aos diretores/coordenadores de todas as ECs do Brasil, o que se alongou por um período de sete meses, compreendendo os meses de maio a novembro de 2016. As entrevistas foram realizadas com os alunos contemplados com o projeto TCE Cidadão (explicado em seção própria) por acessibilidade acidental, sem tendenciosidade. Logo, não houve processo amostral probabilístico, isto é, a amostragem é probabilística quando os sujeitos da pesquisa são desconhecidos (MASSUKADO-NAKATANI, 2009). Ainda foi realizada mais uma entrevista direcionada especificamente a duas ECs – a mais antiga (TCE/MG) e a mais recente (TCMs/BA) –, que foi respondida por seus respectivos diretores.

A pesquisa de campo foi realizada com base na informação dos sujeitos pelo envolvimento direto com a população pesquisada. Dessa maneira, "[...] o pesquisador precisa ir ao espaço onde o fenômeno ocorre, ou ocorreu e reunir um conjunto de informações a serem documentadas" (GONSALVES, 2001, p. 67) e, ainda, por meio da correspondência eletrônica e pelas informações do grupo formado no WhatsApp,[3] denominado REDUCORP, dos TCs. Eventualmente, foram feitos deslocamentos à EC de alguns tribunais (TCMs da Bahia, TCE de Alagoas e TCE do Pará) para preenchimento e esclarecimento do questionário enviado para a concretização da pesquisa.

O tratamento dispensado às questões abertas, de caráter qualitativo, constantes de uma entrevista são a sistematização, a categorização e a análise dos dados coletados de modo subjetivo, permitindo articular as teorias que ancoraram a análise e a interpretação dos dados. Foi utilizada a teoria da análise de conteúdo proposta por Bardin (2011).

Para Bardin (2011), a análise de conteúdo é um conjunto de técnicas de análise das comunicações visando obter, por procedimentos sistemáticos e objetivos de descrição do conteúdo das mensagens, indicadores (quantitativos ou não) que permitam a inferência de conhecimentos relativos às condições de produção/recepção (variáveis inferidas) dessas mensagens.

A análise de conteúdo, segundo Bardin (2011, p. 15), significa "[...] um conjunto de instrumentos de cunho metodológico em constante aperfeiçoamento, que se aplicam a discursos (conteúdos e continentes) extremamente diversificados". Por essa razão, o método mais indicado para a análise e interpretação de dados desta pesquisa qualitativa é a análise de conteúdo que compreenda as iniciativas de explicitação, sistematização e expressão do conteúdo de mensagens, com vistas a efetuar

---

[3] Esse aplicativo oportunizou a comunicação entre os sujeitos da pesquisa de modo a viabilizar o envio de documentos e informações necessárias para a composição da tese. Vale destacar nossa efetiva participação no grupo em virtude de ser servidor do Tribunal de Contas, o que facilitou a obtenção das informações para a análise e interpretação dos dados coletados.

deduções lógicas e justificadas a respeito da origem de mensagens auferidas, num contexto específico que se pretende obter por meio delas (BARDIN, 2011).

Portanto, a análise de conteúdo é um método de pesquisa que possibilita tornar inferências replicáveis e válidas sobre dados de um determinado contexto por meio de procedimentos especializados e científicos. Logo, essa técnica permite descobrir o que está por trás dos conteúdos manifestos, indo além dos aspectos aparentes do que está sendo comunicado ou informado.

Essa técnica também apresenta várias modalidades de análise. No presente estudo, as entrevistas serão analisadas baseando-se na técnica de análise categorial ou temática, que consiste em operações de desmembramento do texto em unidades (categorias), segundo reagrupamentos analógicos (MINAYO, 2012).

Na terceira etapa, ocorreram a seleção e organização de documentos contendo informações gerais que puderam comprovar (ou refutar) a obra, seguidas da aplicação do instrumental de investigação, que teve como finalidade delinear um panorama da ação integrada empreendida pelas ECs no âmbito das práticas educacionais. O trabalho de uma EC favorece o exercício da cidadania e ética pela sociedade e pelos envolvidos no processo democrático como sendo a expressão da conscientização do cidadão para a melhoria da gestão na Administração Pública brasileira e, ainda, de forma específica, as atividades desempenhadas de forma a integrar o cidadão ao Sistema de Contas do Brasil.

Adentrar no âmbito da EC sergipana foi essencial para realizar este estudo, como forma de assegurar a escrita deste trabalho e, assim, destacar que a promoção da capacitação dos seus servidores e jurisdicionados consistiu numa iniciativa expressiva para a educação corporativa (EdC) e profissional, pois a construção da consciência cidadã passa necessariamente pelo conhecimento[4] e pela ação desses servidores por meio de projetos que se voltam ao controle social.

---

[4] Santos (2010, p. 21-22) adverte quanto à crise do paradigma dominante para se construir conhecimento. Há um debate ainda não pacificado enquanto o conhecimento continua sendo produzido por todas as partes do mundo, explicitando sobre a necessidade de uma nova racionalidade científica como um modelo global e, por assim o ser, se mostra "[...] um modelo totalitário, na medida em que nega o carácter racional a todas as formas de conhecimento que se não pautarem pelos seus princípios e pelas suas regras metodológicas".

PATRÍCIA VERÔNICA NUNES CARVALHO SOBRAL DE SOUZA
ESCOLA DE CONTAS E O CONTROLE SOCIAL NA FORMAÇÃO PROFISSIONAL

O método[5] é indispensável ao trabalho científico, que, por si só, exige fundamentos sólidos, lógicos, racionais, testáveis e comprováveis e que se prestem a buscar a verdade, ou parte dela. Nessa perspectiva, as diretrizes pautadas nos documentos da ECOJAN possibilitaram direcionar o estudo sobre a EC no Estado de Sergipe enquanto direcionavam/coordenavam o conhecimento a ser produzido em torno do trabalho pedagógico, ensejando o desenvolvimento de uma "consciência cidadã e democrática" de modo a auxiliar na descrição de uma situação/problema sobre a prestação de contas dos recursos públicos.

A EC permitiu identificar questões, experiências relevantes com base em estudos teóricos e empíricos, e se constituiu numa reflexão de modo a estabelecer um raciocínio lógico e crítico sobre a importância dos tribunais de contas voltada à fiscalização dos gastos públicos. O apoio teórico-metodológico tem sua base em Triviños (1987), cujos ensinamentos aferem que os estudos ampliam a experiência do pesquisador sobre um problema investigado.

---

[5] Gil (2008, p. 8) define método das ciências sociais "[...] como caminho para se chegar a determinado fim. E método científico como o conjunto de procedimentos intelectuais e técnicos adotados para se atingir o conhecimento".

CAPÍTULO 2

EDUCAÇÃO, DEMOCRACIA E CIDADANIA: PERSPECTIVA PARA UMA EDUCAÇÃO VOLTADA AO CONTROLE SOCIAL

A educação, a democracia e a cidadania vistas sob as ideias de Hegel (1991) e de Gramsci (1981) são a abordagem da presente seção. Desenvolve-se uma argumentação acerca dos diversos aspectos sob os quais têm sido vistas a educação e a pedagogia na tentativa de elaborar uma metáfora representativa do trabalho dos tribunais de contas e suas escolas de contas ao se voltarem para a governança com a participação ativa da sociedade nos destinos da coisa pública. Além disso, o foco do texto se volta para: a temática que circunda a democracia e a cidadania com elementos necessários ao controle social; a CF/88, que garante o direito à educação; os elos articuladores dos órgãos públicos em função da promoção da educação; e, ainda, os recursos para financiamento da educação, especificamente o FUNDEB, fiscalizados pelos TCs.

A preocupação com a educação está presente em todas as atividades das ECs no Brasil, conforme se pode constatar nos diversos documentos consultados e estudos que norteiam esta investigação. Entretanto, os costumeiros e tradicionais fazeres nos tribunais de contas e nas suas escolas se voltam para assuntos que, historicamente, têm sido vistos muito restritamente ao âmbito do gerenciamento da *res publica*, ao controle dos gastos pelos gestores. Por serem exemplos de atividades delegadas originalmente aos tribunais de contas, parece ser difícil imaginá-los em harmonia com os fazeres e saberes educacionais, por sua vez, muito característicos do universo da educação.

Horta (2007, p. 182) menciona a educação como um direito social que prevê a igualdade entre os cidadãos, como preconizado na *paideia*[6] grega, acrescentando ainda o autor que o entendimento de que a educação como direito, além de estar presente nas constituições brasileiras e nas outras do mundo civilizado, se insere "[...] no próprio modo de pensar daqueles que acompanham a tradição greco-romana-judaica cristã" (HORTA, 2007, p. 182).

Além de ser direito social, a educação é um dever previsto legalmente, e é este ponto que incide o parágrafo final da introdução da obra organizada por Gremaud (2013). Entretanto, antes de cumprir o aspecto legal, trata-se de uma questão maior, humana e garantidora da cidadania. A CF/88 estabelece a necessidade de unir esforços entre operadores jurídicos e educadores na concatenação de um trabalho conjunto, o que equivale a:

> [...] um capítulo inédito na história educacional do País, qual seja, o de zelar pelo efetivo cumprimento do direito social à Educação. O diálogo permanente entre formuladores e implementadores de políticas da Educação com as instâncias da justiça será fundamental para a obtenção de denominadores comuns que possam presidir as decisões. Não se trata de criar áreas de conflito, mas de permanente e recíproca cooperação (CUNHA, 2013, p. 49).

A educação é entendida sob duas formas fundamentais, fazendo-se necessário distingui-las:

> 1ª a que simplesmente se propõe a transmitir as técnicas de trabalho e de comportamento que já estão em poder do grupo social e garantir a sua relativa imutabilidade; 2ª a que, através da transmissão das técnicas já em poder da sociedade, se propõe formar nos indivíduos a capacidade de corrigir e aperfeiçoar essas mesmas técnicas (ABBAGNANO, 2000, p. 306).

Assim, a educação, em ambas as formas, consiste na transmissão de conhecimentos com a finalidade de repassar técnicas consideradas válidas pela prática social, ampliando a possibilidade de aperfeiçoamento dos indivíduos em sociedade, segundo o ponto de vista de que tipo de homem formar para uma dada sociedade; nesse ínterim, o fim da educação, pois "[...] a educação é definida como formação do homem, amadurecimento do indivíduo, consecução de sua formação completa

---

[6] Cidadão perfeito, completo, capaz de liderar e desempenhar um papel positivo na sociedade.

ou perfeita, etc., portanto, como passagem gradual" (ABBAGNANO, 2000, p. 306).

A educação pode ainda ser definida como "[...] processo que consiste em que uma ou várias funções se desenvolvem gradualmente através do exercício e se aperfeiçoem" (LALANDE, 1999, p. 287) mediante a ação de outrem ou mesmo da ação do próprio ser que a adquire no contexto das suas relações em sociedade, com base na necessidade de aperfeiçoamento e do desenvolvimento de certas tendências, habilidades de sua cultura. Para Abbagnano, a ideia de cultura tem:

> [...] caráter global (mas nem por isso sistemático) de uma cultura, na medida em que corresponde às necessidades fundamentais de um grupo humano, a diversidade dos modos como às várias culturas correspondem a essas necessidades e o caráter de aprendizado ou transmissão da cultura, todos esses são traços característicos expressos por essas definições e que se repetem em quase todas as definições que hoje podem ser consideradas válidas (ABBAGNANO, 2000, p. 229).

Do ponto de vista da sociologia, a educação pode ser entendida a partir da concepção do pensamento educacional em Durkheim *apud* Lucena (2010), em que a educação é, em seu cerne, um fenômeno peculiarmente social, visto que ela tem a finalidade precípua da socialização dos sujeitos. Quando se educa uma criança, por exemplo, o que se quer é levá-la, de alguma maneira, a participar da comunidade em que vive e/ou em qualquer outra que visite, passe uma temporada, etc. Assim, a criança se prepara para viver em compartilhamento e solidariedade diante das diferenças culturais, de pensamento, ideologias. A educação se traduz como um complexo processo social e de socialização, sendo que cada célula social, ou grupo social, tem suas concepções pedagógicas e as pratica em suas escolas, instituições de todos os níveis, sempre de acordo com aquilo que lhe parece ser útil aos seus educandos. Essas compreensões, aqui ou ali formadas ao longo dos tempos e atravessando mudanças de pensamento e abordagens teóricas, vão se modificando e construindo um montante de princípios, normas e novas interpretações que têm conduzido o ato de educar a humanidade, estendendo-se até o momento presente. Isto sem cessar, num movimento contínuo, mas sempre em busca da qualidade educacional.

Nessa perspectiva, as políticas públicas da educação requerem uma compreensão mais ampla e que envolva a escola e seus agentes a tal ponto que concentrem a essência do ato de ensinar e, assim, desempenhem funções sociais de qualificar pessoas para o exercício profissional de forma objetiva, e não ideologicamente. Boruchovitch (2001) defende que pessoas qualificadas constroem estratégias e significados, organizam informações, realizam inferências, localizam informações relevantes, avaliam a informação recebida e utilizam adequadamente a informação.

Segundo Freitag, a educação assume uma conotação política de formação humana que "[...] vem a ser o processo de socialização dos indivíduos para uma sociedade racional, harmoniosa, democrática, por sua vez controlada, planejada, mantida e reestruturada pelos próprios indivíduos que a compõem" (FREITAG, 1986, p. 20). Assim, promove e "[...] exerce um controle recíproco sobre os indivíduos que a integram" (FREITAG, 1986, p. 21), tal como objetiva a EC ao proporcionar aos servidores a qualificação essencial à otimização dos serviços prestados pelo Tribunal de Contas, de modo que o próprio Estado investe na "[...] qualificação da força de trabalho, e justamente para aqueles setores e ramos em que há necessidade de trabalhadores mais ou menos qualificados" (FREITAG, 1986, p. 21), conquistando também uma consciência crítica que pode transformar sua realidade através de um processo contínuo de aprendizagem (SILVA, 2004).

Quando se menciona educação, colocam-se as ideias em uma situação mais ampla, e não apenas em um ensino a partir do iluminismo que prepara os alunos para o passado, mas de algo que, mesmo ainda não muito nítido para tantos, é uma aspiração maior. Os questionamentos sobre o que é a educação e uma educação de qualidade não são de agora, mas filósofos e teóricos têm debatido a temática e, a cada década, a discussão aumenta em busca de um consenso.

Muniz (2002) discorre sobre esse assunto e faz um levantamento acerca do pensamento de filósofos e teóricos, desde a Grécia Antiga, atravessando para a Idade Moderna e arrolando conceitos como os de Sócrates, Platão e Aristóteles aos de Francis Bacon, Locke, Rousseau, Kant e outros. Na introdução ao seu trabalho, Muniz (2002, p. 12) destaca que "[...] a educação engloba a instrução" e que tem como "[...] finalidade tornar os homens mais íntegros" (MUNIZ, 2002, p. 12), que ela deve ser libertadora do sujeito, como a entendeu Freire (1982), que a compreensão do termo educação é complexa, pois envolve governantes versus sociedade não esclarecida e, assim, só a educação liberta. E, ainda, que, diante de tantas perguntas surgidas e para as quais não há respostas satisfatórias,

[...] precisamos recorrer à filosofia da educação, paralelamente à filosofia do direito, a fim de fixarmos os critérios e balizas de uma verdadeira interpretação teleológica e também dos meios educacionais, averiguando a evolução do direito do homem à educação na história do pensamento filosófico (MUNIZ, 2002, p. 13).

Convém, neste ponto, em que se tem a ideia de um distanciamento, de um conflito ou da ideia de duas substâncias impossíveis de se misturarem, assim como o óleo não se mistura com a água, deixar posto que as novas abordagens científicas propõem a adoção do viés pedagógico para todas as áreas do conhecimento. Realce-se, pois, o esforço que fazem os tribunais de contas no sentido de que suas escolas não só se ocupem com a educação continuada ou profissionalizante, mas com a aproximação desse mundo didático-pedagógico, isto no sentido de que se construa cidadania participativa e envolva os estudantes, através dos seus projetos, a questionarem e participarem mais das coisas públicas, fiscalizando-as e auxiliando o controle externo com parcerias e denúncias, tendo em vista que a responsabilidade dos tribunais de contas incide também sobre o convívio social.

A pedagogia tem sido vista sob vários prismas, ora como ciência, ora como arte. Opta-se por dizê-la em iguais proporções, ciência e arte. A pedagogia crítico-emancipatória abordada por Freire (1982) tem sua base teórica originada desde Heráclito até alcançar o pensamento de Hegel, estendendo-se ainda a Marx e Engels. Hegel vincula a historicidade ao *logos* enquanto concebe a própria realidade como dialética.

Considerando as contribuições de Marx e Engels, reconhecidos como neo-hegelianos, e de como se apropriaram da metodologia dialética, tanto como lógica quanto como lei que rege o processo histórico, há de se notar que a racionalidade e o entendimento das concepções por esses filósofos amalgamadas geram o princípio básico que pressupõe a compreensão do conhecimento sob uma realidade como processo histórico e, como queria Marx, uma proposta de filosofia da práxis fundada na reflexão e no trabalho que concretamente transforma o social.

O que se quer defender a partir desta argumentação é uma posição condutora, mediadora, esclarecedora e didática a ser adotada de maneira individualizada, mas também coletiva e, inclusive, de maneira institucionalizada, orgânica e organizacional. Isso significaria dizer que, em todos os âmbitos do saber/fazer humano, o que se propõe é um pensar e repensar continuado das situações em busca da construção e renovação do conhecimento em todas as áreas da investigação científica. O mergulho na filosofia, na forma de pensar uma ciência ou uma simples atividade individual ou coletiva é imprescindível, funciona como a interpretação da existência de uma aura norteadora da ação humana em busca de uma razão de ser e uma lógica que sustente, formalize e estruture o conjunto de ações cotidianas. Nesse pensar, não apenas Hegel é inspiração, mas a atitude didático-pedagógica integrada nas construções humanas que entronizam o homem como ser pensante e determinante de seu destino.

O destino assim compreendido não é o do senso comum, banal, mas a aquisição da autonomia que liberta e coletiviza que reconhece o individual dentro do coletivo, concretamente. Ainda se pode dizer que é um exercício de filosofar a educação como a essência de todos os homens e de todas as coisas, e não apenas para o formal processo de ensino e de aprendizagem dentro dos muros de instituições escolares, ou ainda apenas voltadas para o currículo, as disciplinas, a carreira, a preparação para o trabalho ou a formação docente.

Hegel não legou uma obra sistematizada sobre a educação, mas podem-se observar ao longo de seus escritos as menções frequentes às questões educacionais. Hegel esteve profundamente envolvido com o contexto educacional, exerceu funções de preceptor particular, professor e diretor de ginásio, além de conselheiro escolar da cidade de Nuremberg, o que leva a compreender sua responsabilidade e controle sobre toda a atividade docente dessa cidade. Foi também professor e reitor universitário e consultor do governo para temas educativos, além de ter participado ativamente das reformas educativas que estavam realizando. Dessa forma, é considerado como uma nova *paideia*, que busca sua inspiração certamente no modelo grego, mas situando-se na cultura moderna (HEGEL, 1991).

Para Hegel (1952, p. 176), "[...] é mais fácil fazer-se incompreensível de uma forma sublime, que ser compreensível de uma forma coerente", considerando ainda que a "[...] instrução da juventude e a preparação da matéria para ela constitui a última pedra de toque da claridade", isto é, da clarividência, da percepção, do esclarecimento, do saber-se em si e com os outros (HEGEL, 1952, p. 176).

A frase de Gramsci, anotada em sua *Carta à Giulia* (NOSELLA, 1992, p. 96) – "A questão escolar interessa-me muitíssimo" –, em si mesma contém toda a intensidade com que olhou a educação esse pensador, cuja proposta pedagógica germinou e frutificou atrelada a uma proposta política de melhoria da sociedade mediante a melhoria das condições efetivas de vida da classe pobre, proletária. Gramsci era um ativista e manteve contato com as experiências soviéticas. Assim, o pensador quis preparar integralmente a juventude, isto faria pela luta em função de preparar essa juventude para pensar e agir sob o ideal de se tornarem futuros governantes.

Especial situação acerca da obra gramsciana é a que se refere ao Brasil. A Editora Civilização Brasileira lançou, no final do século XIX, os escritos de Gramsci. Àquela época, a publicação não obteve o sucesso esperado, só vindo isto a acontecer ao tornar-se uma evidência nas universidades brasileiras o debate teórico-político e libertário e representativo do "grito do povo" arraigado no assinalado pensamento gramsciniano.[7]

O discurso de Gramsci organiza-se pontuando a escolha do trabalho (período da Primeira Guerra, 1914-1918; a escola de quadros, referente ao período pós-guerra, 1912-1921; a escola de partido, tendo como pano de fundo a ascensão do fascismo, 1921-1926; a escola da liberdade industrial, Cárcere, 1927-1937. Além do que, dois tomos são *As Cartas*, nas quais defende um Rousseau sem Utopia; e *Os Cadernos*, em que se dedica a tratar de um Ford trabalhador).

Nosella (1992, p. 125) finaliza seus estudos sobre o pensamento de Gramsci com um fecho digno de menção, o de que "[...] a caneta representa instrumentalmente o mundo do trabalho, princípio pedagógico e concretização da liberdade humana". A caneta que esta obra apresenta é a metáfora representativa do trabalho dos tribunais de contas e de suas escolas voltado para a governança com a participação ativa da sociedade nos destinos da coisa pública e com o objetivo de as ECs, especificamente, fomentarem o controle social, que nada mais é do que a participação ativa da sociedade por meio da conscientização desta. Quando uma EC promove cursos destinados aos servidores, aos jurisdicionados e à sociedade (sindicatos, associações etc.), também se aproxima da sociedade e requer o apoio desta através do controle social.

Ainda sobre o pensamento gramsciniano, vem à tona o termo hegemonia. Na verdade, essa noção foi inaugurada por Marx e Lênin na paisagem da social democracia, mas o conceito vai aparecer de maneira mais elaborada e adequada em Gramsci, que o faz "[...] sem cair no materialismo vulgar e no idealismo encontrado na tradição" (NOSELLA, 1992, p. 65), depois explicitado por Alves (2010, p. 1), que acresce:

---

[7] É o que informa Zuenir Ventura no corpo da obra de Nosella (1992, p. 4).

A noção de hegemonia propõe uma nova relação entre estrutura e superestrutura e tenta se distanciar da determinação da primeira sobre a segunda, mostrando a centralidade das superestruturas na análise das sociedades avançadas. Nesse contexto, a sociedade civil adquire um papel central, bem como a ideologia, que aparece como constitutiva das relações sociais. Deste modo, uma possível tomada do poder e construção de um novo bloco histórico passa pela consideração da centralidade dessas categorias que, até então, eram ignoradas.

Segundo Jesus (1989, p. 29-30), muitos estudiosos cuidaram da noção de hegemonia[8] em Gramsci, dentre eles, Portelli, Glucksmann, Bobbio e Manacorda. Este, ao tratar do problema educacional em Gramsci, escolhe como fios condutores da interpretação gramsciana "o americanismo e o conformismo", isto é, o industrialismo e o antiespontaneísmo, da mesma maneira que "[...] o trabalho humano é o conceito básico que lhes serve de apoio, são a meta da investigação gramsciana sobre o princípio educativo", asseverando que a preocupação em definir o conceito de hegemonia inspirou Giovanni Urbani a afirmar ser a política o centro da verdadeira experiência gramsciana fundante do seu pensamento (JESUS, 1989, p. 40).

Atreladas a isto, a compreensão da educação e a temática pedagógica ocupam, sem dúvida, "[...] um lugar central na prática e no pensamento gramsciniano, emergindo a educação como instrumento necessário à luta entre as classes sociais pelo exercício do poder, ou pela hegemonia". Quanto ao papel da escola, que Gramsci considerava das mais relevantes atividades públicas, tanto para a burguesia quanto para o proletariado, disse ser "[...] instrumento importantíssimo [...], não é hegemônica, mas está a serviço de qualquer hegemonia, ou contra-hegemonia" (JESUS, 1989, p. 41-42).

Uma questão que se sobressai em todo este contexto dos dias atuais é a que forma uma conjunção de realidades ditas, repetidas, mencionadas a cada instante, a globalização/mundialização, o livre comércio, a democracia, a cidadania, o conflito gerado pelos sistemas políticos diferenciados, o sistema econômico-capitalista, a exploração da mão de obra do trabalho, o mundo digital e, ao mesmo tempo, o excesso e a falta de informações que colocam indivíduos em patamares distintos. No âmbito do contexto escolar estão as questões políticas e as relações dos sujeitos com o trabalho. A escola se debate entre os anseios de pais,

---

[8] Termo adotado pelo marxismo russo e por Gramsci. Não se configura como necessária modalidade do exercício do poder, mas requisito de ascensão entre classes.

que querem para os filhos as carreiras nobres, significativas de *status* social e as que preparam jovens para o mundo da atividade laboral.

A juventude, em regra, é uma etapa da vida em que os indivíduos ainda não sabem o que querem do futuro, o que coloca os jovens em uma posição passiva de "aceitação" dos destinos que lhes impõem, ora seguir uma profissão reconhecida socialmente, ora imergir no mundo do trabalho para dele nunca mais sair. Escolas denominadas de elite continuam trabalhando com seus objetivos voltados para a ascensão social, e as escolas públicas se dividem numa situação de heterogeneidade na qual tanto trabalham para essa ascensão quanto se veem obrigadas a pautarem suas atividades com objetivos voltados para a inserção do aluno no mundo do trabalho, de onde tanto esperam tirar o seu sustento e o da família como também se esforcem para a concretização de seus sonhos de cunho pessoal e profissional. Trata-se de uma equação quase de improvável resolução.

A luta social pela igualdade de deveres e direitos, pela qualidade de vida e pela inclusão se volta para os anseios da construção de uma democracia-cidadã que, para além de palavras nas legislações, seja uma realidade. A contribuição dos tribunais de contas e de suas escolas é promover o esclarecimento e a ação pedagógica no sentido de garantir os elementos necessários ao controle social dos gastos públicos, dado que o cidadão é o mais legítimo fiscal que existe, posto que é o financiador da atividade administrativa.

2.1 Democracia e cidadania: elementos necessários ao controle social

O organismo público deve atuar e funcionar na perspectiva de atender aos interesses do cidadão para que se respeitem e, além disto, possam compreender como funcionam os mecanismos e estratégias dos sistemas de ensino com base nas leis, planos e projetos educacionais de modo a garantir os direitos dos cidadãos.

Teixeira (1968) defende que a democracia é o fundamento da razão humana e requer a participação de todos na formação da sociedade, com o máximo de desenvolvimento do individual. Destarte, a democracia repousa na conjectura de que o homem é responsável pelas suas ações, sendo motivada a atender aos interesses do conjunto de indivíduos que dela participam, inclusive a responsabilidade social por todo e qualquer tipo de ação advinda de suas atitudes em sociedade. Assim, Zilbermann (2007) considera importante a formação de mentes cidadãs, pois possibilita a emancipação de um indivíduo e a assimilação dos valores da sociedade.

Na contemporaneidade, a democracia é possível quando os cidadãos exercitam suas funções com base no direito e no dever de participar ativamente. Igualmente, a democracia "[...] se mostra como a única fonte possível de legitimidade política em um mundo secularizado e naturalizado", no qual a vontade individual não é soberana, e sim a vontade do coletivo, pois os homens nasceram no seio de instituições com valores culturais e organizacionais (GELLNER, 1996, p. 159). Assim, a interpretação é a de que a democracia se afina com a nossa condição social momentânea. Entende-se ainda que, no contexto de uma sociedade cujos compromissos se voltam para o crescimento do cidadão e da cidadania, inclusive se preocupa com "[...] a instabilidade ocupacional, também está comprometida com um igualitarismo básico" (GELLNER, 1996, p. 161), o que está acorde com o estabelecido na CF/88 (BRASIL, 1988) quando assegura sermos "[...] todos iguais de direitos e deveres".

Ademais, segundo o mesmo Gellner (1996, p. 163), os teóricos da democracia a defendem como um ideal geral e admitem que isto é válido em muitas sociedades. Entretanto, "[...] o ideal universal não pode ser implementado na maioria das circunstâncias que couberam à humanidade", uma vez que ideologias dependem das concepções e leituras de mundo, do comportamento da sociedade e do desenvolvimento da educação. Ou então, diga-se que não há como assegurar ser a democracia um valor para todos os indivíduos, e nem uma verdade absoluta, mesmo porque o ser humano é, em si mesmo, subjetivo, inconstante, muda de opinião de acordo com as circunstâncias e até volta a apreciar sistemas políticos que, em outros momentos de sua vida, repudiou. Segundo Gellner:

> Normalmente, as sociedades e seus mecanismos não são e não podem ser escolhidos pela vontade de seus membros. Os homens nascem nelas e vivem o seio de instituições e na cultura de sua sociedade, que na maioria das vezes eles aceitam naturalmente, mais ou menos assim como falam em prosa. Eles são feitos pela cultura na qual vivem, e não vêm para ela completamente formados e capazes de "escolher" uma sociedade que lhes agrade (GELLNER, 1996, p. 160).

O processo democrático e progressivo é o centro das atenções para que um governante não exerça sua função de modo solitário, mas solidário e interativo. Na lógica administrativa, com ênfase na "eficiência democrática", a ação de governo deve estar sob as condições técnicas de exercício e controle governamental. O autor ainda adverte que, para que aconteça a ação política consciente, sem as vitórias eleitorais, sem a reforma das instituições, não há como obter resultados efetivos, não há como completar o círculo das percepções, e nem como se alcançar um contexto participativo democrático, de Estado responsável e do que depende a "[...] construção de consensos e da ativação de massas, pessoas e organizações societais, estimuladas por um protagonismo embebido de uma espécie de equilíbrio dinâmico entre vontade e razão" (NOGUEIRA, 1995, p. 24).

A participação, a partilha e a necessidade em relação ao empenho de cada um vão gerando uma consciência pela luta para sobreviver e aprender constantemente em sociedade. Essa luta é uma luta cidadã. Aprender e ensinar em atitude solidária é cidadania, prioridade destinada a uma proposta de educação emancipadora,

> [...] a formação para a cidadania crítica e participativa. As escolas precisam criar espaços de participação dos alunos dentro e fora da sala de aula em que exercitem a cidadania crítica. É preciso retomar iniciativas de organização dos alunos dentro da escola, inclusive para uma ação fora da escola, na comunidade. Insisto na ideia de uma coisa organizada, orientada pela escola em que os alunos possam praticar democracia, iniciativa, liderança, responsabilidade (LIBÂNEO, 1998, s/n).

Desse modo, a cidadania "[...] é um processo histórico-social aberto, dialético e conflituoso, pois deve ser uma caminhada radialmente democrática e originária das vontades intersubjetivamente interagindo no espaço coletivo da vida humana" (REDIN; ZITKOSKI; WÜRDIG, 2003, p. 131). Neste aspecto, a educação na perspectiva cidadã deverá ser

> [...] construída, gradativamente, em diferentes níveis do próprio desenvolvimento da comunidade escolar que é desafiada, constantemente, a assumir-se como protagonista de sua própria história, tendo na educação um espaço de formação cultural e preparação para a vida social na contemporaneidade (REDIN; ZITKOSKI; WÜRDIG, 2003, p. 131).

Um olhar reflexivo a respeito do ideal de cidadania inclui "[...] as noções de direitos humanos e civis, sociais e de terceira geração. A democracia inclui os ideários de justiça, participação, reconhecimento das diferenças e outros que vão sendo constituídos no próprio processo da democratização" (ROSSIAUD; SCHERER-WARREN, 2000, p. 35).

Quanto ao aspecto da cidadania, compreenda-se como o respeito pelos atos públicos e, principalmente, ao destino que se quer oferecer ao país no sentido de sua dignidade e do cumprimento do previsto na CF/88, além do conjunto de leis regulamentadoras de cada setor especificamente, vez que "[...] educação comprometida com a cidadania, fundada em princípios norteadores da ação educativa, a exemplo da dignidade da pessoa humana, igualdade de direitos, participação e corresponsabilidade pela vida social encontra-se assegurada nos Parâmetros Curriculares Nacionais" (BRASIL, 1998, p. 21).

Havendo, portanto, acepções distintas sobre o cidadão: primeiras àquele que goza dos direitos civis e políticos de um Estado e ou no desempenho de seus deveres, e segundo, "habitante da cidade". Assim, a cidadania "[...] exige uma ligação de natureza diferente, um sentimento direto de participações na comunidade" (SILVA, 2004, p. 39); coroando essa concepção, a sociedade espera resultados de qualidade mediante a participação de todos.

O conceito de *Welfare State* ou Estado de Bem-Estar Social provém da ideia de que o homem é detentor de direitos indissociáveis e naturais à sua condição de existir como cidadão. Ou seja, ao nascer, o indivíduo já faz jus a direitos sociais civis mantidos e garantidos pelo Estado, através da cobrança/pagamento dos impostos, o que intervém na economia em favor do bem-estar desses indivíduos sob sua proteção.

No plano social, a instituição escolar é um ambiente propício para exercitar a cidadania dos sujeitos em formação e que deve atuar na possibilidade de inseri-los no debate democrático para tomadas de decisão sobre o quanto se gasta na educação e como se deve gastar; como deve ocorrer o tempo escolar; quais os conteúdos geradores de aprendizagem significativa e escolha das formas de avaliação em comum acordo com seus dirigentes, ou seja, exercer na escola uma democracia-cidadã. Assim, os sujeitos que desconhecem os meandros sobre o funcionamento das instituições e dos atos dos governantes que são responsáveis pelo erário, pela educação de qualidade, pelo bem-estar e pela realização pessoal e profissional passam a conhecer noções fundamentais sobre as técnicas e os mecanismos básicos do controle por intermédio da escola.

A cidadania deve ser exercida pelos sujeitos sociais, entendendo que seus direitos e deveres são garantidores de uma universalidade de tratamento respeitoso ao cidadão. Democracia, cidadania e educação são processos sociais em que estão previstos e asseguradas a inclusão social e a igualdade para todos. Encontram-se tais procedimentos previsos na Carta Magna e, portanto, é necessária a intervenção do Estado como garantidor desses direitos.

A noção de cidadania se reporta "[...] à Nação como espaço de realização individual e coletiva, politicamente organizada no Estado soberano, nacional ou plurinacional (a Suíça, por exemplo), como entidade garantidora de direitos e do Direito", pois o Estado de Direito deverá garantir uma igualdade jurídica aos seus cidadãos (ALVES, 2005, p. 186).

O papel das ECs pode ser evidenciado inicialmente pela preocupação na qualificação de seus servidores e jurisdicionados. Assim, promovem projetos e atividades que desenvolvam uma consciência coletiva e individual dos sujeitos no exercício da sua profissão e que atuem nos tribunais como cidadãos ativos, fiscalizando e controlando os gastos públicos. Convém o registro de que, além de atividades técnicas de praxe dentro de setor nos tribunais, as ECs promovem ações educacionais para a sociedade.

Por sua vez, o comprometimento social destacado por Charlot (2009) em relação à questão da educação para a cidadania em época da globalização pauta-se sobre dois pontos cruciais: se seria essa educação para a cidadania atinente à moralização do povo ou se seria a aspiração de novos valores.

Assim sendo, Charlot (2009, p. 17) adverte para o resgate do "[...] sentido histórico do conceito de cidadania". A cidadania que se quer é aquela do conhecimento útil e libertador, da consciência crítica, do respeito aos direitos e ao cumprimento dos deveres; é aquela estabelecida pela CF/88 e que se propõe a "[...] erradicar a pobreza e a marginalização e reduzir as desigualdades sociais e regionais", pois "[...] todos são iguais perante a lei, sem distinção de qualquer natureza, garantindo-se aos brasileiros e aos estrangeiros residentes no País a inviolabilidade do direito à vida, à liberdade, à igualdade, à segurança e à propriedade", uma vez que o exercício da democracia é peça fundamental da convivência entre os indivíduos em um contexto de respeito aos direitos fundamentais, prescritos enquanto direitos humanos, positivados na CF/88 e ligados à liberdade e à igualdade, positivados no plano internacional (BRASIL, 1988).

O exercício legítimo da cidadania deverá ocorrer de modo concreto e transparente, prevendo-se que cada indivíduo tenha, efetivamente, o atendimento dos seus anseios de qualidade de vida, dignidade, respeito e ética. A responsabilidade da educação, da escola e de seus educadores na preparação das futuras gerações para o exercício cidadão em sua plenitude em meio às "exigências deste novo mundo" é o papel que se espera de uma "[...] agência instituída e validada socialmente na missão constitucional não somente de transmitir os saberes produzidos historicamente às novas gerações, mas, principalmente, de contribuir na formação de novos cidadãos", o que não quer dizer novos, apenas novos, ou diferentes, mas cidadãos com um olhar e com uma atitude ética e moral perante a sociedade e toda a sua estrutura orgânica, respeitando pessoas e instituições, incluindo-se aí o critério no trato do erário, um bem comum e sobre o qual não se cogitará dispor a bel-prazer, cometendo ilicitudes (SANTOS, 2016, p. 58).

Desse modo, não basta escolher os representantes do povo; deve-se ir além, participando da coisa pública através da chamada democracia participativa, que consiste na ação e atuação dos cidadãos, de forma presente e consciente, no acompanhamento dos rumos da Administração Pública.

Modernamente, preconiza-se uma abordagem histórico-crítica que consiste na construção coletiva de uma sociedade democrática na medida em que se enfatizam as preocupações na educação escolar enquanto saber objetivo, prático, útil e universal, o que justifica a própria existência da escola (SAVIANI, 2000).

2.2 A Constituição Federal do Brasil de 1988: a educação como um direito

O direito à educação está inscrito em todas as Constituições brasileiras, de 1824, do Império, a 1988, em vigor até o momento de uma evolução que colocou o país no contexto da realidade das avançadas tecnologias e na democratização do saber e preponderância da informação-comunicação. Desde a Constituição de 1824 que se assegura a instrução primária gratuita para todos os cidadãos, prevendo-se, além disto, a existência de colégios e universidades destinados ao ensino das letras e das artes.

A Constituição em vigor, por sua vez, em seu art. 6º, dispõe que "[...] a educação é um direito social, elevando-a ao *status* de direito público subjetivo, podendo qualquer cidadão exigi-lo em face do Estado, que tem o dever de fornecer um ensino de qualidade" (BRADBURY, 2016, p. 27). Ou, caso não forneça, "[...] o prejudicado em seu direito poderá recorrer à Justiça, ocorrendo o fenômeno da judicialização dos direitos sociais" (PIACENTIN, 2013, p. 49).

Em 1986, a comissão responsável pela elaboração da "nova" Carta, a qual já havia sido instalada em 1985, aumenta a expectativa diante da composição da Assembleia Nacional Constituinte, atraindo, desse modo, a atenção de grande parte dos agentes políticos, partidos, entidades de classe ou pessoas individuais. Em 1987, Cristóvão Buarque, então reitor da UnB, insatisfeito com o andamento do processo de elaboração constitucional, fundou o Centro de Estudos e Acompanhamento da Constituinte (CEAC) com o objetivo de reunir e divulgar documentos na possibilidade de viabilizar a transparência como sendo um diferencial no contexto brasileiro.

Dessarte, os termos "direito de todos e dever do Estado e da família", inscritos na CF/88, têm como finalidade representar a ação do Estado, garantindo-lhes direito na medida em que o indivíduo reivindica garantias prescritas na Constituição, a exemplo de moradia, saúde e educação.

Direito de todos são as garantias estabelecidas para que o país não tenha crianças fora da escola, sendo assegurado por meio do art. 5º da LDB (BRASIL, 1996, s/n):

> [...] o acesso ao ensino fundamental é direito público subjetivo, podendo qualquer cidadão, grupo de cidadãos, associação comunitária, organização sindical, entidade de classe ou outra legalmente constituída, e, ainda, o Ministério Público, acionar o poder público para exigi-lo.

Todos são iguais perante a lei, e existe o direito de uma boa formação para aqueles que estão dentro das salas de aula.

Dever do Estado significa as responsabilidades dos representantes legais para oportunizar e oferecer vagas para todos os indivíduos. Contudo, se faz necessária a materialidade operacional e estrutural para seu funcionamento, pois faltam as condições físicas estruturais (saneamento básico, materiais como carteiras, quadro, papel, livros e outros); condições operacionais (corpo docente qualificado para atender as especificidades locais – urbano e rural); condições de sobrevivência humana (merenda escolar, gás para cozimento dos alimentos, água e outros materiais de higiene pessoal para os envolvidos na escola).

Retomando os fitos constitucionais, vale relembrar a especificidade quanto à educação prevista nas Cartas Magnas brasileiras, que só, atravessando os anos, conseguiram incorporar "[...] conquistas tênues dentro de um ritmo historicamente lasso, como, de resto, foi todo o processo brasileiro de aproximação entre direitos políticos e direitos sociais"[9] (CARNEIRO, 1998, p. 17), o que agravou as desigualdades sociais numa sociedade com características democráticas. Nesses termos, Maciel adverte que:

> [...] uma sociedade democrática é aquela que dá a todos os seus integrantes o instrumento essencial e eficiente para superar as diferenças: a educação. Numa sociedade de pessoas educadas as diferenças reduzem-se porque sendo todas igualmente habilitadas passam todas as ter a mesma possibilidade de superar as diferenças que os superam (MACIEL, 1987, p. 17).

O artigo 205 da CF/88 (BRASIL, 1988) garante a educação como um direito de todos e dever do Estado e da família, e que será, então, "[...] promovida e incentivada com a colaboração da sociedade, visando ao pleno desenvolvimento de pessoas, seu preparo para o exercício da cidadania e sua qualificação para o trabalho". Nesse sentido, Cunha esclarece que há vários riscos quanto ao uso conceitual do termo desenvolvimento na ciência da sociedade, pois:

> [...] acarreta riscos enormes, embora não o impeça de todo. O primeiro grande risco, a nosso ver, é a suposição de que as sociedades sejam, todas, como os organismos, diferenciadas internamente segundo o princípio da unidade funcional, onde a contradição, se existe, é um acidente conjuntural superável pelos próprios órgãos. O segundo grande risco é a postulação de frases 'naturais' pelas quais as sociedades têm, necessariamente, de passar, eliminando-se a força das relações sociais como traçadora dos caminhos a serem percorridos. O terceiro grande risco, decorrente do segundo, é a suposição de que é possível separar sociedades (CUNHA, 1979, p. 15).

Ainda no âmbito de conceituações, evolui-se para a compreensão de que educação é um conceito amplo, definido no art. 1º da LDB (BRASIL, 1996), por abarcar processos formativos em desenvolvimento "[...] na via familiar, na convivência humana, no trabalho, nas instituições de ensino e pesquisa, nos movimentos sociais e organizações da sociedade civil e nas manifestações culturais", pois os processos

---

[9] Para Arroyo (2000, p. 21), "[...] a garantia dos direitos sociais somente acontecerá na afirmação de uma cultura política, no reconhecimento social, coletivo desses direitos, no comprometimento da sociedade. Sabemos que a educação enquanto direito é uma empreitada tão séria que não poderá ficar apenas por conta dos seus profissionais, mas também não aconteceria sem eles, sem sua perícia, seu trabalho qualificado. Seu planejamento e ação competentes são insubstituíveis".

EDUCAÇÃO, DEMOCRACIA E CIDADANIA: PERSPECTIVA PARA UMA EDUCAÇÃO VOLTADA AO CONTROLE SOCIAL

educativos são amplamente dinamizados entre os sujeitos em sociedade por meio das relações estabelecidas por eles mesmos. Isto significa dizer que:

> [...] a educação é um fenômeno social e universal, sendo uma atividade necessária à existência e funcionamento de todas as sociedades. Por meio da ação educativa, o meio social exerce influência sobre os indivíduos e estes, ao assimilarem e recriarem essas influências tornam-se capazes de estabelecer um relacionamento ativo e transformador (SILVA; PEREIRA, 2004, p. 87).

Dinamiza-se com fundamento numa concepção de sociedade que (re)cria conceitos de educação com base na concepção de homem que se pretende formar. E nessa perspectiva durkheimiana, entende-se que "[...] a educação é um processo social, e cada sociedade tem as instituições pedagógicas que lhe convém" (LUCENA, 2010, p. 302). E, ainda, que essa educação:

> [...] é a ação exercida pelas gerações adultas sobre as gerações que não se encontrem ainda preparadas para a vida social, tendo por objetivo suscitar e desenvolver, na criação, certo número de talentos físicos, intelectuais e morais, reclamados pela sociedade política, no seu conjunto, e pelo meio especial a que a criança, particularmente se destine (LUCENA, 2010, p. 302).

Nas instâncias decisórias do universo educacional e dos parâmetros que regem a formação do indivíduo social, o Ministério da Educação, por meio da Secretaria de Articulação com os Sistemas de Ensino (SASE), oferece suporte aos entes federativos para que se ajustem ao PNE. A Lei do PNE trata das questões gerais enquanto "[...] diretrizes, formas de monitoramento e avaliação, a importância do trabalho articulado entre as diferentes esferas governamentais, a participação da sociedade, prazos para a elaboração ou adequação dos planos subnacionais e para a instituição do Sistema Nacional de Educação" (BRASIL, 2014).

Nesse aspecto, a Presidência da República, através da Casa Civil e da Subchefia para Assuntos Jurídicos, propôs e sancionou a Lei nº 13.005, de 25 de junho de 2014, que aprova o Plano Nacional de Educação (PNE) e dá outras providências. Pelo art. 1º, "é aprovado o Plano Nacional de Educação - PNE, com vigência por 10 (dez) anos, a contar da publicação desta Lei, na forma do Anexo, com vistas ao cumprimento do disposto no art. 214 da Constituição Federal" (BRASIL, 2014).

O Plano Nacional de Educação (PNE)[10] congrega e dá oportunidade aos estados e municípios para a elaboração dos planos que pretendem levar a cabo. O referido documento traz alguns desafios para os profissionais da educação e os sistemas de ensino, ou seja, articular:

> [...] a oferta educacional de maneira integrada e colaborativa. Para concretizar–se como Política de Estado que extrapola os tempos das gestões governamentais, precisa estar vinculado aos planos estaduais, do Distrito Federal e municipais de Educação, além de servir de referência para a elaboração dos Planos Plurianuais nas diferentes esferas de gestão (BRASIL, 2014, s/n).

Em seu art. 2º, são destacadas as diretrizes do PNE, dentre elas: (i) erradicação do analfabetismo; (ii) universalização do atendimento escolar; (iii) superação das desigualdades educacionais, com ênfase na promoção da cidadania e na erradicação de todas as formas de discriminação (BRASIL, 2014).

O PNE, para a década de 2014 a 2024, contempla 20 (vinte) metas[11] estruturantes que objetivam garantir o direito à educação básica com qualidade. Tais metas concernem ao acesso "[...] à universalização da alfabetização e à ampliação da escolaridade e das oportunidades educacionais" (BRASIL, 2014). Para exemplificar, destaquem-se as cinco primeiras:

Meta 1: universalizar, até 2016, a educação infantil na pré-escola para as crianças de 4 (quatro) a 5 (cinco) anos de idade e ampliar a oferta de educação infantil em creches, de forma a atender, no mínimo, 50% (cinquenta por cento) das crianças de até 3 (três) anos até o final da vigência deste PNE;

Meta 2: universalizar o ensino fundamental de 9 (nove) anos para toda a população de 6 (seis) a 14 (quatorze) anos e

---

[10] O PNE em vigor se refere ao período de 2014 a 2024, e os documentos foram providenciados sob a orientação da UNDIME (União Nacional dos Dirigentes Municipais de Educação), do CONSED (Conselho Nacional de Secretários de Educação), da UNCME (União Nacional dos Conselhos Municipais de Educação), do FNCE (Fórum Nacional dos Conselhos Estaduais de Educação) e do CNE (Conselho Nacional de Educação).

[11] Metas são objetivos quantificados e localizados no tempo e no espaço; são previsões do que se espera fazer em um determinado período para superar ou minimizar um determinado problema. As estratégias, por sua vez, são possibilidades, formas de enfrentar os desafios da meta. Devem formar um conjunto coerente de ações julgadas como a melhor para se atingir determinada meta.

garantir que pelo menos 95% (noventa e cinco por cento) dos alunos concluam essa etapa na idade recomendada, até o último ano de vigência deste PNE;

Meta 3: universalizar, até 2016, o atendimento escolar para toda a população de 15 (quinze) a 17 (dezessete) anos e elevar, até o final do período de vigência deste PNE, a taxa líquida de matrículas no ensino médio para 85% (oitenta e cinco por cento);

Meta 4: universalizar para a população de 4 (quatro) a 17 (dezessete) anos com deficiência, transtornos globais do desenvolvimento e altas habilidades ou superdotação o acesso à educação básica e ao atendimento educacional especializado, preferencialmente na rede regular de ensino, com a garantia de sistema educacional inclusivo, de salas de recursos multifuncionais, classes, escolas ou serviços especializados, públicos ou conveniados;

Meta 5: alfabetizar todas as crianças, no máximo, até o final do 3º (terceiro) ano do ensino fundamental (BRASIL, 2014).

As metas acima destacadas têm como prioridade o ensino fundamental e a qualificação profissional dos professores por meio de investimentos na formação dos professores com a valorização salarial e a escolarização em nível superior. Portanto, o objetivo maior é a garantia constitucional do direito à educação, com equidade e valorização das diversidades que compõem a riqueza social e cultural do Brasil.

Desta feita, a função da educação escolar e a formação complementar são utilizadas enquanto mecanismos construtivo e equalizador dos níveis de escolarização e compreensão de informações acerca da produção do conhecimento, tendo em vista que o Estado que "[...] regulamenta, dirige e empreende a educação é o mesmo estado que regulamenta, dirige (em parte, pelo planejamento) e empreende (em parte, através das empresas públicas e dos aportes de capital) a ordem econômica" (CUNHA, 1979, p. 60).

Aspectos da concepção de educação ainda comparecem nas práticas cotidianas, em que geralmente um adulto determina ao outro o tipo de formação necessária para uma dada sociedade com suas tendências pedagógicas e avaliações que são direcionadas ao tipo de homem daquela sociedade, ou seja, pretender formá-los enquanto indivíduos na possibilidade de sua "[...] integração na sociedade é torná-los conscientes das normas que devem orientar a conduta de cada um e do valor imanente e transcendente das coletividades que cada homem pertence ou deverá pertencer. A educação visa criar no homem um ser novo" (LUCENA, 2010, p. 303), capaz de utilizar táticas eficientes para o cumprimento da ação exercida na sociedade.

Foucault (1977, p. 179) lança a polêmica e pergunta: em "[...] uma sociedade como a nossa, que tipo de poder é capaz de produzir discursos de verdade dotados de efeitos tão poderosos?" – a não ser com base na fiscalização rigorosa e punitiva dos cidadãos não cumpridores dos seus deveres. Baseada nesta assertiva, a EC possui indícios desse tipo de educação ao retratar formas de condutas do que se espera de um cidadão comprometido com a responsabilidade social.

As propostas modernas visam a uma concepção e a uma prática mais abrangente do ato educativo, seguindo um conjunto de normas que regem a educação brasileira, conforme o art. 1º: "[...] a educação abrange os processos formativos que se desenvolvem na vida familiar, na convivência humana, no trabalho, nas instituições de ensino e pesquisa, nos movimentos sociais e organizações da sociedade civil e nas manifestações culturais" (BRASIL, 1996).

Complementando, diga-se que os direitos sociais só se efetivam através do cumprimento responsável das políticas públicas e suas "[...] atividades, metas, planejamentos e projetos normativos idealizados pelo Executivo e aprovados pelo Legislativo que tenham por finalidade a realização de um interesse público primário" (DIGIÁCOMO, 2004, p. 369), de acordo com suas finalidades jurídicas, política e social, que está representando "[...] um fator de diminuição da desigualdade social acumulada historicamente pela sociedade capitalista, a fim de conferir a igualdade efetiva de oportunidades a todos os cidadãos" (BRADBURY, 2016, p. 140).

A desigualdade social continua fazendo história, vagando entre pequenos avanços e grandes retrocessos. O capital, com sua força descomunal, consegue, como uma enxurrada incontrolável, gerar lucros a partir do trabalho escravo e pisotear a Carta Magna. Os conflitos sociais se misturam às lutas maculando os sonhos de uma idealizada e até utópica democracia-cidadã. Os direitos sociais, ou de "Segunda Geração, ou Dimensão, surgem como normas programas, com vistas a garantir direitos sociais, culturais e econômicos. Nascem a partir da concepção da igualdade real e não apenas formal" (BRADBURY, 2016, p. 140). Esses direitos de segunda geração ou dimensão buscam a inclusão dos sujeitos para que não fiquem privados das conquistas tecnológicas e culturais "[...] produzidas pelo novo sistema capitalista" e no formato do Estado Liberal (PIACENTIN, 2013, p. 51).

Por trazer à baila a expressão, hoje *cantada em verso e prosa*, democracia-cidadã, inspirada em Horta (2007, p. 15-16), elabora-se um quadro sugestivo sobre o Estado Democrático de Direito e a temática da cidadania, pontuando que o Estado é "[...] a conquista de direitos" e que as fases de mudanças do Estado são representativas de radicais rupturas com o passado em função das lutas pelos direitos, mas que, na verdade, o que há é o aprofundamento das "conquistas daquele que o antecede". Desta forma:

> [...] o Estado social traria novas conquistas e uma preocupação permanente em favor do Estado agente do desenvolvimento social. É criado o chamado *welfare state*, o Estado de Bem-Estar Social do mundo europeu, que se expande a extremos (e, portanto se corrompe) na versão autoritária do Estado paternalista e na versão autocrática do Estado socialista, expressões estatais que vão se consolidar de modo visível no mundo ocidental (HORTA, 2007, p. 16).

O estudioso supramencionado apresenta uma proposta digna e correta, uma chamada à harmonização entre a educação e o direito, mesmo porque se trata de uma questão de justiça, e isto fornece possíveis garantias e certeza de que o previsto na letra da lei seja uma realidade, que haja inclusão e respeito aos direitos sociais de democracia e de cidadania. Por isso mesmo, não será redundante enfatizar que o direito à educação,

> [...] no direito internacional e no brasileiro, apresenta características jurídicas que o diferenciam em relação aos demais direitos fundamentais, embora todos tenham a natureza jurídica de direitos subjetivos. É direito fundamental social, é direito individual e também direito difuso e coletivo, de concepção regida pelo conceito de dignidade humana. É igualmente dever fundamental (RANIERI, 2013, p. 55).

Neste momento, cabe até uma mais detida reflexão diante da poesia que perpassa o trecho de Ranieri, especialmente quando realça a regência do conceito da dignidade humana, em um mundo revolto, propriamente imerso no caos da modernidade, exigindo dos homens o reconhecimento de si mesmos nos outros homens, sem perder de vista a perspectiva do Estado.

2.3 Elos articuladores dos órgãos públicos para a promoção da educação

Entre os órgãos do Poder Público estão os tribunais de contas, pensando nas garantias e exercendo função fiscalizatória, ou seja, promovendo inspeções e auditorias de natureza contábil, financeira, orçamentária, operacional e patrimonial,

> [...] incluindo a fiscalização das contas nacionais das empresas supra-nacionais, de cujo capital social a União participe, e da aplicação de recursos repassados pela União a estados, ao Distrito Federal ou a município, mediante convênio, acordo, ajuste ou instrumentos congêneres e apuração de denúncias e representações sobre ilegalidades (CASTARDO, 2007, p. 71).

As ilegalidades na administração desses e de outros fundos ou recursos são vistas da perspectiva dos instrumentos jurídicos garantidores da educação como direito fundamental e natural. São responsáveis por essa garantia os governos municipal, estadual, distrital e federal, além dos conselhos de direitos da criança e do adolescente e de educação, do conselho tutelar, do Ministério Público e do Poder Judiciário, da sociedade civil organizada e da família. Os mecanismos jurídicos a serem acionados em caso do descumprimento das garantias são de ordem extrajudicial e judicial; são exemplos a ação de rito sumário prevista na Lei nº 9.394/1996, a ação civil pública, a ação mandamental e o mandado de segurança (individual ou coletivo); a ação mandamental (ação popular); e o mandado de injunção, este um "[...] instrumento colocado à disposição do indivíduo que tiver seus direitos fundamentais ameaçados ou violados em razão da ausência da norma regulamentadora que permita seu regular exercício" (DIGIÁCOMO, 2004, p. 369).

Em se tratando de órgãos públicos e seus elos articuladores para se promover a educação de qualidade, faz-se necessário estabelecer uma relação com os lazeres e saberes dos tribunais de contas. Esses órgãos, como o Ministério da Educação e da Cultura (MEC), as secretarias de educação dos estados e dos municípios, e escolas e diretorias regionais desempenham papeis sociais em prol da concretização da educação no país e são promotores do bem-estar social de toda uma população para garantir direito fundamental – a educação, que é dever do Estado[12] e da família.

---

[12] Para Bobbio, Matteucci e Pasquino (2000, p. 425-426), ao descrever a ideia de Ernst Wolfgang Boeckenfoerde sobre o "[...] conceito de 'Estado' não é um conceito universal, mas serve

Os tribunais desempenham suas atividades e obrigações no sentido de contribuírem também para que se cumpra o estabelecido no artigo 205 da CF – "[...] a educação, direito de todos e dever do Estado e da família, será promovida e incentivada com a colaboração da sociedade, visando ao pleno desenvolvimento da pessoa, seu preparo para o exercício da cidadania e sua qualificação para o trabalho" (BRASIL, 1988, s/n) – numa dada realidade.

No âmbito das atividades dos tribunais de contas, é natural e obrigação orgânica investigar as despesas, as receitas, as contas da contabilidade e, assim, promover fiscalizações e auditorias. O Estado fiscal, representado pelo referido órgão, desempenha o papel de fiscalização e "[...] arrecadação fiscal do Estado, para não anular o interesse financeiro dos empreendedores no processo produtivo" (BOBBIO; MATTEUCCI; PASQUINO, 2000, p. 404).

Entretanto, o referido órgão, na atualidade, desenvolve e aperfeiçoa um espírito pedagógico ao empreender esforços no conjunto dos setores da sociedade no sentido de somar-se aos anseios dos cidadãos, auxiliando na execução de tarefas no exame de prestação de contas dos recursos públicos.

O Estado garante a educação como direito de todos os cidadãos, e o mesmo Estado confere aos tribunais de contas a responsabilidade de fiscalizar determinados fundos de sustentação financeira do contexto em que se desenvolve o processo educacional. Para tanto, conta com profissionais técnicos e auditores que desempenham suas funções na fiscalização do erário de modo educativo para que os cidadãos possam compreender como funciona e como se perfila sua contribuição.[13]

Para a melhoria desse processo formador de gestores e profissionais da educação, tem-se em vista a LDB nº 9.394/96, de 20 de dezembro de 1996 (BRASIL, 1996), primeira legislação educacional que estabeleceu e propôs mudanças no processo de formação dos profissionais da

---

apenas para indicar e descrever uma forma de ordenamento político surgida na Europa a partir do século XIII até os fins do XVIII ou inícios do XIX, na base de pressupostos e motivos específicos da história europeia e que após esse período se estendeu – libertando-se, de certa maneira, das suas condições originais e concretas de nascimento – a todo mundo civilizado". E que, para tal, é uma forma de organização do poder historicamente determinado e, enquanto tal, caracterizada por conotações que a tornam peculiar e diversa de outras formas.

13 O modelo atual de sociedade é o das informações. Há uma sociedade em renovação e que, ainda sendo vítima do analfabetismo, aprendeu a desconfiar dos discursos, das pessoas, das promessas de campanhas eleitorais e nos equívocos do mau uso dos recursos públicos.

educação ao enfatizar o nível superior como condição para que estes sujeitos possam enfrentar as novas exigências do mundo do trabalho. A Lei nº 12.014, de 6 de agosto de 2009, publicada no Diário Oficial da União em 7 de agosto de 2009, alterou o art. 61 da Lei nº 9.394, de 20 de dezembro de 1996, objetivando definir as categorias de trabalhadores que devem ser considerados profissionais da educação, formados em cursos reconhecidos, conforme se vê no art. 1º da referida lei:

> I – professores habilitados em nível médio ou superior para a docência na educação infantil e nos ensinos fundamental e médio;
>
> II – trabalhadores em educação portadores de diploma de pedagogia, com habilitação em administração, planejamento, supervisão, inspeção e orientação educacional, bem como com títulos de mestrado ou doutorado nas mesmas áreas;
>
> III – trabalhadores em educação, portadores de diploma de curso técnico ou superior em área pedagógica ou afim (BRASIL, 2009).

E para proceder a um exame mais detalhado do processo de formação dos profissionais da educação, essa lei ainda estabeleceu as especificidades do exercício das atividades em diferentes modalidades e etapas da educação enquanto fundamento, conforme incisos descritos no art. 1º da Lei nº 12.014/2009:

> I – a presença de sólida formação básica, que propicie o conhecimento dos fundamentos científicos e sociais de suas competências de trabalho;
>
> II – a associação entre teorias e práticas, mediante estágios supervisionados e capacitação em serviço;
>
> III – o aproveitamento da formação e experiências anteriores, em instituições de ensino e em outras atividades (BRASIL, 2009).

A produção desse cenário de formação de professores com vistas à atuação como capacitadores e facilitadores do controle social deve ser essencial para uma sociedade que carece de profissionais que possam reorganizar o trabalho pedagógico para atender as necessidades locais, melhorar a qualidade do ensino com base nas exigências socioeducacionais em ampliar os níveis educacionais no Brasil.

Planejar passa a ser atitude e ação constante e ininterrupta direcionada para um foco bem-delimitado: a educação de qualidade, concreta, e não apenas escolarização em que os indivíduos não são capazes de ler, escrever, calcular e interpretar, ou seja, passa pelos bancos escolares, e não altera sua concepção de mundo e sociedade.

A educação de qualidade precisa de recursos financeiros e parcerias; por esta razão, a seguir, serão tratados aspectos relativos aos recursos via FUNDEB.

2.4 Recursos para financiamento da educação: o caso Fundeb

Para além das garantias, há a questão do financiamento da educação, que, segundo Ribeiro (2009, p. 283), "[...] depende, essencialmente, do bom desempenho do poder Econômico do Estado". Os investimentos não são desprezíveis; pelo contrário, até seriam algo perto do suficiente para o país ter uma educação de qualidade. Não significa, entretanto, que se possam esbanjar indiscriminadamente as verbas destinadas ao financiamento da Educação.

A sociedade é capitalista e reconhece a importância do financiamento para que um sistema funcione devidamente e apresente resultados compensadores. A base do financiamento da educação pública é sustentada pelos impostos, e a prioridade da aplicação dos recursos é destinada à obtenção de uma maior equidade social.

A Lei de Responsabilidade Fiscal (Lei Complementar nº 101, de 4 de maio de 2000) funciona como um contrapeso ou como um ponto de equilíbrio no sentido de que haja não só responsabilidade, mas senso de justiça e de distribuição planejada dos recursos públicos. Assim, a mencionada lei impõe maior disciplina fiscal no gerenciamento das contas públicas e estabelece limites para determinados gastos e diretrizes traçados para o endividamento dos órgãos públicos. A LRF também promoveu alterações "[...] nas práticas orçamentárias, exigindo, por exemplo, a divulgação de valores das metas atuais do setor público e de informações sobre os resultados das contas públicas e o montante da dívida pública" (GREMAUD, 2013, p. 366).

No âmbito escolar, a gestão financeira da escola pública tem compromisso com a aprendizagem de alunos e professores, como destaca Mello (2013, p. 487), lembrando que "[...] esse novo ambiente institucional cria demandas" antes desconhecidas pela gestão escolar. É preciso, pois, identificadas as debilidades, "[...] caracterizar as capacidades" (MELLO, 2013, p. 488), o que remete à necessidade de "[...] saber até que ponto seus atores – diretores, coordenadores, vice-diretores – estão preparados para exercê-las" (MELLO, 2013, p. 488). Ao lado desses apontamentos, vê-se que a gestão financeira da educação no Brasil se encaminha para um momento de autonomia, o que remete à lógica de que "[...] a compreensão das autonomias e competências dos entes públicos na educação implica necessariamente o conhecimento da forma como o poder está organizado espacialmente dentro do território brasileiro", como alerta Cesar Raquel (2013, p. 494).

Fundeb é um fundo contábil de natureza financeira, contribuindo para sua existência todos os entes da Federação (União, estados, Distrito Federal e municípios). Significa que o Governo Federal detém a maior parte dos recursos que serão destinados à educação básica do país e os distribui equanimemente para os estados, Distrito Federal e municípios, considerando o número de alunos matriculados, de acordo com os dados do censo escolar. São critérios de distribuição as modalidades (regular, especial, Educação de Jovens e Adultos (EJA), integral, indígena e quilombola) e os tipos de escola da educação básica das redes públicas estadual e municipal. Pretendem-se, de tal maneira, minimizar as desigualdades sociais e econômicas nas diversas regiões brasileiras, um dos fatores que incidem sobre o desenvolvimento da educação.

São públicas as responsabilidades, os controles e a exigibilidade do direito a uma educação de qualidade, vez que tal qualidade, ainda não exatamente dimensionada, compreendida e conceituada, "[...] ainda está longe de ser alcançada" (KIM; PEREZ, 2013, p. 711). Esses autores elencam o controle e as funções de fiscalização, pontuando, por exemplo, a complexa estrutura que engloba o controle social do Fundeb, o controle pela gestão democrática das políticas públicas educacionais pelo Conselho do Fundeb; o controle jurídico, o sistema de justiça com suas competências e atribuições durante o processo de formulação de políticas públicas, como também o da execução de políticas públicas educacionais.

Para uma melhor estruturação e organização dos sistemas de ensino, fazem-se necessários investimentos por parte do Governo Federal como uma política pública de investimento na educação escolar para seus cidadãos. Diante do exposto, são apresentados alguns pareceres CNE/CP. Citemos como exemplo os seguintes:

    a) Parecer CNE/CP nº 26, de 2 de dezembro de 1997, que trata do financiamento da educação na Lei nº 9.394, de 1996, e Parecer CNE/CP nº 27/2001, aprovado em 6 de agosto de 2001, referente à consulta sobre o funcionamento das escolas de ensino fundamental;

    b) Parecer CNE/CP nº 3/2004, aprovado em 27 de janeiro de 2004, da consulta sobre o Estatuto do Magistério Público Municipal e plano de carreira;

c) Parecer CNE/CP nº 17/2008, aprovado em 6 de agosto de 2008, este de consulta acerca dos recursos do Fundo Constitucional do Distrito Federal, criado pela Lei nº 10.633/2002, tendo como base o artigo 90 da LDB e as atribuições inerentes ao Conselho Nacional de Educação, estabelecidas na Lei nº 9.131/95;

d) Parecer CNE/CP nº 32/2004, aprovado em 6 de outubro de 2004, que reanalisa o Parecer CNE/CEB nº 29/2002, que responde consulta sobre a aplicação de recursos vinculados à educação;

e) Parecer CNE/CP nº 17/2005, aprovado em 3 de agosto de 2005, da consulta sobre financiamento da educação a distância no ensino público com recursos vinculados a que se refere o artigo 212 da CF/88. A educação básica é financiada com recursos federais até 2020.

Em relação aos recursos na esfera estadual, a partir do ano de 2009, por exemplo, 20% (vinte por cento) provêm do Fundo de Participação dos Estados (FPE); do Imposto sobre Circulação de Mercadorias e Serviços (ICMS), incluindo os recursos relativos à desoneração de exportações (IPIexp), de que trata a Lei Complementar nº 87/96; do Imposto sobre Produtos Industrializados, proporcional às exportações (IPIexp); do Imposto sobre a Propriedade de Veículos Automotores (IPVA); do Imposto sobre a Transmissão *Causa Mortis* e Doações de quaisquer Bens ou Direitos (ITCMD); das receitas da dívida ativa e de juros e multas, que incidentes sobre as fontes acima relacionadas. Vale destacar que há, ainda, os recursos na esfera municipal de vinte por cento. Assim sendo, a distribuição dos recursos é feita com base no número de alunos matriculados na educação básica pública presencial. De acordo com dados do último Censo Escolar, os municípios receberão os recursos do Fundeb com base no número de alunos da educação infantil e do ensino fundamental, e o Estado, no número de alunos do ensino fundamental e médio (BRASIL, 2007).

A distribuição do fundo é processada pelo Banco do Brasil S/A, a qual se dá após o repasse feito pelo Tesouro Nacional e órgãos fazendários estaduais. Em relação ao Conselho de Acompanhamento e Controle Social do Fundeb, trata-se de um colegiado constituído por representantes da Secretaria de Educação dos professores, dos diretores escolares dos servidores técnico-administrativos, dos pais de alunos e de estudantes matriculados na educação básica pública.[14]

---

[14] Esse Conselho não administra os recursos, não possui estrutura administrativa própria, apenas acompanha a gestão, e uma das atribuições está no acompanhamento e

Quanto aos tribunais de contas e sua atuação no Fundeb, cabe aos TCs, nos moldes do art. 26 da Lei nº 11.494, de 2007 (BRASIL, 2007):

> A fiscalização e o controle referentes ao cumprimento do disposto no art. 212 e 213 da Constituição Federal e do disposto nesta Lei, especialmente em relação à aplicação da totalidade dos recursos dos Fundos, serão exercidos:
>
> I – pelo órgão de controle interno no âmbito da União e pelos órgãos de controle interno no âmbito dos estados, do Distrito Federal e dos Municípios;
>
> II – pelos tribunais de contas dos estados, do Distrito Federal e dos Municípios, junto aos respectivos entes governamentais sob sua jurisdição;
>
> III – pelo Tribunal de Contas da União, no que tange às atribuições a cargo dos órgãos federais, especialmente em relação à complementação da União (CALLEGARI, 2013, p. 258).

O Tribunal de Contas/SE, em sua cartilha (SERGIPE, 2010, p. 9),[15] define, caracteriza e apresenta a composição do Fundeb[16] como sendo

> [...] um Fundo de natureza contábil, instituído pela Emenda Constitucional N.53/2006, regulamentada pela Lei n. 11.494/2007, e no âmbito deste Tribunal, pela Resolução Tribunal de Contas n. 243/2007, que institui mecanismo de comprovação da aplicação dos recursos para Manutenção e Desenvolvimento da Educação Básica e de Valorização dos Profissionais da Educação. A sua implantação ocorrerá de forma gradual, com percentuais de receitas alcançando o patamar de vinte por cento em 2009.

Nesse sentido, a fiscalização que os TCs realizam é diferente da adimplida pelos conselhos de acompanhamento e controle social do fundo, visto que as cortes de contas examinam e aplicam sanções, na

---

em controlar a distribuição, transferência e aplicação dos recursos já mencionados; supervisionar o Censo Escolar anual, a elaboração da proposta orçamentária anual, entre outras. Há, portanto, um minucioso protocolo para que sejam planejados, distribuídos e acompanhados esses recursos federais.

[15] O texto da cartilha do Tribunal de Contas/SE discorre ainda sobre a administração orçamentária e financeira, a contabilidade, a aplicação dos recursos, a remuneração dos profissionais do magistério, outras despesas, prestação de contas, além de outros itens informativos.

[16] A abrangência do Fundeb se lança sobre o ensino fundamental e o médio, sendo que, na esfera municipal, cobre a educação infantil (creches e pré-escolas) e o ensino fundamental.

hipótese de irregularidades. Já os conselhos complementam a atuação dos TCs, exercendo sua representação/controle social, tomando providências junto ao Poder Judiciário, por exemplo.

O Estado é a representação mais alta e legítima das aspirações de um povo em seu exercício democrático-cidadão. Ao envolver diretamente a participação popular, amplia os horizontes das políticas públicas que venham a atender, dentro das diretrizes legais, os anseios de um povo, e os anseios do povo brasileiro são os mesmos dos cidadãos, sujeitos que integram o quadro das cortes de contas e das suas escolas por todo o Brasil. São presidentes, diretores, coordenadores, técnicos, pais e mães de família que oficialmente desempenham funções na Administração Pública.

CAPÍTULO 3

AS ESCOLAS DE CONTAS NO CONTEXTO SOCIOEDUCATIVO ESTATAL

Este capítulo se subdivide em subcapítulos que circundam o tema dos tribunais de contas, abordando aspectos históricos, nuances da constitucionalização dos tribunais de contas, funções de controle externo e aspectos funcionais do Tribunal de Contas em Sergipe. Assim, faz-se necessário tratar da história do Tribunal de Contas, de como esses órgãos foram se desenvolvendo e estruturando ao longo dos anos e das suas competências quanto à fiscalização e controle externo da Administração Pública. O Tribunal de Contas do Estado de Sergipe tem jurisdição em todo o seu território e exerce o controle externo nas administrações estaduais e municipais.

Encontram-se no texto argumentado o papel e as funções e competências dos tribunais de contas quanto à fiscalização em toda a sua extensão, incluindo-se os instrumentos legais dos quais se utilizam para o cumprimento de tais finalidades. Também se aborda o controle em suas características e especificidades. As escolas de governo, a educação corporativa e o empenho em se construir uma cultura política acerca destes e de outros itens são aspectos ainda tratados no desenvolvimento das ideias a seguir expostas.

3.1 Aspectos históricos e constitucionais e a função de controle externo dos tribunais de contas

O Estado moderno objetiva atender aos anseios sociais, individuais e coletivos do bem comum, da felicidade e da cidadania, imprescindíveis para o equilíbrio da estrutura social, das relações dos indivíduos, da segurança do território e consagração do sentido da soberania que patrocina a cooperação mútua e participativa, fazendo imprescindíveis os pinaculares princípios da moral e da ética, de onde se infere que "[...] soberania em sentido amplo significa o poder, a autoridade em última instância em uma sociedade política. A ideia de soberania está intimamente ligada em sua origem à força, no sentido de legitimação" (SANTOS, 2009, p. 24).

A relação Estado *versus* governo não seria possível sem a existência do cidadão. O governo é o líder escolhido pela vontade soberana do povo para a concretização do Estado democrático, exercendo o seu poder constituinte. Foucault concebia o ato de governar um Estado a partir da ideia de uma "economia ao nível geral do Estado". Isto é, que o Estado se tornaria aquilo para o que foi concebido "[...] em relação aos habitantes, às riquezas, aos comportamentos individuais e coletivos, uma forma de vigilância, de controle tão atenta quanto à do pai de família" (FOUCAULT, 1979, p. 281).

A análise da personalidade jurídica do Estado como "[...] entidade com determinadas competências, direitos, dever" deixa entrever um significado de "[...] responsabilidade, do Estado, da 'independência' cidade-estado" ou, ainda, o "[...] Estado enquanto pessoa se distingue patrimonialmente, organicamente das pessoas que nele habitam", além do que o Estado se confirma e se inclui na condição de pessoa jurídica a serviço da pessoa física e toda a sociedade coletivamente (SANTOS, 2009, p. 21-22).

Ao se tratar de Estado, o raciocínio remete, de imediato, à noção de governo/governança como sendo o funcionamento de um "[...] conjunto de órgãos e as atividades que eles exercem no sentido de conduzir politicamente o Estado, definindo suas diretrizes supremas", não se confundindo, entretanto, tal entendimento com o conceito de Administração Pública, estritamente falando, pois esta "[...] tem a função de realizar concretamente as diretrizes traçadas pelo Governo. Portanto, enquanto o Governo age com ampla discricionariedade, a Administração Pública atua de modo subordinado" (MOREIRA, 2008, p. 1).

As Juntas das Fazendas das Capitanias e a Junta da Fazenda do Rio de Janeiro, jurisdicionadas a Portugal para o controle régio das finanças públicas, foram fundadas no ano de 1680, quando também o Brasil assinava, em 1º de abril, a Carta de Lei pondo fim à escravidão indígena; a mesma década assistiu, em 1684, à Revolta dos Beckman, na província do Maranhão. As mencionadas instituições serviram de embrião para o surgimento dos TCs.

Ao se refletir sobre os primórdios da preocupação com o erário, remete-se à obra *Ensaio sobre o Tribunal de Contas*, de Alfredo Cecílio Lopes (1947),[17] que menciona a secular necessidade do Estado em atender as complexas reivindicações públicas, as normas e métodos, a sindicância dos dinheiros públicos e o instituto fiscalizador. A respeito de Portugal, país colonizador do Brasil, Lopes assevera ainda que aquela nação, tanto na Idade Moderna quanto na Contemporânea, não nos ofereceu maiores elementos que os apresentados na Idade Média para o estudo histórico da administração financeira do Estado e sua fiscalização (LOPES, 1947).

Referindo-se a D. Manuel I (1495-1521), Lopes adverte que o monarca "[...] assistiu ao descobrimento do Brasil e à fundação do chamado Império luso-indiano, o qual, para ser mantido, tantos sacrifícios haviam de causar ao erário português" (LOPES, 1947, p. 76). O sistema de cortes ou TCs no Brasil aborda questões do controle do Parlamento sobre a aplicação da receita pública como consequência lógica do poder tributário.

Com a chegada da família real ao Brasil, em 1808, o Príncipe Regente, Dom João VI, ordenou a criação através de alvará datado de 28 de junho, do Erário Régio (ou, anteriormente, Casa dos Contos) e do Conselho da Fazenda, objetivando o acompanhamento da execução da despesa pública. Em 1822, já proclamada a Independência, esse, que foi chamado Erário Régio, passou a ser denominado, pela Constituição Monárquica de 1824, Tesouro Real Público ou Tesouro da Fazenda. Como daí se pode depreender que, "[...] no Brasil, os Tribunais de Contas surgem na transição da Monarquia para a República, período em que as instituições estatais se ampliam e se reformulam para se adequarem ao novo regime político" (LOUREIRO; TEIXEIRA; MORAES, 2009, p. 8).

Quanto à atividade administrativa do Estado, especialmente em atenção aos problemas da fiscalização, passando pela atividade financeira e pela administração das finanças públicas, Lopes se encarrega de expor a evolução histórica do Tribunal de Contas no Brasil, desde os primeiros e difíceis passos de seu nascimento na época do

---

[17] Lopes (1947), reportando-se a Portugal, afirma que é de lá que vem a mais importante influência para o Brasil, tendo em vista ter sido colonizado pelo povo português. No conturbado período medieval (ali pelo século XIII) em Portugal, convém frisar que, ainda assim, os indivíduos gozavam de privilégios e eram beneficiados pelas instituições municipais. O autor vasculha da antiguidade até a modernidade para explicar a evolução da administração do dinheiro público.

Império, resumindo uma experiência sob a égide da Constituição de 1891. Em seguida, afirma que o Parlamento precisa estar aparelhado para o desenvolvimento de tal tarefa, tendo, portanto, de se valer "[...] de um outro órgão, de natureza técnico- administrativa, de atuação permanente, que acompanhe *pari-passu* a ação governamental no cumprimento da lei ânua, e forneça elementos necessários para o julgamento final das contas governamentais" (LOPES, 1947, p. 207). Tem-se, portanto, declarada a função específica do Tribunal de Contas, que é a de:

> [...] fiscalizar a administração financeira e fornecer ao Parlamento os elementos necessários ao julgamento das contas do Executivo. Entretanto, têm-lhe sido confiadas outras tarefas, inclusive o exercício de certas atribuições de natureza jurisdicional. Não sendo estas, porém, específicas do Tribunal de Contas já que lhe poderiam ser retiradas sem se desvirtuar a finalidade da sua criação -, deve êle ser caracterizado como órgão especial e independente, cuja posição é de "auxiliar permanente do Poder Legislativo" na fiscalização da administração financeira (LOPES, 1947, p. 207).[18]

O mencionado autor atesta que o controle financeiro existe em todas as nações consideradas civilizadas e democráticas, observando que o Parlamento age em nome do povo e autoriza as despesas do Estado. Refere-se à lei anual, à preferência pelo sistema preventivo com veto limitado ou absoluto, e enfatiza a necessidade da existência de "[...] um perfeito sistema de contabilidade, que lhes forneça os elementos técnicos indispensáveis ao conhecimento minucioso da execução orçamentária" (LOPES, 1947, p. 209).

Dois anos após a promulgação da Constituinte, foi criado um Tribunal de Contas no Brasil por força de um projeto de lei proposto no Senado pelo Visconde de Barbacena, Felisberto Caldeira Brandt e José Inácio Borges. Foi implementado com a instituição do Tribunal de Contas da União em 1890 e presente no Decreto nº 966-A de 07 de novembro de 1890 (BRASIL, 1890, s/n).

Quando da promulgação da Constituição de 1891,[19] esta previu o Tribunal de Contas ao estabelecer no artigo 89 sobre a "[...] a

---

[18] Foi mantida a ortografia original quando das citações diretas de Lopes e Vítor Nunes Leal ao comentar as obras de Lopes (1947).

[19] Vale destacar que somente a partir da promulgação da Constituição Republicana de 1891 foi instituído o Tribunal de Contas no Brasil, regulamentado no ano seguinte pelo Decreto nº 1.166, de 17 de dezembro de 1892.

CAPÍTULO 3
AS ESCOLAS DE CONTAS NO CONTEXTO SOCIOEDUCATIVO ESTATAL | 77

competência para liquidar e verificar a legalidade das contas da receita e da despesa antes de serem prestadas para o Congresso Nacional. A instalação deste Tribunal ocorreu no ano de 1893" (BRASIL, 2017, p. 2). Evoluindo com as promulgações das constituintes, o país alcança em 1934 uma ampliação em relação às competências do Tribunal de Contas da União, conferindo-lhe "[...] a função de proceder ao acompanhamento da execução orçamentária, do registro prévio das despesas e dos contratos, proceder ao julgamento das contas dos responsáveis por bens e dinheiro público e oferecer parecer prévio sobre as contas do Presidente da República" (BRASIL, 2017, p. 2).

Na sucessão de Cartas Constituintes, a de 1937 assegurou integralmente as determinações estabelecidas em 1934. Na Constituição de 1946, permaneceram as competências descritas na Carta anterior, incluindo-se, entre as funções do Tribunal de Contas, o julgamento da legalidade das concessões de aposentadorias, reformas e pensões.

Ao contrário das anteriores, a Constituição de 1967 fragilizou o Tribunal de Contas ao tirar dele a atribuição de proceder ao exame e ao julgamento prévio dos atos e contratos geradores de despesas. Outra competência excluída foi a que lhe conferia julgar a "[...] legalidade das concessões de aposentadorias, reformas e pensões, tendo o Tribunal competência apenas para a apreciação da legalidade para fins de registro" (BRASIL, 2017, p. 2). Sob o poder do Tribunal, restou a função de indicar falhas e irregularidades que, caso não fossem sanadas, passariam a ser objeto de representação ao Congresso Nacional.

A vigente Constituição de 1988, em seu art. 73, imprimiu uma mudança revigoradora do Tribunal de Contas da União que prevê uma nova e sólida composição da Corte, ao estabelecer que "[...] dois terços dos membros do TCU seriam indicados pelo Congresso Nacional". O Presidente da República indica apenas um terço, "[...] sendo que dois, alternadamente, entre membros do Ministério Público junto ao Tribunal e auditores, e apenas um membro em princípio estranho ao TCU, fortaleceu a Corte, em tese, assegurando-lhe maior autonomia em relação ao Executivo" (BRASIL, 2017, p. 2).

Quanto à condição jurídica das cortes de contas,[20] está caracterizada, apesar de integrar o Legislativo, como não dependente de quaisquer dos Poderes da União, de natureza jurídica e autônoma,

---

[20] *São indicados 9 (nove)* ministros que dispõem de iguais garantias e prerrogativas, percebem os mesmos vencimentos e estão sujeitos aos mesmos impedimentos dos ministros do STJ.

fortalecendo-se, assim, no organismo estatal. O Tribunal de Contas pertence ao cidadão e

> deve desempenhar os papéis educativo e orientativo, tanto para os gestores quanto para os órgãos públicos. Além disso, deve atuar como instrumentador do controle social, pois nenhuma outra instituição tem sob a sua tutela, como as tem o Tribunal de Contas, informações de gestão de todos os órgãos e gestores brasileiros (RODRIGUES NETO, 2015, p. 63).

Os Poderes do Estado são o Legislativo, Executivo e Judiciário, cuja atuação deve ser harmônica e independente, conforme preceitua a Carta Constitucional. O Poder Executivo contempla a Administração Pública, que está dividida em administração direta, que abrange os entes políticos, e a indireta, que se compõe das pessoas jurídicas de direito público e privado (autarquias, fundações, empresa pública e sociedade de economia mista).

Os tribunais de contas são motivo de debate entre estudiosos do direito, isto desde a época de sua criação. Em torno da situação especial desses órgãos surgem questionamentos acerca de sua exata colocação entre os três poderes constituídos e de sua condição institucional. Há, por outro lado, o entendimento de que são as legítimas criações incumbidas de fiscalizar os mesmos três poderes, nomeadamente o Executivo, o Judiciário e o próprio Legislativo. Quando se consulta o texto da Constituição Federal, há de se encontrar a menção a essas instituições como fiscalizadoras contábeis, financeiras, operacionais e orçamentárias, conforme estabelecido nos artigos 70 a 75, e proclama o art. 71, *in verbis*, que "[...] o controle externo de competência do Congresso Nacional será exercido com o auxílio do Tribunal de Contas" (BRASIL, 1988, s/n), sendo concedidas garantias, vencimentos e prerrogativas aos seus membros, conforme reza a CF/88, §3º, do artigo 73.

Por sua vez, os TCs dos estados funcionam no bojo de uma estrutura que se espelha nas Constituições Estaduais,[21] em absoluta consonância ao disposto constitucional.

---

[21] Em consonância com os ditames da Carta Magna e em observância ao basilar Princípio da Simetria, esses órgãos estaduais são formados por 7 (sete) conselheiros, sendo 4 (quatro) entre eles escolhidos pela Assembleia Legislativa e 3 (três) pelo governador do estado (Súmula nº 653 do STF).

A CF/88 desautoriza a criação de tribunais, conselhos e órgãos de contas municipais, conforme inscrito no seu art. 31, §4º, ressalvando-se o caso específico para dois municípios que já possuíam as referidas instituições (Rio de Janeiro e São Paulo) e que têm todo o direito de continuar em funcionamento. É de se ressaltar que os demais municípios terão o controle externo das respectivas câmaras municipais realizado com o auxílio dos tribunais de contas dos estados ou dos municípios, onde assim entendam os legisladores estaduais (Assembleia Legislativa) e/ou o Ministério Público, de forma incidental (BRASIL, 1988), pois:

> As Cortes de Contas tiveram, inclusive, reconhecida pelo STF, mediante a Súmula nº 347, a competência para apreciar a constitucionalidade de leis e atos do Poder Público. Desta forma, as atribuições dos Tribunais de Contas ultrapassaram as discussões sobre a legalidade no controle orçamentário, financeiro, contábil operacional e patrimonial, fortalecendo-se a atribuição de fiscalização baseada na legitimidade do órgão e no princípio da economicidade (BARRETO, 2016, s/n).

Segundo explicita Paulo Soares Bugarin (2015, p. 1), subprocurador-geral do Ministério Público junto ao Tribunal de Contas da União:

> [...] o texto constitucional inseriu no ordenamento jurídico parâmetro de natureza essencialmente gerencial, intrínseco à noção de eficiência, eficácia e efetividade, impondo como um dos vetores da regular gestão de recursos e bens públicos o respeito ao princípio da economicidade, ao lado do basilar princípio da legalidade e do, também recém-integrado, princípio da legitimidade (BRASIL, 1988, art. 70).

As funções e competências[22] dos TCs são, pois, essencialmente de executar a fiscalização[23] contábil, financeira, orçamentária, operacional e patrimonial dos entes da Administração Pública, quer direta e ou indireta.[24] A competência judicante é aquela mediante a qual o Tribunal de Contas se empodera para o julgamento das contas apresentadas anualmente pelos administradores e responsáveis pelo tesouro da

---

[22] A competência fiscalizadora dos TCs se restringe à efetivação das auditorias e das inspeções no bojo das entidades e órgãos da Administração Pública.

[23] A fiscalização se estende aos que fiscalizam também procedimentos licitatórios, podendo o órgão expedir medidas cautelares no sentido de evitar que o erário seja dilapidado, desrespeitado.

[24] Cumpre esclarecer que as empresas públicas e, ainda, as sociedades de economia mista estão, da mesma forma, sujeitas à fiscalização daqueles órgãos.

Administração Pública, salvo quanto a chefes do Poder Executivo (presidente, governador ou prefeito), onde apenas emite parecer prévio.

No tocante às sanções, o Tribunal de Contas encontra-se investido de força suficiente para a aplicação concernente à prática de atos ilegais porventura existentes no desempenho de contas e despesas públicas, responsabilizando o sujeito por tais práticas.

Muitos apontam que a principal fragilidade dos TCs é a dependência política. É dizer: gostariam esses críticos que os membros das cortes de contas viessem de indicação dentre servidores de carreira destes órgãos, pois assim a influência política seria diluída. Todavia, tais críticos se esqueceram de que, na maior corte de justiça, as indicações são todas elas de cunho eminentemente político e por livre escolha do chefe do Poder Executivo – escolha essa que deve apenas ser referendada pelo Senado da República –, e nem por isso o STF é acusado de uma corte que sofre forte influência política. De outra parte, os TCs já têm uma mescla entre a opção política e a escolha técnica jurídica, visto que dois dos seus sete membros necessariamente terão de vir do Ministério Público Especial, e o outro dentre auditores, sendo ambos admitidos mediante concurso público. Portanto, o quadro que se tem hoje é um balanço entre a opção jurídica e a política, mais bem balanceado que o critério de escolha da Corte Suprema. Outrossim, diante da conjuntura política atual, vislumbra-se a possibilidade de mudanças significativas quanto à forma de investidura dos conselheiros dos TCs, seja por aproveitamento de servidores efetivos da Casa, seja por concurso público para preenchimento de tais cargos.

A conduta programada da Corte de Contas com o auxílio da sociedade (através da denúncia/representação) revela a afirmação do Estado Democrático de Direito, em benefício dos direitos da cidadania ao participar essencialmente dos acontecimentos do país, ao definirem coletivamente as tomadas de decisão quanto ao uso correto de recursos públicos, bem como o valor das instituições democráticas, e dá ao cidadão o conhecimento da força normativa da Constituição.

Acerca do papel da instituição Tribunal de Contas no sistema político-administrativo do Brasil, ela existe em razão da "[...] preocupação com os limites e as responsabilidades dos agentes por abusos que ocorram eventualmente e tem origem nos órgãos públicos", destacando-se que tais abusos ocorrem desde a Idade Média, a exemplo das Cortes Gerais (SPECK, 2000, p. 33).

> O Tribunal de Contas é, no Brasil e onde existe, um órgão da administração pública, especial, externo, colegiado, e independente, que,

CAPÍTULO 3
AS ESCOLAS DE CONTAS NO CONTEXTO SOCIOEDUCATIVO ESTATAL | 81

a despeito de outras funções a êle porventura cometidas, por leis constitucionais ou ordinárias, segundo o processo jurídico de sua instituição, exerce funções prevalecentemente fiscalizadora dos atos do poder executivo, como auxiliar permanente do poder legislativo (LOPES, 1947, p. 283).

Aos TCs, em conformidade com o previsto na CF/88, compete o controle da legalidade dos atos da Administração pertinentes a matérias que envolvem despesas públicas. Essas instituições dispõem de um sistema de controle externo que equivale a uma estrutura assim organizada: um (1) Tribunal de Contas da União, com sede no Distrito Federal e representação em todas as unidades da federação; vinte e seis (26) tribunais de contas estaduais (uma em cada unidade da federação); quatro (4) tribunais de contas dos municípios, localizados nos estados da Bahia, Ceará, Pará e Goiás; e dois (2) tribunais de contas do município, localizados nos municípios de São Paulo e Rio de Janeiro.

É cediço que o controle não é uma carta em branco dada àqueles que fazem parte das cortes de contas. Qualquer pessoa tem o direito de requerer que os órgãos e agentes públicos prestem contas; a exemplo de como este é um direito revolucionário e democrático, observe-se o texto do artigo XV da Declaração dos Direitos do Homem e do Cidadão,[25] de 1789: "A sociedade tem o direito de pedir contas a todo agente público pela sua administração". É nesse contexto que se faz imperiosa a atuação do controle pelos TCs, contribuindo para um modelo ideal de se conduzir a máquina pública.

A estrutura funcional dos TCs está situada em duas células importantes no âmbito da controladoria – a saber, controle externo e controle interno –, ambas em articulação e que se propõem a não só fiscalizar ou punir, mas a desenvolver um plano pedagógico de ensino-aprendizagem do que representa o órgão Tribunal de Contas para dar suporte e garantias na utilização dos recursos públicos, particularmente no setor educacional.

O controle externo (CE) conduz a fiscalização, realiza a auditoria que, no caso das escolas públicas, pode ser do tipo operacional, posto que nesses casos a auditoria não deve se ater apenas ao caráter formal-orçamentário da unidade de ensino, mas verificar também se

---

[25] Dessa assertiva oriunda da Declaração dos Direitos do Homem e do Cidadão, vê-se que o controle abre um novo e largo horizonte que será moldado e, sobretudo, aplicado em prol do indivíduo quanto à atuação do gestor em favor de determinada sociedade.

elas têm condições materiais e funcionais para oferecerem uma boa qualidade de ensino.

Em virtude de terem a função de julgar contas, os TCs devem conduzir tal auditagem mediante mecanismos apropriados para tal finalidade, corrigindo rumos, o que se traduz não apenas como usar de instrumentos punitivos, mas, também, de ferramentas preventivas para atingir propósitos e objetivos, notadamente os fins de interesse coletivo. Trata-se, pois, da adoção de uma atitude de ensino e aprendizagem no âmbito da controladoria externa com o objetivo da moralização da coisa pública.

Neste aspecto, o Controle Externo, como uma atividade essencial do Tribunal de Contas, funciona e é desenvolvido através das próprias atividades de fiscalização, auditoria, julgamento de contas públicas, com emissão de parecer prévio, no caso da fiscalização de chefes do Poder Executivo, quanto à aplicação do erário, que deve ter como foco o atendimento dos anseios do povo, sem perder de vista a obrigação da publicização de seus atos em portal de domínio público, além do que precisa imbuir-se da sua responsabilidade em promover o caráter preventivo e pedagógico nas ações da Administração Pública.

Há um instrumento bastante difundido e utilizado por órgãos públicos de defesa do consumidor e, especialmente, pelo Ministério Público (Termo de Ajustamento de Conduta – TAC) muito comum no âmbito extrajudicial e nos autos de inquérito civil ou situações seme-lhantes. O instrumental se destina à investigação de lesão ou iminência de lesão aos interesses ou direitos difusos, coletivos ou individuais homogêneos de consumidores e objetiva também prevenir ou fazer cessar a ocorrência de tais perigos. É um termo no qual alguém, de *per si* ou representando algum órgão (exemplos: escola, prefeitura, etc.), se compromete oficial e socialmente a reconsiderar e redirecionar uma conduta questionável. É, portanto, uma promessa de se corrigir uma situação, desde que não seja dolosa, mas, sim, decorrente de erro, e pode ser plenamente utilizado no âmbito educacional para sanar ou prevenir danos iminentes.

Não há dúvidas de que essa ferramenta é de grande valia para o controle externo. Tem-se o Termo de Ajustamento de Conduta ou, ainda, Compromisso de Ajustamento de Conduta/Termo de Ajustamento de Gestão (TAG), sendo esta última nomenclatura usual em sede de TCs como um instrumento jurídico de controle consensual através do qual essas instituições podem ajustar com seus jurisdicionados/fiscalizados novas práticas de gestão que visem corrigir, em determinado prazo,

CAPÍTULO 3
AS ESCOLAS DE CONTAS NO CONTEXTO SOCIOEDUCATIVO ESTATAL | 83

irregularidades verificadas em denúncias ou processos administrativos, também não decorrentes de ação dolosa.

Especial atenção é dada ao sistema de auditoria (auditoria operacional) e ao Termo de Ajustamento de Gestão (TAG), que são instrumentos para análise e apreciação das contas públicas, sobretudo para demonstrar como as atividades do TCE/SE se voltam para a fiscalização, transparência e criação de um contexto participativo voltado para a construção da democracia e da cidadania. A democracia, nesta obra, pode ser entendida acompanhando a visão de Chauí:

> [...] como a única forma política que considera o conflito legitimo e legal, permitindo que seja trabalhado politicamente pela sociedade. As ideias de igualdade e liberdade como direitos civis dos cidadãos vão muito além da sua regulamentação jurídica formal. Significam que os cidadãos são sujeitos de direitos e que, onde tais direitos não existam nem estejam garantidos, tem-se o direito de lutar por eles e exigi-los. É esse o cerne da democracia (CHAUÍ, 1996, p. 431).

O uso desta prática pedagógico-preventiva (Termos de Ajustamento de Gestão) pelos TCs corrige rumos e evita questionamentos na esfera administrativa e no judiciário, que em boa parte dos casos, jamais teriam reparo.

É importante destacar que o Tribunal de Contas do Município (TCM) não equivale ao Tribunal de Contas dos Municípios (TCMs). O TCM é o órgão municipal de controle externo, responsável pela fiscalização da atividade financeira de um município, a exemplo do Tribunal de São Paulo, fiscalizando apenas o referido município. Por sua vez, o Tribunal de Contas dos Municípios é órgão estadual incumbido de fiscalizar os municípios localizados em determinado estado. Este assume tão somente a fiscalização de todos os municípios da respectiva unidade federativa. As leis que ampliaram as competências para os TCs, em especial para o TCU, são:

a) Lei nº 8.666, de 21 de junho de 1993 – Lei de Licitações e Contratos;[26]

---

[26] O art. 102 da Lei de Licitação e Contratos contém a "[...] obrigação das pessoas nele indicadas, dentre elas os membros dos tribunais de contas, de, ao tomarem conhecimento da existência dos crimes definidos na referida Lei, remeterem ao Ministério Público as cópias e os documentos necessários ao oferecimento de denúncia [...]" (AGUIAR, 2010, p. 45-46).

b) Lei nº 8.987, de 13 de fevereiro de 1995 – Lei de Concessão e Permissão da Prestação de Serviços Públicos que regulamenta o art. 175 da Constituição Federal;

c) Lei Complementar nº 101, de maio de 2000 – Lei de Responsabilidade Fiscal;

d) Lei nº 11.079, de 30 de dezembro de 2004 – Lei de Parceria Público-Privada.

e) Lei nº 12.462, de 04 de agosto de 2011 – Regime Diferenciado de Contratações Públicas;

f) Lei nº 13.303, de 30 de junho de 2016 – Estatuto Jurídico da Empresa Pública e da Sociedade de Economia Mista.

Acrescente-se a Instrução Normativa do TCU nº 63/2010,[27] que discorre sobre como o TCU faz o controle das despesas decorrentes dos contratos e demais instrumentos regidos pela referida Lei Geral de Licitações:

> A forma de atuação do TCU na fiscalização das Parcerias Público-Privadas foi, recentemente, disciplinada por meio da Instrução Normativa N. 57, de 4/7/2008. Esse normativo estabelece, em seu art. 1º, que "ao Tribunal de Contas da União compete acompanhar os processos de licitação e contratação das Parcerias Público-Privadas, de que trata a Lei Nº 11.079/2004, bem como fiscalizar a execução dos contratos decorrentes das parcerias celebradas". Vale anotar que o art. 4º da referida Instrução Normativa disciplina que o acompanhamento dos processos de licitação e contratação de Parceria Público-Privada (PPP) será concomitante e realizado em cinco estágios (AGUIAR et al., 2010, p. 46).

Diante das leis acima mencionadas, a Lei de Responsabilidade Fiscal (LRF) ganha relevo, pois corresponde ao conjunto de normas destinadas à União, estados e municípios com o propósito de auxiliá-los na prudente administração de suas receitas e despesas, evitando, dessa forma, desequilíbrios orçamentários e o endividamento em excesso. Vale inserir que o sistema de controle externo acompanha a transformação social e as exigências da sociedade quanto a tecnologias modernas da comunicação e do conhecimento.

Na seara das fiscalizações, o TCU, no biênio 2009-2010, foi direcionado para a utilização de modernas técnicas para a "[...] seleção dos objetos auditados, bem assim à produção e disseminação de

---

[27] Frise-se que a IN/TCU nº 57 (BRASIL, 2008) foi revogada pela Instrução Normativa – TCU nº 63, de 1º.09.2010, DOU de 06.09.2010 (BRASIL, 2010).

conhecimentos" (BRASIL, TCU, 2010, p. 65). Foi criada no contexto da Segecex[28] uma rede interna de inteligência, que se:

[...] constitui o suporte estratégico para a disseminação dos conceitos básicos necessários à utilização da atividade de inteligência voltada para o controle, campo que teve destacada atuação no Serviço de Gestão de Informações Estratégicas para as Ações do Controle Externo (SGI). As ações de inteligência buscam trabalhar com o cruzamento e análise de grandes bases de dados disponíveis na administração pública federal e, a partir de parâmetros previamente estabelecidos (tipologias de ilícitos administrativos), identifica possíveis ocorrências de irregularidades, em larga escala, em órgãos e entidades diversas (BRASIL, TCU, 2010, p. 65).

Assim, o controle externo do Tribunal de Contas engloba a competência, por meio de seus mecanismos de fiscalização, auditoria orçamentária e julgamento das contas públicas, de cuidar do bom andamento da dotação orçamentária/dispêndio de verbas. Em outras palavras, Lopez assevera ser, no Brasil, o controle externo uma "[...] função não-exclusiva, mas fundamental, do poder Legislativo, que atua com apoio do Tribunal de Contas da União,[29] Entidade de Fiscalização Superior" (LOPEZ, 2008, p. 9).

A CF/88 autoriza as cortes de contas a julgarem as contas dos administradores públicos, salvo chefes do Poder Executivo, como já dito, em função da legalidade das aposentadorias e pensões, das representações e denúncias; e ainda a determinação do "[...] prazo para que o órgão ou entidade estatal adote as providências necessárias ao exato cumprimento da lei, se verificada ilegalidade; sustar atos administrativos [...]" (art. 71, II, III, IX e X da CF/88). Oportuno destacar a função dos TCs, que têm intensa e ampla ação de controle sobre os atos da Administração Pública, de verificar nas contas prestadas pelos agentes do Poder público se nelas ocorreram ilegalidades ou se foram cumpridos todos os preceitos legais necessários à sua validade, visando combater a corrupção e prejuízos ao erário (QUEIROZ, 2010).

---

[28] Segecex – as mudanças buscam viabilizar a especialização das secretarias de controle externo, prevista no PET 2011-2015. Para isso, foram criadas quatro coordenações-gerais, que agrupam as secretarias por temas. O objetivo da mudança é permitir que as secretarias, a partir de um amplo conhecimento de sua área, possam atuar de forma mais contundente para coibir a ocorrência de fraudes e desvios de recursos e melhorar cada vez mais o provimento de serviços públicos ao cidadão brasileiro.

[29] Pelo princípio da simetria, o mesmo entendimento se aplica aos TCEs, TCMs e TCM.

O controle assumido pelos TCs diz respeito à efetivação de análise comparativa "do ato frente à lei, inclusive à Lei Suprema, a Constituição Federal". É, também, da alçada destes o exame da "[...] validade das leis, em OBRA, em sede de 'consulta', concebida nas suas leis orgânicas como instrumento de análise de dúvida suscitada na aplicação de dispositivos legais e regulamentares, concernentes à matéria de sua competência" (SÃO PAULO, 2002, p. 1).

Se há julgamento, entende-se que, em caso de irregularidade comprovada, haverá punição. O julgamento das contas de governo e o dos responsáveis por dinheiros ou bens públicos só foram previstos constitucionalmente em 1934. A partir do Decreto nº 966, de 1890, estabeleceu-se a competência para, ano a ano, proceder-se ao julgamento das contas dos responsáveis por contas, "[...] dando-lhes quitação, condenando-os a pagar e, quando o não cumpra, mandando proceder na forma de direito" (BRASIL, 1890, s/n). Tal entendimento hoje foi alterado no sentido de que, em relação a contas anuais de chefes dos poderes executivos municipais, estaduais ou federais, os tribunais apenas emitem um parecer prévio que poderá ser aprovado ou rejeitado pelos legislativos pertinentes.

A tradição traz em sua cultura acumulada ao longo dos séculos as significações de termos, vocábulos, expressões, maneiras de dizer. Palavras como controle, fiscalização e julgamento, especialmente, carregam um conteúdo simbólico constrangedor. As cobranças no sentido de que as contas públicas sejam vasculhadas/patrulhadas/averiguadas/fiscalizadas mediante denúncias de atos de corrupção se alastram pelo mundo inteiro, colocando cada pessoa na condição dupla de, em algum momento, ser corruptor e, em outra ocasião, ser considerada como vítima de ato de corrupção.

A ilicitude se apresenta na sociedade capitalista moderna como uma epidemia incontrolável que contamina desde crianças até a idade adulta, ao tempo em que a sociedade suspeita de todos. Destarte, o engajamento da população para frear a corrupçao na gestão pública é de suma importância. Quando a sociedade não é consciente de seus deveres e direitos, o resultado é uma Administração Pública voltada para interesses clientelistas e uma população carente, sem o atendimento de suas necessidades mais básicas, sem perspectivas de alteração deste quadro (SOBRAL DE SOUZA, 2012).

Neste aspecto, a sociedade organizada suspeita e emite juízos de valor, os quais são apontados em todas as direções, incluindo para a direção das verbas destinadas à educação de qualidade, relacionada à

Administração Pública, em que há recursos destinados a esse sistema, de auditorias, de fiscalização e de julgamento de contas (incluída a prestação de contas).

Uma das possíveis providências que poderiam ser tomadas com vistas ao combate à corrupção é a busca incansável pela transparência de como decorrem os atos administrativos envolvendo o erário. Esta funciona como "[...] um mecanismo para a redução do grau da corrupção ou melhoria do desempenho econômico" (RIBEIRO; ZUCOLOTTO, 2012, p. 27), a exemplo do que ocorre atualmente no Brasil, uma onda de prisões advindas de atos ilícitos contra o erário, comprometendo as políticas públicas do país, seja na educação, saúde, infraestrutura etc.

Outros instrumentos de combate à corrupção que podem ser elencados são a Lei de Improbidade Administrativa (Lei nº 8.429/92), a educação preventiva, a educação das novas gerações e conscientização para a democracia (GHIZZO NETO, 2013). Portanto, a sociedade precisa engajar-se para enfrentar a corrupção reinante na pública administração através de denúncias e fazendo parte do enfrentamento à corrupção.

Teixeira (2006, p. 18) complementa a discussão alertando que:

> O combate à corrupção depende ainda de medidas conjugadas, de natureza política, econômica, social e jurídica. Enquanto houver alta desigualdade, analfabetismo e desemprego convivendo com baixa participação social nos negócios públicos, pouco acesso à justiça e aos órgãos de controle, ineficiência na apuração e punição, a corrupção se manterá resistente.

Goiás (2012, p. 129-130) esclarece que o julgamento de contas, desde que surgiu à luz da Constituição Federal de 1934, apresenta nuances racionais equilibradas e substanciais enquanto instrumento intrínseco inerente ao modelo de controle externo. Este é exercido por TCs, que, como fatores, polarizam tal modelo à semelhança daquele de auditorias gerais. Assim, "[...] para que esse julgamento seja realizado, é necessário que os TCs tenham jurisdição contenciosa, não existente no Brasil, ou jurisdição *sui generis*, que é a que vige atualmente" (GOIÁS, 2012, p. 130), fato que deve ser considerado como um terreno sensível e fértil para reflexão em tempos atuais, uma vez que entre palavras e atos relativos à corrupção e ao julgamento dos atos corruptos faltam o decoro e a transparência e, por esse motivo, precisam e devem ser julgados.

As formas de conceituar um controle que priorize menos dependência e elimine a hierarquização encontram respaldo na ideia de que

"[...] o papel dos órgãos de controle externo da administração tem crescido muito nos últimos anos" (CHAISE, 2007, p. 11), tornando-se imprescindível que os mecanismos se desenvolvam e se mostrem "[...] capazes de controlar o emprego adequado dos recursos públicos" (CHAISE, 2007, p. 12), enquanto uma condição *sine qua non* para o "[...] aperfeiçoamento do processo democrático da sociedade brasileira" (CHAISE, 2007, p. 12). Além disso, aduz a autora que o controle é "[...] um forte instrumento para o aumento da governabilidade, ajudando as instituições públicas a agirem com maior transparência, direcionando as suas ações para atender as necessidades da sociedade" (CHAISE, 2007, p. 13).

Em estudos sobre o controle e suas tendências, João Augusto Bandeira de Mello trata da vertente do controle emancipatório como fomentador da democracia,[30] adiantando que a controladoria age em função da garantia de que a população tenha o protagonismo e se assegure que "[...] esse protagonismo seja revertido em ações do Estado em prol do interesse público, o que ensejará o surgimento de um controle tendente à emancipação dos cidadãos, inibindo a apropriação do Estado por interesses egoísticos" (SERGIPE, 2014, p. 84). Desse modo, os objetivos dos TCs, bem como da Corte Sergipana, são voltados para a contribuição que, não só quer, mas que tem a obrigação de prestar à sociedade um controle dos gastos públicos eficientemente.

A esse respeito, os órgãos de contas marcham para a maturidade no âmbito social, passando da condição de meros órgãos de Estado para se formalizarem órgãos da sociedade no Estado, porque é à sociedade que presta seus serviços, principalmente nas funções do controle externo, auxiliando todo o conjunto dos entes e dos órgãos do aparelho estatal, tanto indireta quanto diretamente, "[...] por sua acrescida e nobre função de canal de controle social, o que os situa como órgãos de vanguarda dos Estados policráticos e democráticos que adentram o século XXI" (MOREIRA NETO, 2003, p. 86).

No que se refere às sanções, os TCs estão suficientemente aptos a aplicá-las em virtude da prática de atos ilegais por acaso existentes no desempenho de contas e despesas públicas. Reportando-se ao novo papel do Tribunal de Contas, Carlos Ayres Britto (2010) asseverou

---

[30] Corroborando com Chauí (1996, p. 431), "[...] uma sociedade e democrática, quando, além das eleições, partidos políticos, divisão dos três poderes da república, respeito à vontade da maioria e das minorias, institui algo mais profundo, que é condição do próprio regime político, ou seja, quando institui direitos e cumpre com seus deveres de modo que todos possam ter garantidos os direitos fundamentais".

serem esses órgãos vistos, à luz da Constituição brasileira, como responsáveis por

> uma função, absolutamente necessária e imprescindível, altaneira, da mais elevada estatura constitucional, que é a função de controle externo. Uma função que é partilhada. Vamos ficar no plano federal para facilitar o raciocínio, mas os senhores já sabem que tudo o que eu disser no plano federal, *mutatis mutandis*, se aplica aos Tribunais de Contas dos Estados e dos Municípios e aos Conselhos de Contas (BRITTO, 2010, p. 5).

O que Carlos Britto afirmou representa uma reflexão do brasileiro comum sobre a expectativa de assunção de inadiável e severa atitude esperada de um órgão como o TC, até mesmo pela natureza de sua origem e razão de ser. Aliado a esse pensamento, ocorre o de que, em outros tempos, talvez, ao povo pareça, ou tenha guardado na memória, que os tribunais sempre trabalharam no sentido de acompanhar mais do que propriamente fiscalizar ostensivamente os fazeres de seus agentes. Entretanto, tendo em vista o ponto não só revelado, mas também insuportável a que chegou a prática de atos ilícitos na atualidade, esses fazeres se intensificam e ainda mais eficiência se espera e se cobra do controle externo exercido pelos referidos órgãos.

3.2 Tribunal de Contas de Sergipe: aspectos gerais

Há de se lançar mais insistentemente o foco desta argumentação sobre o Tribunal de Contas do Estado de Sergipe, no controle externo e na ECOJAN, para averiguar se o órgão fiscalizador e seus setores responsáveis vêm cumprindo suas funções e competências de modo a acompanhar a evolução das ações desenvolvidas *in loco*, ou seja, na própria Corte de Contas, ou se nos mais amplos espaços públicos atendendo ao objetivo de oferecer à sociedade sergipana um contributo para fomentar a prática cidadã ao desenvolver ações pedagógicas de esclarecimento, informação, transparência e formação complementar para que os agentes do TC possam planejar, atuar e destinar, de modo responsável, os recursos públicos dentro de um regime lidimamente democrático-cidadão, levando-se em conta que "[...] um regime é democrático na medida em que as relações políticas entre o Estado e seus cidadãos engendram consultas amplas, igualitárias, protegidas e mutuamente vinculantes" na perspectiva de criar mecanismos de bem-estar social (TILLY, 2013, p. 28).

PATRÍCIA VERÔNICA NUNES CARVALHO SOBRAL DE SOUZA
ESCOLA DE CONTAS E O CONTROLE SOCIAL NA FORMAÇÃO PROFISSIONAL

Para esse fim fiscalizador e controlador, o Tribunal de Contas do Estado de Sergipe foi criado por meio da Emenda Constitucional nº 2, de 30 de dezembro de 1969, promulgada pelo então Governador Lourival Baptista, tendo em vista o período do recesso compulsório da Assembleia Legislativa Estadual, decretado pelo Ato Complementar nº 47, de 7 de fevereiro daquele ano, época militar no Brasil.[31]

A Lei Orgânica do TCE/SE foi editada por via do Decreto-Lei nº 272, de 23 de janeiro de 1970, mas a solenidade de instalação do mencionado órgão só ocorreu dois meses depois, em 30 de março de 1970, conforme regimento interno[32] (SERGIPE, 2015), pois:

> A Corte de Contas era constituída pelos Juízes Manoel Cabral Machado - Presidente, Juarez Alves Costa - Vice-Presidente, José Amado Nascimento, João Moreira Filho, Joaquim da Silveira Andrade, João Evangelista Maciel Porto e Carlos Alberto Barros Sampaio. Funcionavam junto ao Colegiado os Procuradores da Fazenda Pública José Carlos de Sousa e Hugo Costa. Os membros do Tribunal de Contas passaram a receber o tratamento de Conselheiro, por força das disposições contidas na Emenda Constitucional nº 7, de 12 de dezembro de 1977 (SERGIPE, 2015, s/n).

Em relação às sanções sobre a constatação de ilicitudes no tratar da coisa pública, todos os tribunais se encontram investidos de autoridade, autonomia e ânimo para aplicar penas pecuniárias e outras relativas à prática de atos ilegais para os seus representantes e corresponsáveis. Isso quer dizer que as sanções recairão tanto sobre os agentes da controladoria interna quanto sobre o cometedor de ilicitudes nas

---

[31] Atualmente, tem previsão constitucional dos artigos 68 a 72 da Constituição do Estado de Sergipe e é regido pela Lei Complementar nº 205, de 06 de julho de 2011, a Lei Orgânica do Tribunal de Contas do Estado de Sergipe.

[32] Estabelece o Regimento Interno do Tribunal de Contas do Estado de Sergipe, em seu TÍTULO I, Natureza, Sede, Jurisdição e Competência, art. 1º, que o Tribunal de Contas do Estado de Sergipe, órgão de controle externo, com sede em Aracaju e jurisdição própria e privativa em todo o território estadual, tem sua competência e atribuições outorgadas pela Constituição Estadual e disciplinadas por sua Lei Orgânica. Em seu TÍTULO II, Composição e Organização, art. 2º, estabelecido que o Tribunal de Contas do Estado de Sergipe se compõe de sete Conselheiros e tem a seguinte organização técnica e administrativa: I – Tribunal Pleno; II – Câmaras; III – Presidência, Vice-Presidência e Corregedoria-Geral; IV – Ouvidoria; V – Conselheiros; VI – Auditores; VII – Diretoria de Controle Externo de Obras e Serviços, Diretoria Técnica e Diretoria Administrativa e Financeira; VIII – Escola de Contas Conselheiro José Amado Nascimento. Parágrafo único. Funciona junto ao Tribunal de Contas do Estado de Sergipe o Ministério Público Especial, a quem é atribuída a função de guarda da lei e fiscal de sua fiel execução, nas matérias de competência do Tribunal.

instituições públicas sob as vistas dos tribunais em todo o território nacional. Compreenda-se que a conduta programada da Corte de Contas e o auxílio aos membros da sociedade atestam a afirmação do Estado Democrático de Direito em benefício dos direitos de cidadania e da participação individual ou coletiva em relação às instituições democráticas e normativas da Constituição.

O TCE/SE desempenha função quanto à aplicação dos recursos (educação, saúde, infraestrutura, entre outras), como também informa a sociedade sobre as necessidades de um controle social dos recursos públicos aplicados nos diversos setores por meio da atividade do controle externo. A Corte de Contas tem por obrigação, no bojo de suas funções e no desenvolvimento de suas ações e programas, cuidar do desempenho dos papeis pedagógico e mediador que lhe compete, levando aos jurisdicionados, de forma transparente, as informações necessárias para toda a sociedade.

O Tribunal de Contas e outros órgãos públicos têm uma história de isolamento com relação ao público em geral, pois os atos da Administração Pública eram desconhecidos dos cidadãos, que apenas recebiam "pacotes" com determinações sobre as quais ignoravam sua origem, o seu desenrolar e sua oficialização. Foi a partir das lutas sociais em busca da transparência e da informação, inclusive de todo um processo de avanço das comunicações e da tecnologia, que se fez sentir um grau maior de exigência quanto ao conhecimento dos atos públicos. As denúncias individuais, coletivas ou representativas de órgãos diversos são encaminhadas aos TCs, que obtiveram assim uma maior aproximação e participação da sociedade, compondo a consciência de uma prática indispensável e de um novo conceito do que é cuidar da *res publica* e dela prestar contas. Neste aspecto, Chauí afirma que:

> [...] todos os cidadãos têm competência para opinar e decidir, pois a política não é uma questão técnica (eficácia administrativa e militar) nem científica (conhecimento especializada sobre administração e guerra), mas ação coletiva, isto é, decisão coletiva quanto aos interesses e direitos da própria polis (CHAUÍ, 1996, p. 432).

Desse modo, enfatize-se que a função do Tribunal de Contas é fazer cumprir os direitos e deveres de todos quanto à boa aplicação dos recursos públicos, realizando fiscalizações e pesquisas averiguadoras do cumprimento do dever do Estado na garantia de que todos possam ter assegurados seus direitos em conformidade com as leis vigentes, sabidamente pensadas e criadas com o escopo de normatizar/regular/ harmonizar a convivência em uma sociedade que se espera confiante no que se relaciona ao respeito às leis e à certeza de que seus impostos estão sendo bem planejados, geridos, destinados, fazendo-se sentir no bom funcionamento de políticas públicas e programas sociais, e na correta e transparente distribuição e aplicação de verbas em setores como educação, saúde e habitação.

3.3 Educação corporativa (EdC) no âmbito das escolas de governo: da palavra à ação

Após o fim da Segunda Guerra Mundial, expandiu-se a economia norte-americana, que viu o seu PIB duplicar e crescerem as exportações, beneficiando os grupos econômicos, tornando-os mais ricos, o que forçou aquela nação a buscar a eficiência gerencial aumentando a contratação de pessoal, ampliando, dessa forma, a cultura, a escala de valores e o padrão de excelência corporativo (TERRA; BONFIM, 2007). Esse contexto mostrou-se decisivo para que, no ano de 1956, fosse fundada a primeira universidade corporativa do mundo, a General Electric, em Crotonville (Nova York), sob a responsabilidade do *chairman* da companhia, Ralph Cordiner,

> [...] que naquele mesmo ano lançou o livro New Frontiers for Professional Managers. Antes disso, o executivo havia promovido uma revolução dentro da GE, fundindo em oito os mais de 100 centros de custo antes existentes. (...) A General Electric fez escola e história. Hoje, há mais de 2000 universidades corporativas nos Estados Unidos, incluindo as de gigantes como McDonald's, IBM, Microsoft, Oracle, General Motors, Disney, Xerox e Motorola. De acordo com Jeanne Meister, consultora especializada em educação corporativa e autora dos livros "Corporate Quality Universities" e "Corporate Universities: Lessons in Building a World-Class Work", trata-se de um mercado de US$ 60 bilhoes, só nos EUA, e que não para de crescer. Até o final da década, prevê ela, o número de universidades corporativas deve superar o total das instituições tradicionais americanas (TERRA; BOMFIM, 2007, p. 1).

O desenvolvimento das universidades corporativas dos EUA continuou em franca ascensão, mas, no Brasil, elas começaram com uma margem considerável de atraso, tendo sido instituídas as primeiras escolas superiores na década de 1980, quando a economia brasileira enfrentou um processo de abertura. Mas "[...] o resultado foi desastroso, com o PIB brasileiro despencando 4,3%, em 1990, apresentando um insignificante crescimento de 1% no ano seguinte, e recuando 0,5% em 1992" (TERRA; BOMFIM, 2007, p. 4). Contudo, a instauração do ensino corporativo na agenda das empresas foi marcada pela inauguração, no ano de 1992, em Campinas/SP, da primeira universidade brasileira.[33]

O Brasil se esforça para que o seu contingente de trabalhadores (inclusive servidores públicos) possa alcançar um patamar de qualidade, produtividade e competitividade, enquanto requisitos sem os quais os sujeitos não acompanham as transformações no contexto laborativo e sucumbem perante a força da engrenagem social.

Visando conhecer os diversos aspectos dessa realidade, Eboli *et al* (2014)[34] apresentaram os resultados da Pesquisa Nacional intitulada "Práticas e Resultados da Educação Corporativa" e agregou casos de modo a exemplificar o funcionamento da EdC no Brasil e no exterior, considerando relevante uma discussão acerca da necessidade de aprofundar os conhecimentos e as ações no âmbito das atividades da educação das corporações, pois

> [...] o papel dos líderes e gestores, portanto, é vital, não apenas por serem eles agentes de disseminação, consolidação e transformação da cultura empresarial, mas principalmente porque será por meio de sua atuação exemplar que eles serão percebidos como lideranças educadoras, cujo modelo de comportamento deve ser seguido e buscado pelos demais colaboradores da empresa (EBOLI, 2005, p. 5).

No campo da EdC, a avaliação é um ponto crítico e ainda distante de uma consolidação. Entretanto, não se deve abandonar o processo avaliativo em função das dificuldades encontradas, mesmo porque aquilo que não passa por um processo de medição também

---

[33] A sociedade tem um papel importante a cumprir nesse processo, especialmente as ONGs voltadas à educação e as instituições de ensino corporativo, por conta da *expertise* que detêm. Desde 1999, por exemplo, a universidade do ABN-Amro Bank tem um programa de alfabetização voltado a funcionários e seus fornecedores. Da mesma forma, a Petrobras, a maior empresa do país, vem utilizando o ensino a distância para capacitar e até alfabetizar operários de suas plataformas marítimas. Com o projetado crescimento do número de universidades de empresas no Brasil, espera-se, ao menos, uma ligeira melhoria dos índices de escolaridade nos próximos anos (TERRA; BOMFIM, 2007, p. 4).

[34] Os estudos de Eboli são restritos ao mundo empresarial, mas aplicáveis e ajustáveis ao mundo educacional, pois é com uma vertente da educação que a corporatividade atua. Em todo o processo, seja qual for a área, deve-se dispensar cuidados redobrados à etapa da avaliação, pois é dela que se obtêm os dados para reorganizar novos planejamentos, tentando eliminar falhas ocorridas na aplicação do projeto concluído (EBOLI *et al.*, 2014).

não é possível de se gerenciar, o que é aplicável também à EdC (EBOLI *et al.*, 2014).

A educação corporativa (EdC) nasceu no seio da iniciativa privada e se estendeu por todos os setores, objetivando capacitar profissionais para a atuação no meio organizacional e na estruturação de programas de treinamento e no desenvolvimento de pessoas. Segundo Eboli *et al.* (2014), a EdC ainda explorou a busca da construção de conceitos intimamente ligados aos modelos de educação nas estruturas organizacionais; estratégias de diagnóstico; elaboração de projetos, implantação/acompanhamento/avaliação de resultados em projetos; capacitação dos egressos nas técnicas recentes de treinamento e desenvolvimento de pessoas para multiplicação dos esquemas que surtem resultados objetivos, positivos; e no aprofundamento nos sujeitos da compreensão das etapas da implantação de uma unidade de educação continuada no campo de uma instituição.

Com este fito, os profissionais da EC desenvolvem competências e habilidades na implementação de projetos de EdC ao elaborarem estratégias para implementar capacitação em ambientes institucionais e definem técnicas aprimoradas de treinamento e desenvolvimento de pessoas nas instituições.

Esses procedimentos têm sido utilizados mediante a realidade social, o avanço das tecnologias e a competitividade do mundo da informação e do conhecimento, pois, a cada instante, os sujeitos são afetados por informações advindas das tecnologias incorporadas na sociedade.

A EdC é um processo condutor do ensino-aprendizagem que tem como propósito fundamental promover a ampliação das competências funcionais com a finalidade de viabilizar a execução de iniciativas consistentes e permanentes frente aos aspectos socioeconômicos aos quais os sujeitos estão submetidos.

Convém salientar que esse processo pedagógico representa a determinação do coletivo em suas etapas e encontra-se relacionado à participação efetiva de todos os segmentos que compõem dada instituição. Essa concepção implica ação direta dos sujeitos no que se refere à formação, ao trabalho coletivo, ao planejamento na possibilidade de atender as determinações legais e às concepções de homem e sociedade que se têm na contemporaneidade.

Com esse propósito, os servidores públicos profissionalizados mediante a capacitação em serviço especializam-se em temáticas diversas, podendo assim desempenhar suas ações no Tribunal de Contas demonstrando excelência, o que resultará no cumprimento das metas esperadas. Ressalta-se que a capacitação de gestores por assessores dos órgãos (jurisdicionados) são fiscalizados, visto que os processos que tramitam são decorrentes da falta de preparo em legislação e em normas. Dessa forma, a EC tem uma função tríplice: orientar seus jurisdicionados, melhor qualificar funcionalmente seus servidores e propiciar à sociedade o conhecimento do que é o Tribunal de Contas e o que ele faz quanto à defesa do erário.

A EdC[35] é, portanto, um processo contínuo de preparação destinado ao aperfeiçoamento das pessoas e, também, aos propósitos institucionais, cujos resultados trazem reflexos positivos para a sociedade. Por sua vez, as instituições públicas procuram novas estratégias e maneiras de ajustar-se ao contexto atual, exigindo que os servidores se posicionem e busquem alcançar um patamar organizacional a ser demonstrado pela coerência relativa às demandas, tanto externas quanto internas, o que propiciará o pronto atendimento às necessidades do seu contexto social no qual todos devem cumprir sua função social, com comprometimento funcional, estabelecido no regimento interno de cada ente, órgão ou até mesmo empresa.

Novos modelos de gestão tendem a ser requisitados, mesmo a serem projetados na direção de beneficiar gradativamente "[...] a aprendizagem continuada, o trabalho em equipe, o intercâmbio das informações, o compartilhamento nos processos decisórios e outras práticas de gestão" (CHAISE, 2007, p. 4). Diga-se que, para além dessas mudanças intraorganizacionais, será preciso estabelecer "[...] parcerias que permitam a troca de saberes entre diferentes agentes, na obtenção de melhores resultados às necessidades da sociedade, tornando-a mais democrática e igualitária" (CHAISE, 2007, p. 4-5). Neste cenário, a EdC é apontada como uma prática harmônica envolvendo gestão de pessoas e gestão do conhecimento enquanto eixo norteador para uma estrutura de estratégias que visa ao bom andamento de determinada organização.

A escola de governo e o fomento ao controle social com a atenção voltada especificamente para o caso do programa *É da Nossa Conta*, que se orienta em função da formação de uma cidadania esclarecida através do Tribunal de Contas do Estado do Rio Grande do Sul, objetivaram

---

[35] No Brasil, o marco que caracterizou o surgimento do tema educação corporativa (EdC) foi o lançamento do livro de Meister, pela Makron Books, em 1999, ano em que também foi lançado o livro *Universidades Corporativas: educação para as empresas do século XXI*, que traz uma coletânea de artigos nacionais e internacionais sobre EdC sob a coordenação de Eboli (EBOLI, 1999 *apud* DOMINGOS, 2015).

"[...] ampliar a consciência dos jovens em relação ao controle social sobre a administração pública" (BERGUE, 2012, p. 9).[36] Vale destacar o IX Encontro Nacional de Escolas de Governo, realizado na Escola Nacional de Administração Pública[37] no período de 24 e 25 de maio de 2012, que reuniu 96 (noventa e seis) instituições cadastradas no Sistema Mapa e 46 (quarenta e seis) instituições que inseriram na proposta alguma informação sobre cursos[38] para capacitar e aperfeiçoar profissionais participantes. Tal evento contribuiu para se compreender a evolução e a experiência de um órgão na Administração Pública federal com as ECs, o que serviu para o estudo detalhado da evolução das práticas e a identificação de lacunas e dificuldades que precisariam ser envolvidas em novos planejamentos e redirecionamentos de ação.

A EC está em um patamar de treinamento com a tarefa da qualificação de mão de obra especializada, objetivando "[...] institucionalizar uma cultura de aprendizagem contínua, proporcionando a aquisição de novas competências vinculadas às estratégias empresariais" (QUARTIERO; CERNY, 2005, p. 24).

Esse tipo de formação busca concatenar tanto as competências individuais (dos sujeitos) quanto as organizacionais (das empresas ou das instituições em geral que fazem uso dessa técnica e estratégias) no macro ou no micro contextos de uma estrutura. As teorias e as práticas da EdC se inter-relacionam com o processo de inovação nas empresas[39]

---

[36] O estudo envolveu o Colégio Estadual Júlio de Castilhos, tradicional escola de ensino médio de Porto Alegre, fundada em 1907, na oportunidade da pesquisa com cerca de 1.800 alunos. O resultado da experiência foi, assim detalhado nas considerações finais, que seria possível atestar sobre os resultados preliminares do Programa como convergentes para a segurança em dizer que as escolas de contas funcionam como "vertentes pedagógicas emergentes de formação para o controle social efetivo, o que, por sua vez, tal como refere Loureiro, Teixeira e Moraes (2009), contribui para a consolidação institucional dos tribunais de contas (BERGUE, 2012, p. 15)".

[37] Dos 179 inscritos, estiveram presentes 158. Destes, 83 registraram por escrito suas avaliações sobre o encontro: a) temas para debate: pactuações sobre MAPA e Rede; b) levantamento de demandas e ações agendadas que foram concretizados; c) discussão de cunho mais político e de relação de poder; d) encontro deliberativo; e) a interação com outras escolas é fundamental para o fortalecimento das políticas públicas de capacitação de servidores nos Estados (BRASIL, 2012, p. 26).

[38] Essas 46 escolas possuem 2.535 cursos registrados, o que representa 63% de toda a oferta cadastrada. Dentre elas, esteve a Região Nordeste por 38 (trinta e oito) representantes, incluindo o Estado de Sergipe.

[39] As reflexões e as ações do mundo empresarial objetivam, em geral, o sucesso tanto de seus planos quanto de suas ações e técnicas propriamente ditas, da prática dos valores nos quais creem e que se tornem os pilares sobre os quais se assentam a visão e a missão de uma empresa. Essas abordagens do mundo empresarial (iniciativa privada) foram

e, inclusive, com a ampliação do fator de competitividade de seus produtos (bens ou serviços).

São distintas as conceituações de corporativismo. O comum é que o conceito seja compreendido como o correspondente a um tipo de organização das classes sociais ou, ainda, das "forças produtoras" mediante uma ação reguladora do Estado, que busca integrar grupos profissionais representativos do capital e do trabalho. E ainda que as associações representativas de interesses sejam instituídas para o reconhecimento do que lhes outorga o Estado desde o momento em que fixa tipos

> [...] de atuação e relacionamento mútuo, de modo que o funcionamento das 'partes' e suas demandas excessivas sejam contidos e 'harmoniosamente' integrados em benefício de todo o organismo. Bem como o acréscimo e o reconhecimento de que os "grupos naturais" estabelecidos na sociedade fossem entre si relacionados/harmonizados, evitando-se os 'excessos' do liberalismo individualista de modo que o [...] Estado reconhece a existência das classes sociais e de seus interesses, mas procura reduzir ou eliminar o conflito (RODRIGUES, 2009, p. 46).

As estruturas organizacionais e os investimentos empreendem um sólido processo de ensino-aprendizagem com a perspectiva de priorizar a aquisição de conhecimentos essenciais para a prestação de contas dos recursos públicos e promover a atualização e disseminação do conhecimento relativo aos seus saberes e fazeres específicos da sua profissão.

Os estudos de Domingos (2015, p. 94) consideraram que a avaliação dos resultados em EC auxilia na sedimentação dos objetivos da instituição que desenvolve tal prática, mas "[...] a literatura indica que muitas organizações já implantaram o sistema de EC, mas não está evidenciado que a avaliação deste processo seja feita de forma que confirme a contribuição efetiva para os resultados da organização".

Há de se entender, neste caso, a articulação e a "[...] associação educação e trabalho em todos os âmbitos, considerando o seu papel a desempenhar e o objetivo da construção de um novo cenário para o país" (CRUZ, 2010, s/n). Faz-se necessário investir nessa articulação em virtude de que, na atualidade, a ética deve ser um princípio balizador

---

sendo disseminadas e absorvidas por todos os setores e áreas sociais. Por exemplo, diante do insucesso escolar dos alunos, a educação escolar do sistema público redireciona sua proposta pedagógica numa espécie de empresa.

que ancora o cumprimento do dever do cidadão como um gestor/ administrador dos recursos públicos.

A partir da sensibilização e da atenção dos indivíduos sobre as questões orçamentárias e de prestação de serviço ao cidadão, se requer desse profissional ser ele um sujeito cidadão, cumpridor dos seus deveres perante a sociedade na possibilidade de construir uma sociedade mais igualitária em relação aos direitos e deveres preconizados na CF/88.

A necessidade de avançar na formação dos sujeitos profissionais que atuaram ao longo das últimas décadas é uma condição essencial para o profissional em exercício, de modo a ampliar seus conhecimentos sobre a gestão pública e uso dos recursos públicos, além de outros conhecimentos essenciais para a sua profissionalização e, assim, diluindo as fronteiras entre o saber fazer com eficiência e segurança sua profissão de fiscalizador/auditor de modo a auxiliar gestores quanto ao entendimento sobre a ciência da Administração Pública.

Konder Comparato, no artigo intitulado *A escola de governo: do berço à idade adulta*, narra a evolução da escola de governo e arremata explicitando que a missão dessa instituição,

> [...] em nosso país, não é outra senão a educação política para a progressiva construção de um Estado orientado pelos três grandes princípios políticos fundamentais: a república, a democracia e o controle institucional de poderes em todos os níveis (COMPARATO, 2016, p. 6).

O termo escola tem sido usado com significado "vago e impreciso". Usa-se a mesma palavra em expressões como escola de samba, de cabeleireiro, de futebol, de corte e costura, entre tantas outras. O uso do termo tem a intenção clara de demonstrar o propósito de ensinar algo como sambar, cortar cabelos e cortar tecidos para a confecção de vestimenta, o que não significa uma estreita ligação com a escola formal, dentro de um sistema de níveis e modalidades de ensino básico ou superior, com o currículo e todo o universo de leis que regem as bases da educação nacional. A concepção elaborada por Pacheco esclarece que a espécie escola de governo são:

> [...] instituições destinadas ao desenvolvimento de funcionários públicos incluídas no aparato estatal ou fortemente financiadas por recursos orçamentários do Tesouro. Isto porque sua inserção no aparelho estatal tem fortes implicações para o debate em torno de sua missão, finalidades e desafios. (PACHECO, 2003, p. 3).

Mesmo diante de combinações formuladas no ambiente do Estado, as escolas de governo se queixam de não autonomia ou de não ter a autonomia verdadeiramente substantiva, pois é impossível que apenas um estatuto lhes garanta independência. A autora esclarece a necessidade de se demonstrar a qualidade da contribuição dessas instituições em seus produtos e serviços. Portanto está a cargo delas a identificação dos

> [...] pontos críticos da gestão pública, da pertinência e agilidade de suas propostas, da clareza de sua missão e do foco de suas ações — não confundir com uma instituição acadêmica nem tampouco político-partidária (PACHECO, 2002, p. 77).

Encontra-se em desenvolvimento um trabalho de longo alcance no âmbito das escolas de governo atestando como essas entidades contribuem para a profissionalização do serviço público, evidenciando-se a importância quanto à profissionalização dos servidores públicos do país. Tais instituições se tornam responsáveis tanto pela formação inicial quanto pela continuada no contexto burocrático estatal, sendo reconhecidas por governantes, legisladores, servidores públicos e sociedade civil (ALVES, 2016, p. 5).

As escolas de governo têm sua gênese nos marcos formadores da linha de seu histórico, dentre eles: um período de imobilismo (década de 90), assinalado pela ausência de um projeto institucional realmente definido; os períodos de 2000-2003, que são distinguidos por novos desafios que se iniciaram em janeiro de 1999, quando ocorreu a fusão entre o Ministério da Administração Federal e Reforma do Estado e o Ministério do Planejamento e Orçamento, o que gerou o surgimento do "novo Ministério do Planejamento, Orçamento e Gestão, ao qual se vincula a ENAP – Escola Nacional de Administração Pública" (PACHECO, 2000, p. 40).

As escolas de governo tratam do desempenho de sua missão junto à sociedade, levando a efeito um programa geral de formação da cidadania veiculado à legislação de modo a promover a transparência e oferecer informação necessária a todos os cidadãos. Convém relembrar que:

> Foi a partir de 2003 que se iniciou um período mais sistemático de articulações entre as instituições responsáveis pela capacitação dos servidores públicos brasileiros, com a criação da Rede Nacional de

Escolas de Governo. A Escola Nacional de Administração Pública – ENAP teve a iniciativa de fomentar o encontro, em âmbito nacional, dessas diferenciadas instituições, visando romper o isolamento entre elas e ampliar o compartilhamento de conhecimentos e experiências (CARVALHO, 2012, p. 3).

A ENAP monta seus planejamentos e estratégias em busca da excelência como fundamento básico do sistema de ensino assim bipartido: uma parte voltada para a formação de carreiras, e outra parte centrada no desenvolvimento gerencial. As duas ofertas de cursos "[...] respondem ao mesmo desafio: fazer com que cada servidor público possa colaborar para a implementação de uma gestão pública cada vez mais orientada para o cidadão" (ENAP 20 ANOS, 2006, p. 45).

A cidadania se constrói no ato de educar e, para o processo de aprendizagem, contribuem todos os espaços da escola, dentro e fora da sala de aula. Não se deve esquecer que educar não é apenas produzir e transmitir conhecimento; é muito mais, por fazer parte do processo civilizatório, alterando a forma como o aluno vê o mundo e como compreende a realidade à sua volta, com reflexos em seu comportamento. O quadro docente é formado por professores colaboradores selecionados dentro das universidades, e a escola dispõe de uma equipe com poucos integrantes responsáveis pela ordenação e articulação dos cursos (ENAP 20 ANOS, 2006, p. 45).

Sob a perspectiva do "direito administrativo pós-moderno", a exigência que recai sobre o Estado se estende para além do cotidiano cumprimento de tarefas burocráticas, esperando-se do serviço público o alcance de metas muito bem planejadas que venham a apresentar resultados eficientes, eficazes e adaptáveis ao contexto atual, cujos instrumentos devem ser legítimos e flexíveis, e que não afrontem a segurança jurídica ou desrespeitem o princípio do Estado de Direito. Assim:

> A formação específica para agentes públicos, como a oferecida pelas escolas de governo, justifica-se devido ao exercício de certas prerrogativas que exercem e às sujeições que se submetem, próprias, por exemplo, do ramo especial do Direito, específico para a administração (PINTO; RODRIGUES, 2012, p. 9).

Aumenta-se a certeza de que, passo a passo, os servidores e também a sociedade passam a perceber o significado e a indispensabilidade dos trabalhos de capacitação, entendendo-se, a partir daí, que o Poder Legislativo evolui para novas formas de pensar e de pautar as suas ações de tal forma que sua competência se evidencie e disto provenha o reconhecimento como um indicador de "[...] fortalecimento da democracia e instrumento de cidadania". Em assim sendo, ocorrerão "[...] uma mudança radical no perfil dos servidores públicos do Poder Legislativo e a consequente mudança da imagem que a opinião pública mantém desses servidores" (MADRUGA, 2008, p. 33-34).

Estudos de Antunes (2013) buscaram verificar se o Tribunal de Contas da União (TCU) alterou sua estrutura organizacional ou se ingressou para o molde de departamentalização, pensando acompanhar de forma mais eficiente, controlar e fiscalizar as mudanças estruturais que se iniciaram na década de 90 na Administração Pública federal, e cujos objetivos visavam desestatizar, privatizar e conceder serviços públicos. A investigação aportou na compreensão de que apontava para a "[...] necessidade de departamentalizar ou estruturar a organização para melhor controlar as concessões de serviços públicos, neste caso específico, o objeto de observação foi a estruturação do Tribunal de Contas da União – TCU" (ANTUNES, 2013, p. 53), que, ao notar a ocorrência de alterações emanadas da administração da União quanto às desestatizações, à regulação e concessão de serviços públicos, foi, gradativamente e de forma continuada, promovendo a "especialização técnica de seu corpo funcional e a sua reestruturação organizacional. Portanto, realizou a sua departamentalização por necessidade" (ANTUNES, 2013, p. 53-54).

As escolas de governo, considerando a esfera governamental e a pluralidade de significados atribuídos à nomenclatura desses institutos, mormente no âmbito da América Latina, são "[...] destinadas à formação de quadros, reciclagem de funcionários", ou ainda à realização de "[...] fóruns de debate, especialmente para os poderes Executivo e Legislativo, e nas três esferas de governo" (PACHECO, 2002, p. 36). A autora expõe a ideia acerca do contexto das reformas por que vem passando o Estado nas últimas décadas, chamando a atenção, em especial, ao sentido de que as escolas de governo precisam, em primeiro plano "[...] ter clareza sobre seu foco de atuação", ou seja, centrar na atuação dessas instituições para "[...] ajudar a produzir as mudanças desejadas no setor público, preparando dirigentes e servidores para a nova gestão" (PACHECO, 2000, p. 76).

Em se tratando das mencionadas escolas, a autora refere-se aos itens concernentes à sua autonomia e à sua capacidade de influência

PATRÍCIA VERÔNICA NUNES CARVALHO SOBRAL DE SOUZA
ESCOLA DE CONTAS E O CONTROLE SOCIAL NA FORMAÇÃO PROFISSIONAL

sobre políticas de gestão. Considera ainda o termo "escola de governo"[40] vago e impreciso tendo em vista sua finalidade, pois as escolas vêm a ser:

> [...] aquelas instituições destinadas ao desenvolvimento de funcionários públicos incluídas no aparato estatal ou fortemente financiadas por recursos orçamentários do Tesouro. Isto porque sua inserção no aparelho estatal tem fortes implicações para o debate em torno de sua missão, finalidades e desafios (PACHECO, 2000, p. 36).

É a partir da abertura dada pelo dispositivo constitucional[41] que os órgãos e poderes públicos podem instituir escolas/institutos para formar e aperfeiçoar o desempenho dos servidores; e, no caso dos

---

[40] O Decreto nº 5.707/2006 (BRASIL, 2006, s/n) institui a Política e as Diretrizes para o Desenvolvimento de Pessoal da Administração Pública federal direta, autárquica e fundacional, e regulamenta dispositivos da Lei nº 8.112, de 11 de dezembro de 1990, que altera a Lei nº 8.112/90 (Estatuto do Servidor Público Federal) e reza em seus artigos: Art. 4º Para os fins deste Decreto são considerados *escolas de governo* as instituições destinadas, precipuamente, à formação e ao desenvolvimento de servidores públicos, incluídas na estrutura da administração pública federal direta, autárquica e fundacional. Parágrafo único. As escolas de governo contribuirão para a identificação das necessidades de capacitação dos órgãos e das entidades, que deverão ser consideradas na programação de suas atividades. Art. 2º Para os fins deste Decreto, entende-se por: I - *capacitação*: processo permanente e deliberado de aprendizagem, com o propósito de contribuir para o desenvolvimento de competências institucionais por meio do desenvolvimento de competências individuais; II - *gestão por competência*: gestão da capacitação orientada para o desenvolvimento do conjunto de conhecimentos, habilidades e atitudes necessárias ao desempenho das funções dos servidores, visando ao alcance dos objetivos da instituição; e III - *eventos de capacitação*: cursos presenciais e à distância, aprendizagem em serviço, grupos formais de estudos, intercâmbios, estágios, seminários e congressos, que contribuam para o desenvolvimento do servidor e que atendam aos interesses da administração pública federal direta, autárquica e fundacional.

[41] O termo escola de governo integrou-se ao texto constitucional pela aprovação Emenda Constitucional nº 19, de 1998, "[...] que prevê a criação de escolas de governo, definidas como instituições com atribuições específicas de capacitação do servidor público, em conexão com os sistemas de desenvolvimento nas carreiras" (FERNANDES, 2015, p. 5). O segmento das escolas se consolida em torno da experiência da construção de um perfil e encontra-se em expansão na esfera dos poderes e níveis governamentais, evidenciando sua relevância no tratamento de temáticas relativas à formação do servidor na agenda dos governos estaduais e municipais e atuando em cerca de 200 (duzentas) instituições em todo o país (FERNANDES, 2015). Como se observa *in verbis*: Art. 39. A União, os Estados, o Distrito Federal e os Municípios instituirão, no âmbito de sua competência, regime jurídico único e planos de carreira para os servidores da administração pública direta, das autarquias e das fundações públicas. (Vide ADIN nº 2.135-4). [...] §2º A União, os Estados e o Distrito Federal manterão escolas de governo para a formação e o aperfeiçoamento dos servidores públicos, constituindo-se a participação nos cursos um dos requisitos para a promoção na carreira, facultada, para isso, a celebração de convênios ou contratos entre os entes federados. (Redação dada pela Emenda Constitucional nº 19, de 1998).

órgãos de controle, uma perspectiva de organizar uma sistemática de trabalho com vistas à orientação dos jurisdicionados na possibilidade de capacitá-los em relação aos aspectos relacionados à boa condução da máquina pública, de modo a ter um recomendável padrão profissional para não serem acometidos de sanções previstas na legislação vigente. Mesmo porque a melhoria da eficiência, da eficácia e da qualidade dos serviços públicos prestados ao cidadão, como também o ininterrupto desenvolvimento do servidor público, é objetivo elencado na Política Nacional de Desenvolvimento de Pessoal para 2006 (BRASIL, 2015).

O debate sobre as implicações das referidas escolas enquanto centros de excelência questiona seu grau de autonomia quanto às políticas de governo para a gestão pública. Assim, o grau de autonomia se expressa na prática de meios facilitadores ao exercício da atividade profissional. A escola deve ser reconhecida como centro de excelência, com a chancela de parcerias celebradas com os *stakeholders* (dirigentes máximos do governo); como suporte para a implementação das políticas de gestão pública, bem como "[...] uma fonte de informação para sustentar decisões sobre novas políticas" (PACHECO, 2000, p. 85); que os responsáveis estratégicos das organizações públicas percebam as escolas como fontes de construção de "[...] conhecimentos aplicados à solução de problemas de gestão específicos do setor público, e como um lugar onde suas demandas têm respostas qualificadas e ágeis" (PACHECO, 2000, p. 85), entre outras recomendações.

A escola de governo, do ponto de vista internacional, quer nos Estados Unidos, no Reino Unido e em toda a Europa, possui uma complexa estrutura que envolve essas escolas sinalizando para alguns casos em que aparecem tão valorizadas e atuando integradamente enquanto "[...] prioridades estratégicas de governo e ao mesmo tempo desenvolvendo uma importante atividade de pesquisa, ocupando um papel comparável ao das universidades neste campo" (PACHECO, 2000, p. 84-85).

Da escola de governo para as ECs, estas se encontram explicitadas em Pacheco, ao afirmar que esse conceito tem sido uma "[...] resposta às necessidades de mudanças e de procedimentos inovadores ao exercício constitucional de controle externo, que é a atividade fim dos Tribunais de Contas dos Estados" (PACHECO 2000, p. 47). Registre-se que, neste caso, as primeiras escolas criadas foram, "[...] respectivamente, a do Tribunal de Contas do Estado de Minas Gerais, em 1996, e a do Tribunal de Contas do Estado de Pernambuco, em 1998" (PACHECO, 2000, p. 47).

Nesta lógica, a EC foi evoluindo quanto à atuação que desempenha nos ambientes da Administração Pública, promovendo cursos de capacitação sobre conceitos de gestão e sua consequente ação no cumprimento de prestações de contas dos recursos públicos de modo positivo. Os cursos são amplamente divulgados entre os gestores das escolas públicas e, assim, a organização e planejamento são implantados e regulamentados espaçadamente, como acontece nos TCs em todas as regiões brasileiras.

Em conformidade com as diretrizes norteadoras da pública administração, "[...] as escolas de governo são instituições destinadas à formação e ao desenvolvimento de servidores públicos, incluídas na estrutura da administração pública federal direta, autárquica e fundacional". Trata-se de um conceito amplo que inclui as escolas de contas, as escolas do Judiciário, as escolas do Ministério Público, etc., todas elas governamentais, cada uma atuando em suas searas, cuja abrangência envolve a responsabilidade que elas detêm no aperfeiçoamento da formação de servidores no sentido de que venham a cumprir a missão das organizações públicas funcionando sob os critérios da "[...] economicidade, da eficiência, da efetividade e da boa gestão de suas práticas" (NAZARETH; MELO, 2012, p. 20).

A maioria das ECs do país, conforme comprova esta investigação, em seu estudo de campo, trabalha na formação dos seus técnicos, relata e divulga os empreendimentos realizados a cada ano, situação também comum à EC do Estado de Sergipe, que tem realizado regularmente cursos nas diversas áreas do ramo do direito administrativo e tributário, a saber: cursos de licitações, contratos, convênios, editais e termos de referência, atos de pessoal no serviço público e legislação tributária municipal, foram os mais requeridos pelos servidores, sendo ampliados para a comunidade em conformidade com o interesse do participante.

Destacam-se ainda cursos de controle externo e interno, a saber: auditoria governamental; auditoria ambiental; auditoria de obras; limites e gastos com saúde e educação; análise dos subsídios dos agentes políticos e Lei de Responsabilidade Fiscal. Quanto aos cursos de orçamento e contabilidade, citam-se os cursos: contabilidade aplicada ao setor público; contabilidade das empresas estatais; orçamento público e execução orçamentária, como também cursos correspondentes a processos e técnicas legislativas e previdências no setor público.

As escolas de contas nacionais têm como principal objetivo e aporte fomentar a educação profissional e formativa, agindo internamente quanto a seus servidores e, externamente, melhor aperfeiçoando

CAPÍTULO 3
AS ESCOLAS DE CONTAS NO CONTEXTO SOCIOEDUCATIVO ESTATAL | 105

a condição funcional dos seus jurisdicionados, partindo de diferentes estratégias de atuação (capacitações presenciais, projetos e entrevistas em TV, rádio *web*, ensino a distância, entre outros meios).

3.4 Do Instituto Rui Barbosa

Estudos de Timóteo (2009) analisam e descrevem a situação do sistema de educação profissional (EdC) do Tribunal de Contas da União (TCU). A análise e a descrição discorreram acerca da forma como a EC vem sendo desenvolvida no TCU; identificaram práticas deste tribunal que se ajustam aos princípios de sucesso em EdC proposto anteriormente por Eboli (2014); e verificaram a existência de lacunas em relação ao modelo proposto por Eboli (2014).

A partir das técnicas aplicadas e das informações levantadas, a autora apresenta os princípios considerados como um sucesso em EdC e os itens da competitividade, perpetuidade, conectividade, disponibilidade, cidadania, parceira e sustentabilidade. Com base nessa etapa, Timóteo (2009, p. 72) chama a atenção para que seja relevada a questão "[...] de um investimento forte em um modelo de avaliação robusto, capaz de evidenciar o valor agregado das ações educacionais para as estratégias e objetivos organizacionais". Evidenciou-se que o TCU vivenciava, à época da pesquisa, uma faixa de transição entre práticas mais tradicionais de treinamento e desenvolvimento (T&D) e práticas mais modernas de EdC (leia-se educação profissionalizante).

O Instituto Rui Barbosa, conhecido como a casa do conhecimento dos TCs, foi concebido para aprimorar as atividades exercidas por essas cortes no país e coordenar as atividades das redes articuladas das ECs no Brasil por meio de estudos e pesquisas, realização de capacitações, seminários, encontros e debates, de caráter técnico, pedagógico, científico e cultural, necessários para operar como Centro de Formação Profissional e Capacitação Continuada dos servidores dos TCs do Brasil, contribuindo para o fortalecimento delas. Foi criado em 1973 na qualidade de associação civil e tem como premissa que os TCs devem capacitar seus recursos humanos para medir e controlar a qualidade e a quantidade dos gastos públicos (INSTITUTO RUI BARBOSA, 2015).

Na visão do planejamento estratégico do IRB para o período de 2012-2017, está contemplado como ponto capital o controle externo aliado à sociedade, apresentando como missão garantir a qualificação, o desenvolvimento e o aperfeiçoamento do controle externo mediante a promoção e o fomento de pesquisas, estudos, capacitação e assistência técnica, visando ao fortalecimento e à integração dos TCs.

A sede do IRB coincidirá sempre com a do Tribunal a que pertencer o seu presidente. Suas finalidades são: (i) estudar e pesquisar os métodos e procedimentos de controles, externo e interno, para promover o desenvolvimento e o aperfeiçoamento das atividades dos tribunais de contas do Brasil; (ii) promover e incentivar a realização de congressos, seminários, fóruns, conferências, encontros, grupos de estudos e outros eventos de natureza similar relacionados aos controles, externo e interno, e ofertar cursos de capacitação nas modalidades presencial e à distância; (iii) incentivar e publicar, por meios físico e eletrônico, obras e trabalhos técnicos, monografias, revistas, periódicos e demais documentos de interesse dos controles externo e interno; (iv) manter intercâmbio com especialistas nas matérias de interesse dos tribunais de contas e celebrar convênios, acordos de cooperação técnica ou ajustes congêneres com instituições nacionais e estrangeiras visando ao aprimoramento dos controles externo e interno; (v) prestar, mediante solicitação formal, no âmbito de sua competência, assistência técnica aos tribunais de contas e às instituições públicas e privadas, bem como apoio na preparação e organização dos congressos e de outros eventos de natureza similar por eles promovidos; (vi) atender, de acordo com as suas possibilidades, as solicitações de serviços e estudos dos tribunais de contas com vistas ao aprimoramento das funções desses tribunais; (vii) fornecer informações e distribuir documentações referentes às organizações e entidades de controle externo, nacionais e estrangeiras, e promover o intercâmbio entre elas; (viii) instituir concursos sobre matérias de interesse dos tribunais de contas, oferecendo prêmios, tais como estágios, treinamentos ou participação em cursos nacionais e internacionais; (ix) compilar e, mediante solicitação, encaminhar cópias da legislação de interesse dos tribunais de contas aos seus associados; (x) manter em seu banco de dados informações sobre súmulas, jurisprudências e consultas respondidas pelos tribunais de contas; (xi) acompanhar a tramitação de legislação modificativa de competências, funções, procedimentos, atribuições, concessões ou vedações que possa influenciar nas decisões dos tribunais de contas; (xii) pesquisar, analisar e divulgar, por meios físico e eletrônico, informações sobre finanças públicas e outras matérias de interesse dos controles externo e interno; (xiii) promover a formação continuada e a certificação dos membros dos tribunais de contas e dos profissionais das áreas de controles, externo e interno; (xiv) coordenar a operação do portal do IRB (http://www.irbcontas.org.br) e da rede de controle público dos tribunais de contas (http://www.controlepublico.org.br); (xv) elaborar e aprovar as normas de auditoria de interesse dos tribunais de contas do Brasil convergentes com as recomendadas pela Organização Internacional das Entidades Fiscalizadoras Superiores (INTOSAI), quando aplicável; (xvi) recomendar a adoção e apoiar a implementação das normas de auditoria de interesse dos tribunais de contas (INSTITUTO RUI BARBOSA, 2017).

3.5 O perfil das escolas de contas do Brasil

As ECs devem auxiliar os TCs quanto ao bom uso dos recursos públicos de forma propedêutica, promovendo cursos de aperfeiçoamento, capacitação e especialização aos seus jurisdicionados e servidores para "fazer valer" os direitos sociais e ainda garantir o exercício do controle social. E para exemplificar, destacam-se, no âmbito dos cursos realizados, aqueles mais demandados pelos servidores e jurisdicionados: licitações, Lei da Responsabilidade Fiscal, previdência no setor público, contratos, auditoria, contabilidade, diversas legislações, entre outros.

Traçar um mapeamento das ECs no Brasil leva a conhecer as suas respectivas atuações, estruturas e atividades, direcionados a compreender se há ou não ações voltadas ao controle social nas diferentes regiões do país e compará-las, principalmente com a escola sergipana, objeto deste estudo, como se segue:

Tabela 1 – Regiões das escolas de contas

Regiões das escolas de contas	Freq.	%
Nordeste: TCE/AL, TCMs/BA, TCE/BA, TCMs/CE, TCE/CE, TCE/MA, TCE/PB, TCE/PE, TCE/PI, TCE/RN e TCE/SE	11	32,4%
Norte: TCE/AC, TCE/AM, TCE/AP, TCMs/PA, TCE/PA, TCE/RO, TCE/RR e TCE/TO	08	23,5%
Centro-Oeste: TC/DF, TCE/GO, TCMs/GO, TCE/MS, TCE/MT e TCU	06	17,6%
Sudeste: TCE/ES, TCE/RJ, TCE/SP, TCE/MG, TCM/SP e TCM/RJ	06	17,6%
Sul: TCE/PR, TCE/RS e TCE/SC	03	8,9%
TOTAL CIT.	34	100%

Fonte: Tabela elaborada pela autora a partir das informações colhidas nas respectivas ECs.

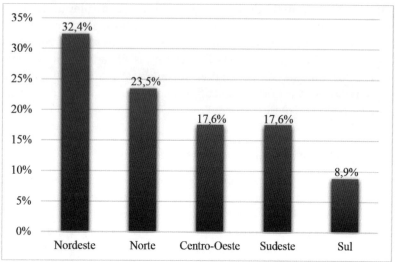

Gráfico 1 – Regiões das escolas de contas

Fonte: Gráfico elaborado pela autora a partir das informações colhidas nas respectivas ECs.

Diante dos resultados, fica nítido que, em cada estado brasileiro, há um Tribunal de Contas e, nele, há uma escola de contas. A Região Nordeste concentra o maior número de (ECs) em comparação com as demais regiões. Esta vantagem justifica-se pela maior concentração de estados (9 dentre as 27 unidades federativas), o que perfaz um percentual de 32,4% do total delas. A Região Sul, por abranger um menor número de estados, é a que demonstra a menor concentração de ECs, apenas 8,9% das 34 existentes em todo o país.

Tabela 2 – Tempo de atuação das escolas de contas

Tempo de atuação das escolas de contas	Freq.	%
Até 5 anos (TCE/BA, TCMs/BA, TC/DF, TCE/MA, TCMs/PA, TCE/RO e TCE/RR)	07	20,6%
De 6 a 10 anos (TCE/AM, TCE/CE, TCMs/CE, TCE/GO, TCMs/GO, TCE/MS, TCE/PA, TCE/PR e TCM/RJ)	09	26,5%
De 11 a 15 anos (TCE/AC, TCE/AL, TCE/AP, TCE/PB, TCE/PI, TCE/RJ, TCE/RN, TCE/RS, TCE/SE e TCM/SP)	10	29,4%
Mais de 15 anos (TCE/ES, TCE/MG, TCE/MT, TCE/PE, TCE/SC, TCE/SP, TCE/TO, TCU)	08	23,5%
TOTAL CIT.	**34**	**100%**
TEMPO MÉDIO DE FUNCIONAMENTO – 11 anos		

Fonte: Tabela elaborada pela autora a partir das informações colhidas nas respectivas ECs.

Gráfico 2 – Tempo de atuação das escolas de contas

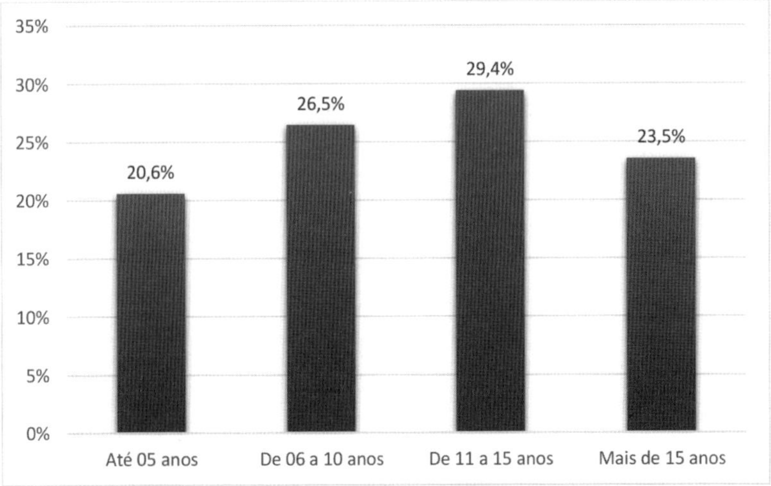

Fonte: Gráfico elaborado pela autora a partir das informações colhidas nas respectivas ECs.

Diante da prerrogativa de que as ECs estão difundidas por todas as regiões do país, observa-se que praticamente metade dessas escolas apresenta menos de 10 anos de atuação. Todavia, o tempo médio de atuação é de 11 anos, que se justifica pelo fato de as primeiras ECs, criadas no final da década de 90 (em decorrência da EC nº 19/98, que estabeleceu a criação de escolas de governo), apresentarem mais de 20 anos de atuação. Destaquem-se a mais recente, EC do TCMs/BA (2015); e a mais antiga, a Escola de Contas e Capacitação Professor Pedro Aleixo – EC TCE/MG (1996). O mais expressivo percentual (29,4%) equivale aos das ECs com tempo de atuação entre 11-15 anos; e o menor (20,6%) para aquelas que atuam dentro de um período igual ou inferior a 5 anos.

Demonstra-se, portanto, que as ECs, como modalidade de escolas de governo, são organizações relativamente recentes no cenário administrativo brasileiro. Encontram-se em processo de amadurecimento na busca do seu mister institucional se comparadas com o tempo de atuação dos republicanos tribunais de contas.

Tabela 2.1 – Denominação: escolas, instituto e centro de aperfeiçoamento

Denominação	Freq.	%
INSTITUTO: Instituto Escola Superior de Contas e Gest. Púb. Min. Plácido Castelo (TCE/CE) Instituto Leopoldo Bulhões (TCE/GO) Instituto de Contas do TCE de Santa Catarina (TCE/SC) Instituto de Contas 5 de Outubro (TCE/TO) Instituto Escola Superior de Contas Gest. Púb. Waldemar Alcântara (TCMs/CE) Instituto Serzedello Corrêa: Escola Superior do Tribunal de Contas da União (TCU)	06	17,65%
CENTRO DE APERFEIÇOAMENTO: Centro de Aperfeiçoamento, Capacitação e Treinamento (CAT) (TCM/RJ)	01	2,94%
ESCOLAS: TCE/AC, TCE/AL, TCE/AM, TCE/AP, TCE/BA, TCMs/BA, TC/DF, TCE/ES, TCMs/GO, TCE/MA, TCE/MG, TCE/MS, TCE/MT, TCE/PA, TCMs/PA, TCE/PB, TCE/PE, TCE/PI, TCE/PR, TCE/RJ, TCE/RO, TCE/RS, TCE/RN, TCE/RR, TCE/SE, TCE/SP, TCM/SP	27	79,41%
TOTAL CIT.	34	100%

Fonte: Tabela elaborada pela autora a partir das informações colhidas nas respectivas ECs.

As atividades das ECs e dos institutos de contas são idênticas. A tabela acima serviu apenas para reforçar o entendimento de que prevalece a nomenclatura "escolas" num percentual de (79,41%) em detrimento da denominação "instituto", que perfaz o percentual de (17,65%), cuja correspondência é de apenas 6 unidades.

Tabela 3 – Composição das diretorias/presidência das escolas por conselheiros/membros

Composição das diretorias/presidência das escolas por conselheiros/ membros	Freq.	%
TCE/AC, TCE/AM, TCE/CE, TCE/BA, TC/DF, TCE/ES, TCE/GO, TCMs/GO, TCE/MG, TCE/MT, TCMs/PA, TCE/PR, TCE/RJ, TCM/RJ, TCE/RS, TCE/RN, TCE/SP, TCE/TO e TCU	19	55,8%
NORDESTE: TCE/AL, TCMs/BA, TCMs/CE, TCE/MA,TCE/PB, TCE/PE, TCE/PI, TCE/SE **NORTE:** TCE/AP, TCE/PA, TCE/RO, TCE/RR **CENTRO-OESTE:** TCE/MS **SUDESTE:** TCM/SP **SUL:** TCE/SC	15	44,2%
TOTAL CIT.	34	100%

Fonte: Tabela elaborada pela autora a partir das informações colhidas nas respectivas ECs.

É cediço que as ECs são estruturadas através dos seus respectivos regimentos que estabelecem a composição da base diretiva da EC, podendo ser formada por conselheiros/membros, como também por servidores. A tabela acima apresenta um percentual majoritário (55,8%) de ECs, cuja direção é formada por servidores. Há argumentos favoráveis no sentido de que a direção nas mãos dos servidores oxigena as ECs, evitando o seu engessamento. Por outro lado, há uma cultura geradora de um entendimento de que a presença de um conselheiro ou membro do TC à frente da EC confere força para as tomadas de decisão e para a adoção de ações em prol dela, mormente quando tais membros são entusiastas das causas educacionais.

Tabela 3.1 – Formação acadêmica dos diretores/coordenadores das escolas

Formação acadêmica dos diretores/coordenadores das escolas	Freq.	%
Nível pós-graduação *stricto sensu* (mestrado/doutorado) (TCMs/BA, TCE/CE, TCMs/CE, TC/DF, TCE/ES, TCE/GO, TCE/MG, TCE/MS, TCE/PA, TCE/PE, TCE/PI, TCE/RJ, TCM/RJ, TCE/RO, TCE/RS, TCE/SE e TCU)	17	50,0%
Nível pós-graduação *lato sensu* (especialização e MBA) (TCE/AC, TCE/AL, TCE/AM, TCE/BA, TCE/MA, TCE/MT, TCE/PB, TCE/RN e TCE/SP)	09	26,5%
Nível graduação (TCE/AP, TCMs/GO, TCMs/PA, TCE/ PR, TCE/RR, TCE/SC, TCM/SP e TCEs/TO)	08	23,5%
TOTAL CIT.	34	100%

Fonte: Tabela elaborada pela autora a partir das informações colhidas nas respectivas ECs.

Gráfico 3 – Formação acadêmica dos diretores/coordenadores das escolas

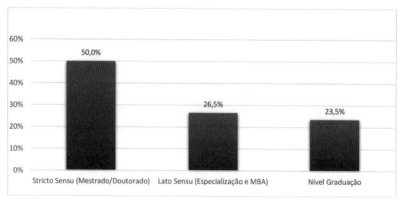

Fonte: Gráfico elaborado pela autora a partir das informações colhidas nas respectivas ECs.

Quanto à formação acadêmica dos diretores/coordenadores das ECs, apurou-se um relativo equilíbrio entre a formação no nível de graduação (23,5%) e de especialização e MBA (26,5%), o que demonstra empenho dos tribunais em promover a seus servidores qualificações e crescimento profissional. O maior percentual (50%) demonstra a concentração em nível de pós-graduação *stricto sensu* (mestrado/doutorado). Evidencia-se, desta forma, a qualidade de serviços ofertados pelas ECs aos seus servidores, aos jurisdicionados e à população brasileira. É um indicativo bastante positivo, pois quanto maior o nível de instrução dos que estão à frente das ECs, maiores serão as possibilidades de desenvolvimento das atividades das ECs, levando em conta que as ECs são organizações ainda recentes no país.

Tabela 4 – As escolas de contas possuem projeto político-pedagógico

As escolas de contas possuem projeto político pedagógico?	Freq.	%
Sim (TCE/AL, TCE/AM, TCE/CE, TC/DF, TCMs/GO, TCE/MG, TCE/PA, TCE/PB, TCE/RJ, TCE/RR, TCE/RS, TCE/SC, TCE/TO TCU)	14	41,2%
Não (TCE/AC, TCE/AP, TCE/BA, TCMs/BA, TCMs/CE, TCE/ES, TCE/GO, TCE/MA, TCE/MS, TCE/MT, TCE/PA, TCE/PE, TCE/PI, TCE/PR, TCM/RJ, TCE/RN, TCE/RO, TCE/SE, TCE/SP e TCM/SP)	20	58,8%
TOTAL CIT.	34	100%

Fonte: Tabela elaborada pela autora a partir das informações colhidas nas respectivas ECs.

Gráfico 4 – As escolas de contas possuem projeto político-pedagógico

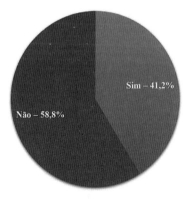

Fonte: Gráfico elaborado pela autora a partir das informações colhidas nas respectivas ECs.

Quanto ao questionamento acima, apenas 41,2% das escolas entrevistadas apresentam PPP/PPI,[42] o que demonstra oportunidade de melhoria do desempenho das funções das 14 ECs. Enquanto isso, a maior parte delas (20), com um percentual de mais de 50%, não

---

[42] Mais utilizado nas ECs como projeto pedagógico institucional (PPI) e plano de desenvolvimento institucional (PDI).

planeja suas atividades por meio de projeto político-pedagógico, o que evidencia falta de estratégia (norteamento e planejamento) em curto, médio e longo prazo para o cumprimento das diretrizes e metas a serem alcançadas pelas ECs.

Sublinhe-se que, em regra, as ECs assentam em seus respectivos regimentos o sistema de rotatividade periódica de seus diretores/presidentes. Por conseguinte, sem o PPI as estratégias para a integração de projetos e bases direcionais poderão ser interrompidas e não terem solução de continuidade pelo próximo diretor/presidente que esteja à frente da EC. Dessa forma, com a adoção do PDI, qualquer que seja o diretor/presidente da EC, este deverá cumprir o norteamento previsto por meio de ações que gerem uma imagem institucional positiva sobre o trabalho e a missão a que se propõe, pois é a partir daí que formaliza sua identidade e especifica seu raio de ação e seu nível de autonomia.

Acrescente-se ainda que, através do delineamento do PPI, são estipuladas as linhas norteadoras que demonstram a sensibilidade da instituição aos anseios de um grupo social ou de toda a sociedade, pois o PDI deve ser confeccionado pelo corpo de servidores da EC, proporcionando um grau de pertencimento ao grupo. A ausência de um PPI pode acarretar o declínio institucional em virtude justamente da falta de um documento/planejamento sólido que auxilie o andamento de projetos e atividades de uma instituição, quer pública ou privada, a alcançar a realização dos objetivos a que se propõe ou a meta a ser atingida. Portanto, a ausência de um PDI compromete a eficiência do trabalho desenvolvido a curto, médio e longo prazo das ECs.

Tabela 5 – Servidores efetivos nas escolas de contas

Servidores efetivos nas escolas de contas	Freq.	%
Até 5 servidores (TCE/AC, TCE/AL, TCE/AM, TCE/AP, TCE/BA, TCMs/BA, TCE/CE, TCE/ES, TCMs/GO, TCE/MT, TCMs/PA, TCM/RJ, TCE/RN, TCE/RO, TCE/RR e TCE/SE)	16	47,1%
De 6 a 10 servidores (TCMs/CE, TCE/GO, TCE/MA, TCE/MG, TCE/MS, TCE/PA, TCE/PB, TCE/PI, TCE/PR, TCE/SC e TCE/SP)	11	32,4%
De 11 a 15 servidores (TC/DF, TCE/PE, TCE/RS, TCM/SP e TCE/TO)	05	14,7%
Mais de 15 servidores (TCE/RJ e TCU)	02	5,9%
TOTAL CIT.	**34**	**100%**

Fonte: Tabela elaborada pela autora a partir das informações colhidas nas respectivas ECs.

Tabela 6 – Servidores efetivos por ECs

(continua)

Lista de Escolas e Tribunal	Servidores Efetivos			
	Até 5	De 6 a 10	De 11 a 15	Mais de 15
TCE/AC - Escola de Contas Conselheiro Alcides Dutra de Lima	x			
TCE/AL - Escola de Contas Públicas Conselheiro José Alfredo de Mendonsa	x			
TCE/AM - Escola de Contas Públicas do Estado do Amazonas	x			
TCE/AP - Escola de Contas do Tribunal de Contas do Estado do Amapá	x			
TCE/BA - Escola de Contas Conselheiro José Borba Pedreira Lapa – ECPL	x			
TCMs/BA - Escola de Contas do Tribunal de Contas dos Municípios do Estado da Bahia	x			
TCE/CE - Instituto Escola Superior de Contas e Gestão Pública Ministro Plácido Castelo	x			
TCMs/CE - Instituto Escola Superior de Contas Gestão Pública Waldemar Alcântara		x		
TC/DF - Escola de Contas Públicas			x	
TCE/ES - Escola de Contas Públicas	x			
TCE/GO - Instituto Leopoldo de Bulhões		x		
TCMs/GO - Escola de Contas	x			
TCE/MA - Escola Superior de Controle Externo		x		
TCE/MG - Escola de Contas e Capacitação Professor Pedro Aleixo		x		
TCE/MS - Escola Superior de Controle Externo ESCOEX		x		
TCE/MT - Escola Superior de Contas Benedito Santana da Silva Freire	x			
TCE/PA - Escola de Contas Alberto Veloso		x		
TCMs/PA - Escola de Contas Públicas Conselheiro Irawaldir Rocha	x			
TCE/PB - Escola de Contas Conselheiro Otacílio Silveira – ECOSIL		x		

(conclusão)

Lista de Escolas e Tribunal	Servidores Efetivos			
	Até 5	De 6 a 10	De 11 a 15	Mais de 15
TCE/PE - Escola de Contas Públicas Professor Barreto Guimarães			x	
TCE/PI - Escola de Gestão e Controle		x		
TCE/PR - Escola de Gestão Pública		x		
TCE/RJ - Escola de Contas e Gestão do TCE do Rio de Janeiro				x
TCM/RJ - Centro de Aperfeiçoamento, Capacitação e Treinamento (CAT)	x			
TCE/RN - Escola de Contas Professor Severino Lopes de Oliveira	x			
TCE/RO - Escola Superior de Contas Conselheiro Renato da Frota Uchoa	x			
TCE/RR - Escola de Contas do Tribunal de Contas de Roraima (ESCON)	x			
TCE/RS - Escola Superior de Gestão e Controle Francisco Juruena			x	
TCE/SC - Instituto de Contas do Tribunal de Contas do Estado de Santa Catarina		x		
TCE/SE - Escola de Contas Conselheiro José Amado Nascimento	x			
TCE/SP - Escola Paulista de Contas Públicas Presidente Washington Luis		x		
TCM/SP - Escola Superior de Gestão e Contas Públicas Conselheiro Eurípedes Sales			x	
TCE/TO - Instituto de Contas 5 de Outubro			x	
TCU - Instituto Serzedello Corrêa: Escola Superior do Tribunal de Contas da União				x

Fonte: Tabela elaborada pela autora a partir das informações colhidas nas respectivas ECs.

Gráfico 5 – Servidores efetivos nas escolas de contas

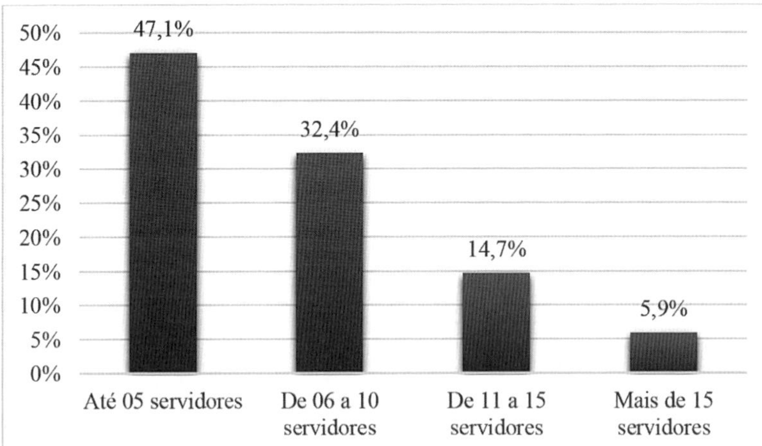

Fonte: Gráfico elaborado pela autora a partir das informações colhidas nas respectivas ECs.

Na questão relativa aos servidores efetivos, a maioria das ECs apresenta um percentual (47,1%), que equivale a 5 ou menos servidores efetivos, em contraponto a apenas 2 ECs (5,9%), que possuem quadro acima de 15 servidores efetivos. Evidencia-se que o maior número de servidores efetivos está distribuído entre as escolas do TCE/RJ e TCU.

Isso representa uma grande oportunidade de melhoria em tais ECs, eis que os servidores efetivos representam a possibilidade de profissionalização do serviço público, e escolas profissionalizadas e bem-estruturadas podem reter melhor conhecimentos de gestão e de funcionamento, conseguindo resultados evolutivos ao longo do tempo.

Tabela 7 – Servidores comissionados nas escolas

Servidores comissionados	Freq.	%
Até 5 servidores (TCE/AC, TCE/AL, TCE/AP, TCE/BA, TCMs/BA TCMs/CE, TC/DF, TCMs/GO, TCE/MA, TCE/MG, TCE/MT, TCE/PA, TCMs/PA, TCE/PB, TCE/PE, TCE/PI, TCE/PR, TCM/RJ, TCE/RN, TCE/RS, TCE/SC, TCE/SE, TCE/SP, TCU)	24	70,6%
De 6 a 10 servidores (TCE/AM, TCE/CE, TCE/ES, TCE/GO, TCE/MS, TCE/RO, TCE/RR e TCE/TO)	08	23,5%
De 11 a 15 servidores (TCE/RJ)	01	2,9%
Mais de 15 servidores (TCM/SP)	01	2,9%
TOTAL CIT.	**34**	**100%**

Fonte: Tabela elaborada pela autora a partir das informações colhidas nas respectivas ECs.

Tabela 8 – Servidores comissionados por ECs

(continua)

Lista de Escolas e Tribunal	Servidores Efetivos			
	Até 5	De 6 a 10	De 11 a 15	Mais de 15
TCE/AC - Escola de Contas Conselheiro Alcides Dutra de Lima	x			
TCE/AL - Escola de Contas Públicas Conselheiro José Alfredo de Mendonsa	x			
TCE/AM - Escola de Contas Públicas do Estado do Amazonas		x		
TCE/AP - Escola de Contas do Tribunal de Contas do Estado do Amapá	x			
TCE/BA - Escola de Contas Conselheiro José Borba Pedreira Lapa – ECPL	x			
TCMs/BA - Escola de Contas do Tribunal de Contas dos Municípios do Estado da Bahia	x			
TCE/CE - Instituto Escola Superior de Contas e Gestão Pública Ministro Plácido Castelo		x		
TCMs/CE - Instituto Escola Superior de Contas Gestão Pública Waldemar Alcântara	x			
TC/DF - Escola de Contas Públicas	x			
TCE/ES - Escola de Contas Públicas		x		
TCE/GO - Instituto Leopoldo de Bulhões		x		

CAPÍTULO 3
AS ESCOLAS DE CONTAS NO CONTEXTO SOCIOEDUCATIVO ESTATAL | 119

(continua)

Lista de Escolas e Tribunal	Servidores Efetivos			
	Até 5	De 6 a 10	De 11 a 15	Mais de 15
TCMs/GO - Escola de Contas	x			
TCE/MA - Escola Superior de Controle Externo	x			
TCE/MG - Escola de Contas e Capacitação Professor Pedro Aleixo	x			
TCE/MS - Escola Superior de Controle Externo ESCOEX		x		
TCE/MT - Escola Superior de Contas Benedito Santana da Silva Freire	x			
TCE/PA - Escola de Contas Alberto Veloso	x			
TCMs/PA - Escola de Contas Públicas Conselheiro Irawaldir Rocha	x			
TCE/PB - Escola de Contas Conselheiro Otacílio Silveira – ECOSIL	x			
TCE/PE - Escola de Contas Públicas Professor Barreto Guimarães	x			
TCE/PI - Escola de Gestão e Controle	x			
TCE/PR - Escola de Gestão Pública	x			
TCE/RJ - Escola de Contas e Gestão do TCE do Rio de Janeiro			x	
TCM/RJ - Centro de Aperfeiçoamento, Capacitação e Treinamento (CAT)	x			
TCE/RN - Escola de Contas Professor Severino Lopes de Oliveira	x			
TCE/RO - Escola Superior de Contas Conselheiro Renato da Frota Uchoa		x		
TCE/RR - Escola de Contas do Tribunal de Contas de Roraima (ESCON)		x		
TCE/RS - Escola Superior de Gestão e Controle Francisco Juruena	x			
TCE/SC - Instituto de Contas do Tribunal de Contas do Estado de Santa Catarina	x			
TCE/SE - Escola de Contas Conselheiro José Amado Nascimento	x			
TCE/SP - Escola Paulista de Contas Públicas Presidente Washington Luis	x			

(conclusão)

Lista de Escolas e Tribunal	Servidores Efetivos			
	Até 5	De 6 a 10	De 11 a 15	Mais de 15
TCM/SP - Escola Superior de Gestão e Contas Públicas Conselheiro Eurípedes Sales				x
TCE/TO - Instituto de Contas 5 de Outubro		x		
TCU - Instituto Serzedello Corrêa: Escola Superior do Tribunal de Contas da União	x			

Fonte: Tabela elaborada pela autora a partir das informações colhidas nas respectivas ECs.

Gráfico 6 – Servidores comissionados nas escolas de contas

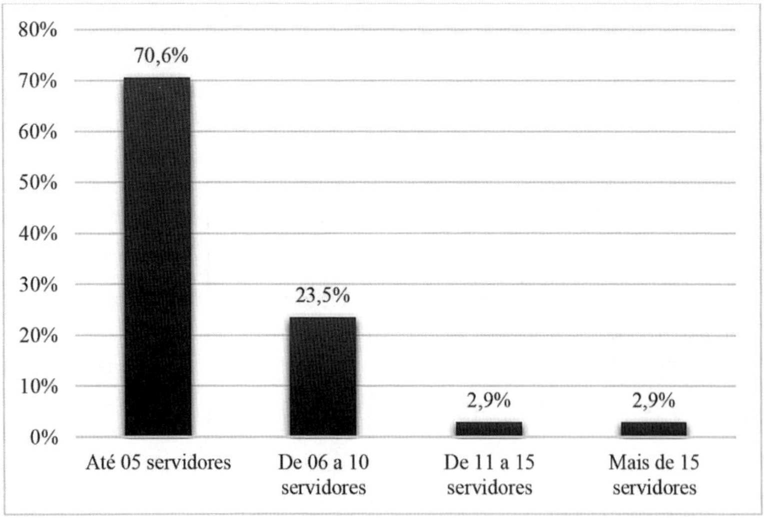

Fonte: Gráfico elaborado pela autora a partir das informações colhidas nas respectivas ECs.

Quanto aos servidores comissionados, os resultados apresentam que, entre as ECs, há até 5 cargos em comissão, cujo percentual é de 70,6%, o que denota um índice positivo, já que a regra do serviço público é o funcionamento via servidores efetivos. Destaque para a *Escola Superior de Gestão e Contas Públicas Conselheiro Eurípedes Sales do TCM/SP*, a única que apresenta mais de 15 servidores comissionados (2,9%) do total.

Frise-se que, correlacionando as duas últimas tabelas, vê-se que há ainda um número pequeno de servidores à disposição das ECs; porém, estas têm se estruturado via servidores efetivos, o que é o ideal.

CAPÍTULO 3
AS ESCOLAS DE CONTAS NO CONTEXTO SOCIOEDUCATIVO ESTATAL

Tabela 8.1 – Servidores deficientes físicos nas escolas de contas

Servidores deficientes físicos nas escolas de contas	Freq.	%
3 servidores (TCM/GO, TCE/MG e TCE/RJ – deficiência visual)	03	8,82%
1 servidor (TCE/SC – deficiência auditiva)	01	2,94%
TOTAL CIT.	34	100%

Fonte: Tabela elaborada pela autora a partir das informações colhidas nas respectivas ECs.

Tabela 9 – Professores efetivos nas escolas de contas

Professores efetivos nas escolas de contas	Freq.	%
Até 5 professores (TCE/AL, TCE/AM, TCE/AP, TCE/CE, TCMs/CE, TCE/GO, TCMs/GO, TCE/MA, TCE/PA, TCE/PR, TCE/RO, TCE/RR, TCE/RS, TCM/RJ, TCM/SP, TCU)	16	47,1%
De 6 a 10 professores (TCE/PI, TCE/SE)	02	5,9%
De 11 a 15 professores (TCE/AC, TC/DF, TCE/MG e TCMs/PA)	04	11,8%
Mais de 15 professores (TCE/BA, TCMs/BA, TCE/ES, TCE/MS, TCE/MT, TCE/PB, TCE/PE, TCE/RJ, TCE/RN, TCE/SC, TCE/SP, TCE/TO)	12	35,2%
TOTAL CIT.	34	100%

Fonte: Tabela elaborada pela autora a partir das informações colhidas nas respectivas ECs.

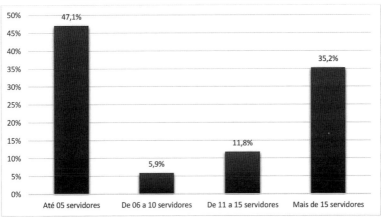

Gráfico 7 – Professores efetivos nas escolas de contas

Fonte: Gráfico elaborado pela autora a partir das informações colhidas nas respectivas ECs.

No que se refere ao quadro de professores efetivos, verifica-se que a maioria não ultrapassa o quantitativo de 5 professores que fazem parte do quadro de servidores, cujo percentual é de 47,1%, o equivalente a 16 ECs; e o menor índice é o de 5,9% (2 ECs). Ou seja, os números transparecem que há muito espaço para crescimento do número de professores efetivos nas ECs, salientando-se que a existência de professores efetivos facilita a operacionalização de um projeto pedagógico e a consecução dos projetos de curto e longo prazo das ECs. É preciso eliminar um velho ditado que diz "santo de casa não faz milagres". O professor pertencente ao quadro dos TCs deve ser, sobretudo, valorizado. Sua expertise e conhecimento são elementos essenciais para cumprir o objetivo de se ter um tribunal mais qualificado. Os professores efetivos devem ter uma contraprestação, seja pecuniária ou não, por sua contribuição, eis que elaboram materiais e planos de aula fora de suas atividades corriqueiras. Assim sentir-se-ão prestigiados, além do que deveria haver um revezamento entre professores efetivos das diversas unidades federativas do Brasil, pois os conteúdos a serem ministrados são basicamente os mesmos. Desta forma, restam aos respectivos TCs incentivar e estimular a formação de um corpo docente composto por servidores efetivos bem-qualificados e motivados quanto à atividade acadêmica que será aplicada nas escolas dos TCs onde atuam.

Tabela 10 – Professores externos nas escolas de contas

Professores externos nas escolas de contas	Freq.	%
Conforme demanda (TCE/AC, TCE/AL, TCE/BA, TCMs/BA, TCMs/CE, TC/DF, TCE/ES, TCE/GO, TCMs/GO, TCE/MA, TCE/MG, TCE/MT, TCE/PI, TCE/PA, TCE/PE, TCE/PR, TCE/RJ, TCM/RJ, TCE/RN, TCE/RO, TCE/RS, TCE/SC, TCE/SE, TCE/SP, TCE/TO e TCU)	26	76,5%
Até 5 professores (TCE/AP, TCMs/PA, e TCE/RR)	03	8,8%
De 6 a 10 (TCE/AM, TCE/CE e TCM/SP)	03	8,8%
Mais de 15 (TCE/MS e TCE/PB)	02	5,9%
TOTAL CIT.	**34**	**100%**

Fonte: Tabela elaborada pela autora a partir das informações colhidas nas respectivas ECs.

Gráfico 8 – Professores externos nas escolas de contas

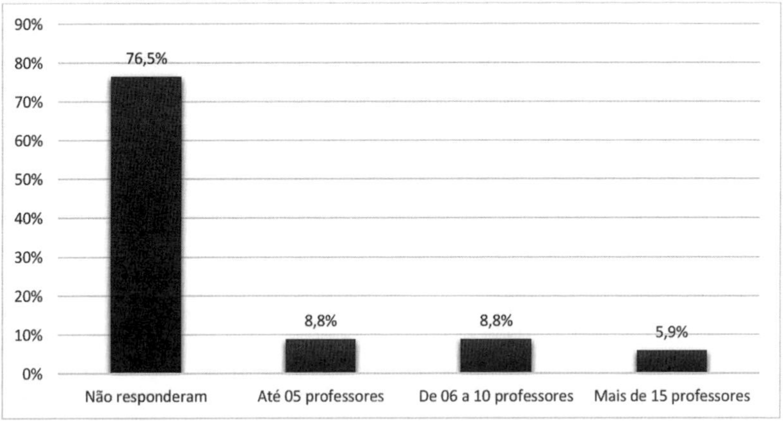

Fonte: Gráfico elaborado pela autora a partir das informações colhidas nas respectivas ECs.

Com relação ao quadro de professores externos (profissionais contratados sob demanda para a ministração de cursos/palestras, que não pertencem ao quadro das ECs), evidencia-se que a maioria das ECs (76,5%) contrata professores externos conforme a demanda; e apenas 2 ECs contratam mais de 15 professores externos (5,9%). Esses indicadores sinalizam e reforçam a ideia de que os professores/servidores efetivos deveriam ser multiplicadores de conhecimentos, o que ocasionaria uma situação ideal para as escolas no que se reporta aos gastos com docentes (cujos valores são variados ou possuem uma tabela parametrizada consoante o nível de escolaridade). Os professores efetivos, em regra, não recebem remuneração, ou há um sistema de banco de horas, ou ainda recebem por hora-aula por cursos/palestras/aulas ministradas fora do horário do expediente.

Tabela 11 – Quantitativo de salas de aula

Quantitativo de salas de aula	Freq.	%
Até 5 (TCE/AC, TCE/AL, TCE/AM, TCE/AP, TCE/BA, TCMs/BA, TCE/CE, TCMs/CE, TC/DF, TCE/ES, TCE/GO, TCMs/GO, TCE/MA, TCE/MS, TCE/PA, TCMs/PA, TCE/PB, TCE/PE, TCE/RN, TCE/RO, TCE/RS, TCE/PR, TCM/RJ, TCE/RR, TCE/SC, TCE/SE, TCE/SP, TCM/SP)	28	82,4%
De 6 a 10 (TCE/MG, TCE/MT, TCE/PI e TCE/TO)	04	11,8%
Mais de 15 (TCE/RJ e TCU)	02	5,8%
TOTAL CIT.	34	100%

Fonte: Tabela elaborada pela autora a partir das informações colhidas nas respectivas ECs.

Gráfico 9 – Quantitativo de salas de aula

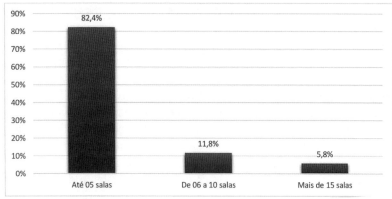

Fonte: Gráfico elaborado pela autora a partir das informações colhidas nas respectivas ECs.

Quanto às salas de aula, 82,4% das ECs (28) possuem até 5 salas, sendo este o maior percentual. Destacam-se a Escola de Contas e Gestão do Tribunal de Contas do Estado do Rio de Janeiro e a do TCU (ECG/TCE-RJ e ISC/TCU), com mais de 15 salas de aula, que representam somente 5,8% de todas as ECs do país inteiro.

A correlação entre números de salas de aula e professores é coerente e configura a estrutura que permite centros educacionais alavancarem projetos e resultados a curto e longo prazo.

Tabela 12 – Biblioteca nas escolas de contas

Biblioteca nas escolas de contas	Freq.	%
Sim (TCE/AC, TCE/AL, TCE/AM, TCE/AP, TCE/BA, TCE/CE, TCMs/CE, TC/DF, TCE/ES, TCE/GO, TCMs/GO, TCE/MA, TCE/MG, TCE/MS, TCE/MT, TCMs/PA, TCE/PB, TCE/PE, TCE/PI, TCE/RJ, TCE/RN, TCE/RO, TCE/RS, TCE/PA, TCE/PR, TCE/RR, TCE/SC, TCE/SE, TCE/SP, TCM/SP, TCE/TO e TCU)	31	94,1%
Não (TCMs/BA, e TCM/RJ)	03	5,9%
TOTAL CIT.	34	100%

Fonte: Tabela elaborada pela autora a partir das informações colhidas nas respectivas ECs.

Gráfico 10 – Biblioteca nas escolas de contas

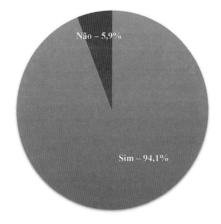

Fonte: Gráfico elaborado pela autora a partir das informações colhidas nas respectivas ECs.

Das 34 ECs participantes, 94,1% possuem biblioteca (32 escolas), sejam estas vinculadas ou não às ECs (conforme se pode apurar). A biblioteca do TCE/SE está vinculada à ECOJAN, a exemplo de muitas outras ECs. Apenas 2 (5,9%) não dispõem de biblioteca, um número reduzido, mas preocupante para os TCs. A ausência de bibliotecas nas escolas inviabiliza a pesquisa e o auxílio indispensável aos eventos didático-pedagógicos a que se propõem realizar o próprio TC e suas ECs, até pela natureza de sua existência, funções e missão. Em regra, as bibliotecas dos TCs ficam incorporadas às ECs no sentido de conferir um suporte de referencial aos frequentadores (sejam servidores ou jurisdicionados).

Por outro lado, não adianta existirem bibliotecas anexadas às ECs se os seus acervos se encontram desatualizados e se não há sistemas de biblioteca virtual com livros e revistas eletrônicas que ofereçam conteúdos atualizados aos frequentadores/pesquisadores (sejam servidores, jurisdicionados ou à própria sociedade).

Dessa forma, repise-se que a presença de bibliotecas nos mencionados ambientes públicos representa um ponto forte para o desenvolvimento das atividades desempenhadas no âmbito dos TCs/ECs, especialmente quanto à promoção de pesquisas, extensão, cursos, comunicações, palestras, seminários, etc.

Tabela 13 – As escolas de contas possuem auditório

As escolas de contas possuem auditório	Freq.	%
Sim (TC/DF, TCE/AC, TCE/AL, TCE/AM, TCE/AP, TCE/BA, TCMs/BA, TCE/CE, TCMs/CE, TCE/ES, TCE/GO, TCMs/GO, TCE/MA, TCE/MG, TCE/MS, TCE/MT, TCE/PA, TCE/PE, TCMs/PA, TCE/PB, TCE/PI, TCE/PR, TCE/RJ, TCE/RN, TCE/RO, TCE/RR, TCE/RS, TCE/SC, TCE/SE, TCE/SP, TCM/SP, TCE/TO, TCU)	33	97,1%
Não (TCM/RJ)	01	2,9%
TOTAL CIT.	34	100%

Fonte: Tabela elaborada pela autora a partir das informações colhidas nas respectivas ECs.

Gráfico 11 – As escolas de contas possuem auditório

Fonte: Gráfico elaborado pela autora a partir das informações colhidas nas respectivas ECs.

Quanto à disponibilidade de auditório, 97,1% das ECs informaram dispor desse espaço, o que valoriza a promoção de eventos, inclusive alguns voltados para públicos mais volumosos, como realização de congressos, seminários, simpósios, aulas e reuniões técnico-pedagógicas. Apenas a minoria das escolas não possui auditório, o equivalente a um percentual de 2,9%.

Tabela 14 – Quantidade de lugares no auditório

Quantidade de lugares no auditório	Freq.	%
Não responderam (TCE/AL, TCE/CE, TCE/ES, TCE/PE, TCMs/GO, TCM/RJ)	06	17,6%
Até 100 lugares (pequeno porte) (TCE/AM, TCE/BA, TC/DF TCE/GO, TCE/MG, TCE/RR, TCE/SE, TCE/SP, TCMs/BA, TCMs/CE, TCU)	11	35,3%
De 101 a 150 (médio porte) (TCE/AC, TCE/AP, TCE/MS, TCE/PR, TCE/RJ, TCE/RN, TCM/SP)	07	20,6%
Acima de 150 (grande porte) (TCE/MA, TCE/MT, TCE/PA, TCMs/PA, TCE/PB, TCE/PI, TCE/RO, TCE/RS, TCE/SC, TCE/TO)	10	26,5%
TOTAL CIT.	**34**	**100%**

Fonte: Tabela elaborada pela autora a partir das informações colhidas nas respectivas ECs.

Gráfico 12 – Quantidade de lugares no auditório

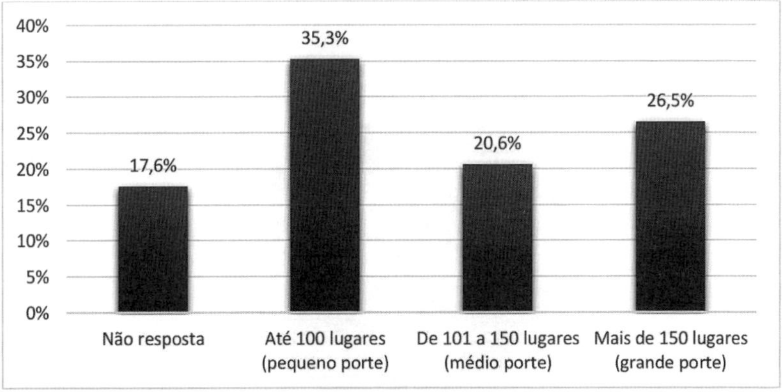

Fonte: Gráfico elaborado pela autora a partir das informações colhidas nas respectivas ECs.

Não obstante, 17,6% não responderam, o que leva à compreensão de que essas 6 ECs não dispõem de auditórios. Acerca do número de assentos do auditório, destacou-se a informação de que 11 das ECs possuem auditórios com um quantitativo de lugares até 100, perfazendo um percentual de 35,3%. De 101 a 150 lugares (7 escolas), são 20,6%; e mais de 150 lugares, 26,5%. Afere-se, deste modo, que a maioria das escolas que informou ter auditório possui um espaço para eventos com mais de 100 lugares, o que é bastante salutar.

Tabela 15 – Espaço de convivência nas escolas de contas

Espaço de convivência nas escolas de contas	Freq.	%
Sim (TCE/AM, TCE/AP, TCE/BA, TCMs/BA, TCE/CE, TC/DF, TCE/MG, TCE/MT, TCE/PA, TCE/PB, TCE/PI, TCE/RJ, TCE/RS, TCE/SC, TCE/SE, TCM/SP, TCE/TO, TCU)	18	52,9%
Não (TCE/AC, TCE/AL, TCE/ES, TCMs/CE, TCE/GO, TCMs/GO, TCE/MA, TCE/MS, TCMs/PA, TCE/PE, TCE/PR, TCE/RN, TCE/RO, TCE/RR, TCE/SP, TCM/RJ)	16	47,1%
TOTAL CIT.	34	100%

Fonte: Tabela elaborada pela autora a partir das informações colhidas nas respectivas ECs.

Gráfico 13 – Espaço de convivência nas escolas de contas

Fonte. Gráfico elaborado pela autora a partir das informações colhidas nas respectivas ECs.

Consta que, para o espaço de convivência, 52,9% (18 ECs) possuem esse tipo de local. As que não dispõem são o equivalente a 47,1% (16 ECs). A ausência de espaços de convivência prejudica a socialização, a construção do conhecimento de seus saberes e fazeres e o compartilhamento de ideias por parte dos servidores. Isto é, entende-se, pois, que o espaço de convivência possibilita a intensificação das relações interpessoais quanto a uma pausa/intervalo num curso, seja no horário do lanche do curso ou não.

No caso, vê-se que a maioria das ECs (52,9%) possui tal espaço. A existência do espaço de convivência contribui para o desenvolvimento do processo de aprendizagem e de formação da cidadania. Constitui, ademais, meio de despertar a sensibilidade e a criatividade do aluno, do professor e servidor, representando outra das muitas facetas da atividade educativa, que deve ser ampla. Assim, abrem-se portas para o conhecimento, para a aprendizagem e para a apropriação ativa do saber, resultando na otimização da personalidade social, que valoriza e respeita o bem coletivo e as individualidades humanas (diversidade).

Tabela 16 – Práticas de educação a distância (EaD)

Práticas de educação a distância nas escolas de contas (EaD)	Freq.	%
Sim (TCE/AC, TCE/AL, TCE/AM, TCE/CE, TCMs/CE, TCE/ES, TCMs/GO, TCE/MG, TCE/MS, TCE/MT, TCE/PB, TCE/PE, TCE/PR, TCE/RJ, TCE/RS, TCE/SC, TCE/SP, TCE/TO, TCU)	19	55,9%
Não (TCE/AP, TCE/BA, TCMs/BA, TC/DF, TCE/GO, TCE/MA, TCE/PA, TCMs/PA, TCE/PI, TCM/RJ, TCE/RN, TCE/RO, TCE/RR, TCE/SE, TCM/SP)	15	44,1%
TOTAL CIT.	34	100%

Fonte: Tabela elaborada pela autora a partir das informações colhidas nas respectivas ECs.

Gráfico 14 – Práticas de educação a distância (EaD)

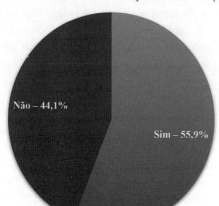

Fonte: Gráfico elaborado pela autora a partir das informações colhidas nas respectivas ECs.

Para as práticas de educação a distância, 55,9% (19), o maior percentual, correspondem ao das ECs que as desenvolvem. Por outro lado, 44,1% não registram a ocorrência de práticas EaD.

Considerando que os cursos de EaD multiplicam a possibilidade de participação de alunos nos cursos das ECs, vê-se que há uma necessidade significante de melhoria para o sistema de ECs brasileiras, em aumentar o número de práticas de EaD, disseminando, na medida do possível, mais conhecimentos sobre diversos temas que envolvem a Pública Administração.

Tabela 17 – Cursos de educação a distância (EaD)

Cursos EaD (categorização por temática) [43]	Freq.	%
Não responderam (TCE/AP, TCE/BA, TCE/AM, TCMs/BA, TC/DF, TCE/GO, TCE/MA, TCE/PA, TCMs/PA, TCE/PE, TCE/PI, TCM/RJ, TCE/RN, TCE/RO, TCE/RR, TCE/SE, TCM/SP)	17	50,0%
Administração Pública/capacitação gerencial (TCE/CE, TCE/ES, TCMs/GO, TCE/MG, TCE/MS, TCE/RJ, TCE/RS, TCE/SC, TCE/SP e TCU)	10	38,2%
Controle social (TCMs/CE, TCE/ES, TCE/MS, TCE/MT, TCE/RS, TCE/TO)	06	17,6%
Licitações e contratos administrativos (TCE/ES, TCE/MT e TCE/PR)	03	8,8%
Política Nacional de Resíduos Sólidos (TCE/AL e TCE/RJ)	02	5,9%
Programas de especialização/MBA (TCE/AC e TCE/PB)	02	5,9%
TOTAL CIT.	**34**	**100%**

Fonte: Tabela elaborada pela autora a partir das informações colhidas nas respectivas ECs.

Gráfico 15 – Cursos de educação a distância (EaD)

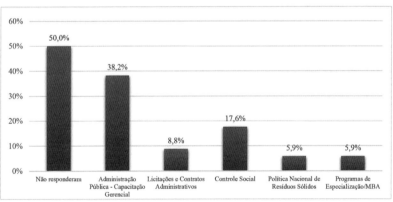

Fonte: Gráfico elaborado pela autora a partir das informações colhidas nas respectivas ECs.

---

[43] Esta questão é de múltipla escolha com respostas múltiplas, ou seja, a EC respondente pode marcar mais de uma resposta; deste modo, os índices foram calculados com base no número total de ECs respondentes (34). Por isso, o somatório dos percentuais ultrapassa o valor de 100%.

De imediato, verifica-se que as ECs não possuidoras de sistema EaD não responderam (50%). No momento em que são categorizadas as temáticas, percebe-se que 38,2% das escolas que dispõem do sistema de EaD apresentam práticas voltadas para a capacitação gerencial, enquanto apenas 17,6% direcionam suas atividades para o controle social.

O maior percentual – neste caso, 38,2% referentes a 10 das 34 ECs – retrata os cursos voltados para a Administração Pública/capacitação gerencial, seguidos por 17,6% concernentes ao controle social. Os percentuais menores ficaram para a representatividade de outros cursos, a exemplo dos de licitações e contratos administrativos, Política Nacional de Resíduos Sólidos e programas de especialização/MBA, os dois últimos empatados em 5,9%. A educação a distância reveste-se de uma importância ímpar no sentido de aferir uma gradação de avanço quanto ao alcance de mais pessoas e mais profissionalização de ensinamentos voltados à educação propedêutica dos servidores, dos órgãos jurisdicionados e da sociedade.

Tabela 18 – Produção de conteúdo da escola

Produção de conteúdo da escola [44]	Freq.	%
Cartilhas/panfletos (TCE/AL, TCE/AM, TCE/AP, TCMs/BA, TCE/BA, TCE/CE, TCMs/CE, TC/DF, TCE/GO, TCMs/GO, TCE/MG, TCE/MT, TCE/PA, TCMs/PA, TCE/PE, TCE/RJ, TCE/RO, TCE/RS, TCE/SC, TCE/SE, TCM/SP, TCE/TO e TCU)	23	61,8%
Vídeos (TCE/AM, TCMs/CE, TCE/ES, TCE/MS, TCE/PB, TCE/PR, TCM/RJ, TCE/RS, TCE/SP e TCU)	10	29,4%
Campanha/mutirões (TCE/AM, TCMs/CE, TCE/RN e TCU)	4	11,8%
Áudio/podcasts (TCE/AM, TCMs/CE, TCE/RR e TCU)	4	11,8%
Outros: concurso de artigos e monografias (TCE/PI)	1	2,9%
Não produz conteúdo (TCE/AC e TCE/MA)	2	8,8%
TOTAL CIT.	34	100%

Fonte: Tabela elaborada pela autora a partir das informações colhidas nas respectivas ECs.

---

[44] Esta questão é de múltipla escolha com respostas múltiplas, ou seja, a EC respondente pode marcar mais de uma resposta; deste modo, os índices foram calculados com base no número total de ECs respondentes (34). Por isso, o somatório dos percentuais ultrapassa o valor de 100%.

Gráfico 16 – Produção de conteúdo da escola

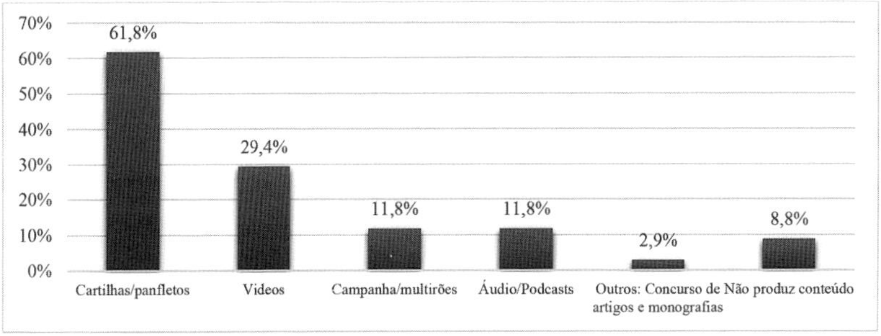

Fonte: Gráfico elaborado pela autora a partir das informações colhidas nas respectivas ECs.

Quanto à produção de conteúdo, constata-se que 61,8%, ou 23 ECs, produzem materiais gráficos (cartilhas e panfletos) com o objetivo de disseminar as ações por elas desenvolvidas. A produção de vídeos que versam sobre as temáticas de interesse no âmbito dos TCs/ECs ficou com 29,4%. O menor percentual está voltado para a produção de artigos e monografias (2,9%), para apenas uma EC. Duas ECs não produzem conteúdo.

A produção de conteúdo revela o nível de avanço/produtividade de cada escola visando a um resultado específico, previsto em objetivos traçados no PPI (projeto pedagógico institucional).

Constatam-se, por conseguinte, duas conclusões relevantes: a primeira, que a esmagadora maioria das ECs produz conteúdo. A segunda, que as cartilhas/panfletos preponderam nesta produção, o que demonstra, por outro lado, um olhar firme por parte das ECs em relação ao controle social, já que as cartilhas/panfletos são normalmente voltadas para este fim.

Tabela 19 – Canais de comunicação

Canais de comunicação [45]	Freq.	%
Site (TCE/AC, TCE/AM, TCE/AP, TCE/BA, TCE/CE, TC/DF, TCE/GO, TCMs/GO, TCE/MG, TCE/MS, TCE/PA, TCMs/PA, TCE/PB, TCE/PE, TCE/PI, TCE/RJ, TCE/RN, TCE/RR, TCE/SC, TCE/SP, TCM/SP, TCE/TO e TCU)	23	67,6%
Material gráfico de divulgação (TCE/AM, TCE/AP, TCE/BA, TCMs/BA, TC/DF, TCE/MT, TCE/PB, TCE/RJ, TCE/RN, TCE/RO, TCE/RR, TCE/RS, TCE/SE e TCE/SP)	14	41,2%
Rádio (TCE/AL, TCE/AM, TCE/AP, TCMs/BA, TCE/PI, TCE/RN, TCE/RR, TCE/RS, TCE/SE e TCU)	10	26,5%
Matérias jornalísticas (TCE/AL, TCE/AM, TCE/AP, TCM/PA, TCE/PI, TCE/RJ, TCE/RN, TCE/RR e TCE/RS)	9	26,5%
Televisão (TCE/AL, TCE/AM, TCE/AP, TCMs/PA, TCE/PI, TCE/RJ, TCE/RN, TCE/RR e TCE/RS)	9	26,5%
Mailing (TC/DF, TCE/ES, TCM/GO, TCE/MT, TCE/RJ, TCE/SC, TCE/SE e TCM/SP)	8	20,6%
Parceria com organizações públicas e privadas (TCE/AP, TCMs/BA, TCMs/CE, TCE/PE, TCE/PR, TCE/RN e TCM/SP)	7	20,6%
Redes sociais (TCE/AM, TCMs/CE, TCE/MT, TCE/PI, TCE/RN, TCE/SE e TCU)	7	20,6%
Sem resposta (TCE/MA e TCM/RJ)	2	5,9%
Telefone (TCE/MT)	1	2,9%
TOTAL OBS.	**34**	**100%**

Fonte: Tabela elaborada pela autora a partir das informações colhidas nas respectivas ECs.

---

[45] Esta questão é de múltipla escolha com respostas múltiplas, ou seja, a EC respondente pode marcar mais de uma resposta; deste modo, os índices foram calculados com base no número total de ECs respondentes (34). Por isso, o somatório dos percentuais ultrapassa o valor de 100%.

CAPÍTULO 3
AS ESCOLAS DE CONTAS NO CONTEXTO SOCIOEDUCATIVO ESTATAL | 135

Gráfico 17 – Canais de comunicação

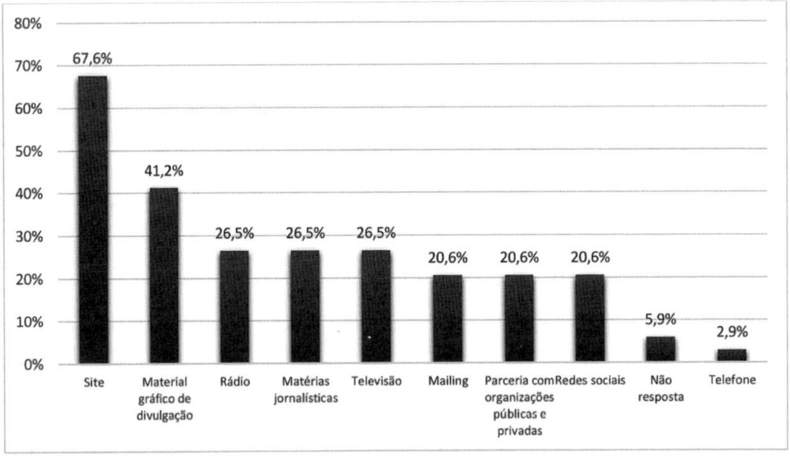

Fonte: Gráfico elaborado pela autora a partir das informações colhidas nas respectivas ECs.

Quanto aos canais de comunicação, a preponderância da utilização do sítio eletrônico se dá em 23 das 34 ECs (67,6%). Isso é relevante não só pela rápida disseminação, como também pela abrangência da comunicação, já que a internet se tornou uma ferramenta essencial no cotidiano e, especialmente, para a conexão em atividades pedagógicas, a exemplo da EaD. Nesse passo, as ECs produzem informações de interesse à coletividade, o que pode ser aferido pelo volume de acesso aos *sites* dos TCs e das suas respectivas ECs como canal que estabelece conexão com os órgãos jurisdicionados e a sociedade.

Isso reflete positivamente na publicidade dos cursos, promoção das inscrições, entrega de certificados, disponibilização de materiais, otimização dos custos, interatividade, agilidade e qualidade da atuação das ECs, entre outros.

Realcem-se, também, os materiais gráficos de divulgação (41,2%). Os demais canais de comunicação atingem em torno de 20% das ECs, com exceção do telefone, que é usado em somente uma EC (2,9%).

Tabela 20 – As escolas de contas possuem missão

As escolas de contas possuem missão que se volta para a sociedade ou para o controle social?	Freq.	%
Sim (TCE/AC, TCE/AL, TCE/AP, TCE/AM, TCMs/BA, TCE/CE, TC/DF, TCMs/GO, TCE/MS, TCE/MT, TCE/PB, TCE/PR, TCE/PE, TCE/PI, TCE/RJ, TCE/RN, TCE/RS, TCE/RO, TCE/SC, TCE/SP e TCE/TO)	21	61,76%
Não (TCE/BA, TCMs/CE, TCE/GO, TCE/ES, TCE/MA, TCE/MG, TCE/PA, TCMs/PA, TCM/RJ, TCE/RR, TCE/SE, TCM/SP, TCU)	13	38,24%
TOTAL CIT.	34	100%

Fonte: Tabela elaborada pela autora a partir das informações colhidas nas respectivas ECs.

Gráfico 18 – As escolas de contas possuem missão que se volta para a sociedade ou para o controle social

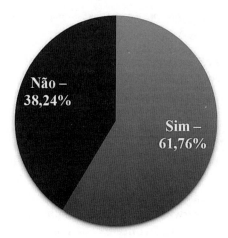

Fonte: Gráfico elaborado pela autora a partir das informações colhidas nas respectivas ECs.

CAPÍTULO 3
AS ESCOLAS DE CONTAS NO CONTEXTO SOCIOEDUCATIVO ESTATAL | 137

Tabela 21 – Levantamento da missão dos tribunais de contas
e das escolas de contas

(continua)

		NOME DA ESCOLA/ DATA DE CRIAÇÃO	MISSÃO DA ESCOLA	MISSÃO DO TRIBUNAL
1	AC	Escola de Contas Conselheiro Alcides Dutra de Lima 19.04.2004	Promover a capacitação dos integrantes do Tribunal de Contas do Estado, de seus jurisdicionados e outros *segmentos sociais* objetivando a eficiente fiscalização, aperfeiçoamento da gestão pública e o *estímulo ao controle social.*	Exercer o controle externo, orientando e fiscalizando a gestão pública, e incentivar a sociedade ao exercício do *controle social.*
2	AL	Escola de Contas Públicas Conselheiro José Alfredo de Mendonça 28.11.2003	Aprimorar e desenvolver as habilidades dos servidores do Tribunal de Contas, capacitando-os para o exercício do controle externo, assim como orientar os gestores públicos para melhor aplicação dos recursos públicos e *estimular a participação popular para o exercício da cidadania.*	Aprimoramento do sistema de controle externo, cabendo-lhe fiscalizar, orientar, prevenir e proteger os municípios, o estado e os cidadãos, assegurando a correta e eficaz gestão dos recursos públicos no cumprimento das ações governamentais, devendo atuar com coordenação estreita com o controle interno.
3	AP	Escola de Contas do Tribunal de Contas do Estado do Amapá (Escon) 21.01.2003	Promover a capacitação dos servidores do Tribunal de Contas do Amapá e *da sociedade em geral.*	Examinar e fiscalizar as contas públicas do estado.
4	AM	Escola de Contas Públicas do Estado do Amazonas 10.12.2009	Impulsionar e desenvolver a função pedagógica do Tribunal de Contas, orientando seu quadro de servidores e jurisdicionadas para a prática de atos administrativos eficazes, através de programas de aperfeiçoamento e qualificação, e *de estímulo à participação cidadã no processo fiscalizatório.*	Exercer o controle externo da gestão dos recursos públicos por meio de ações de orientação e fiscalização em benefício da sociedade amazonense.

(continua)

		NOME DA ESCOLA/ DATA DE CRIAÇÃO	MISSÃO DA ESCOLA	MISSÃO DO TRIBUNAL
5	TCE/BA	Escola de Contas Conselheiro José Borba Pedreira Lapa (ECPL) 06.11.2014	Contribuir com a permanente e necessária qualificação do corpo técnico do Tribunal, bem como oferecer aos jurisdicionados treinamentos e cursos que agreguem valor e conhecimentos para uma melhor gestão dos recursos públicos estaduais.	Exercer eficiente controle externo, contribuindo para a efetividade da gestão dos recursos públicos e das políticas governamentais, sempre em benefício da sociedade.
6	TCMs/BA	Escola de Contas do Tribunal de Contas dos Municípios do Estado da Bahia 29.05.2014, com início das atividades em abril de 2015.	Orientar e capacitar os servidores do TCMs/BA, os gestores e jurisdicionados dos municípios do estado da Bahia e *a sociedade*, fomentando o *fortalecimento do controle social*.	Orientar e fiscalizar os jurisdicionados na gestão dos recursos públicos municipais e fortalecer o controle social.
7	TCE/CE	Instituto Superior de Contas e Gestão Pública Ministro Plácido Castelo (IPC) 06.12.1995	Promover o desenvolvimento dos servidores do TCE-CE, de seus jurisdicionados e *da sociedade* visando ao aperfeiçoamento do controle governamental e da gestão pública.	Ser guardião dos recursos públicos estaduais, contribuindo para o aprimoramento da governança e da gestão pública em benefício da sociedade.
8	TCMs/CE	Instituto Escola Superior de Gestão Pública Waldemar Alcântara (IESWA) 18.12.2014	Promover capacitações e treinamentos, assim como o desenvolvimento de atividades de pesquisa e estudos relacionados aos controles externo e interno da Administração Pública,	Fiscalizar e orientar a gestão pública, contribuindo para o seu aperfeiçoamento e transparência em benefício da sociedade.
9	DF	Escola de Contas Públicas do Tribunal de Contas do Distrito Federal 30.12.2013	Promover a construção e a disseminação de conhecimentos a servidores, jurisdicionados *e cidadãos* visando ao aperfeiçoamento da gestão dos recursos públicos.	Exercer o controle externo da administração dos recursos públicos do Distrito Federal, em auxílio à Câmara Legislativa, zelando pela legalidade, legitimidade, efetividade, eficácia, eficiência e economicidade na gestão desses recursos.

CAPÍTULO 3
AS ESCOLAS DE CONTAS NO CONTEXTO SOCIOEDUCATIVO ESTATAL | 139

(continua)

		NOME DA ESCOLA/ DATA DE CRIAÇÃO	MISSÃO DA ESCOLA	MISSÃO DO TRIBUNAL
10	TCE/GO	Instituto Leopoldo de Bulhões 05.01.2009	Promover o desenvolvimento de competências pessoais, técnicas e organizacionais por meio das ações de capacitação, objetivando a sistematização do conhecimento técnico-prático, em prol da excelência organizacional e do fortalecimento da Administração Pública.	Exercer o controle externo contribuindo para o aperfeiçoamento da gestão das políticas e dos recursos públicos em prol da sociedade.
11	TCMs/GO	Escola de Contas do Tribunal de Contas dos Municípios de Goiás 05.01.2009	Treinamento aos servidores públicos e à *sociedade em geral.*	Exercer o controle externo da Administração Pública municipal, contribuindo para o seu aperfeiçoamento, para benefício da sociedade.
12	ES	Escola de Contas Públicas 20.12.1999	Promover ações de capacitação e desenvolvimento profissional dos servidores, auditores e procuradores do Ministério Público junto ao Tribunal e conselheiros, bem como difundir conhecimentos aos gestores públicos, de forma a contribuir para a efetividade do exercício do controle externo.	Gerar benefícios para a sociedade por meio do controle externo e do aperfeiçoamento da gestão dos recursos públicos.
13	MA	Escola Superior de Controle Externo (ESCX) 22.10.2013	Realizar cursos de capacitação aos servidores públicos.	Exercer o controle externo e orientar a gestão pública em benefício da sociedade.
14	MG	Escola de Contas e Capacitação Professor Pedro Aleixo 13.03.1996	Promover, por meio de ações de capacitação, o desenvolvimento profissional dos servidores do TCE/MG e a difusão de conhecimentos aos jurisdicionados, contribuindo para a efetividade do controle externo da gestão dos recursos públicos.	Exercer o controle da gestão pública de forma eficiente, eficaz e efetiva, em benefício da sociedade.

(continua)

		NOME DA ESCOLA/ DATA DE CRIAÇÃO	MISSÃO DA ESCOLA	MISSÃO DO TRIBUNAL
15	MS	Escola Superior de Controle Externo (ESCOEX) 27/05/2010	Promover cursos e ações educacionais com o objetivo de melhorar a qualidade dos serviços prestados pelo TCE/MS *em benefício da sociedade.*	Fiscalizar e julgar os atos administrativos dos poderes do estado e dos munícipios e as ações que envolvam a gestão dos recursos.
16	MT	Escola Superior de Contas Benedito Santana da Silva Freire 01.11.2000	Coordenar as ações ligadas à capacitação continuada dos servidores, membros, fiscalizados do TCE/ MT e à *sociedade mato-grossense.*	Garantir o controle externo da gestão dos recursos públicos mediante orientação, fiscalização e avaliação de resultados, contribuindo para a qualidade e a efetividade dos serviços no interesse da sociedade.
17	TCE/PA	Escola de Contas Alberto Veloso 26.04.2012	Promover o desenvolvimento de competências, talentos e habilidades por meio da educação permanente, objetivando o aperfeiçoamento dos serviços prestados pela corte de contas, buscando ser referência regional e nacional.	Exercer o controle externo da gestão dos recursos públicos estaduais em benefício da sociedade.
18	TCMs/PA	Escola de Contas Públicas Conselheiro Irawaldir Rocha 21.08.2015	Promover a capacitação e desenvolvimento profissional dos membros e servidores do TCM/ PA e dos servidores públicos municipais compreendendo, em especial, programas de formação, aperfeiçoamento e especialização.	Orientar e fiscalizar a Administração Pública e a gestão dos recursos municipais visando à sua efetiva e regular aplicação em benefício da sociedade.
19	PB	Escola de Contas Conselheiro Otacílio Silveira (ECOSIL) 09.05.2001	Promover o desenvolvimento profissional e pessoal dos agentes públicos e difundir conhecimentos junto *ao cidadão sobre o controle social.*	Corresponder às demandas da sociedade, exercendo o acompanhamento, o controle e a fiscalização da gestão dos recursos públicos, com fidelidade aos princípios constitucionais.

CAPÍTULO 3
AS ESCOLAS DE CONTAS NO CONTEXTO SOCIOEDUCATIVO ESTATAL — 141

(continua)

		NOME DA ESCOLA/ DATA DE CRIAÇÃO	MISSÃO DA ESCOLA	MISSÃO DO TRIBUNAL
20	PR	Escola de Gestão Pública do Tribunal de Contas do Estado do Paraná 29.02.2008	Disseminação do conhecimento no âmbito da gestão pública, com ênfase na capacitação dos servidores do próprio TCE/PR e das entidades por ele fiscalizadas, além daquelas vinculadas à Administração Pública em geral e *de membros da sociedade civil*.	Fiscalizar a gestão dos recursos públicos.
21	PE	Escola de Contas Públicas Professor Barreto Guimarães (ECPBG) 26.08.1998	Educar servidores públicos *e cidadãos*, contribuindo para a melhoria da gestão pública no estado e nos municípios	Fiscalizar e orientar a gestão pública em benefício da sociedade.
22	PI	Escola de Gestão e Controle do Tribunal de Contas do Estado do Piauí (ECG TCE/PI) 18.06.2010	Conscientizar e qualificar membros de Poder, servidores, governantes, gestores, controladores institucionais e sociais, equipes de apoio e assessoria das entidades jurisdicionadas e parceiras, bem como da *sociedade em geral*, para o exercício da responsável e eficiente gestão e do efetivo controle da Administração Pública como instrumento transparente de realização de um Estado Democrático de Direito.	Exercer o controle externo mediante orientação, fiscalização e avaliação da gestão dos recursos públicos visando à sua efetiva aplicação em prol da sociedade.
23	TCE/RJ	Escola de Contas e Gestão do Tribunal de Contas do Estado do Rio de Janeiro (ECG/TCE/RJ) 30.08.2005	Promover ensino e pesquisa na área de gestão pública voltados para o desenvolvimento e a difusão de conhecimento, modelos e metodologias comprometidas com inovação, transparência, responsabilização, melhoria de desempenho e do controle governamental, em consonância com as expectativas e *necessidades da sociedade*.	Fiscalizar e orientar a Administração Pública fluminense na gestão responsável dos recursos públicos em benefício da sociedade.

(continua)

		NOME DA ESCOLA/ DATA DE CRIAÇÃO	MISSÃO DA ESCOLA	MISSÃO DO TRIBUNAL
24	TCM/RJ	Centro de Capacitação, Aperfeiçoamento e Treinamento (CAT) 03.03.2015	*Não há missão.*	Exercer o controle externo da gestão dos recursos públicos a serviço da sociedade.
25	RN	Escola de Contas Professor Severino Lopes de Oliveira 18.03.2004	Promover a capacitação e o desenvolvimento dos servidores do TCE/RN e dos seus jurisdicionados visando à melhor gestão e aplicação dos recursos públicos *em benefício da sociedade* norte rio-grandense.	Exercer o controle externo, orientando e fiscalizando a gestão dos recursos públicos em benefício da sociedade.
26	RS	Escola Superior de Gestão e Controle Francisco Juruena 24.06.2003	Capacitar agentes públicos integrantes do corpo técnico do Tribunal de Contas e órgão e entes jurisdicionados nas esferas municipal, estadual e de *outros segmentos da sociedade.*	Exercer o controle externo através da fiscalização e acompanhamento da gestão dos recursos do estado e dos municípios do Rio Grande do Sul em conformidade com os princípios que regem a Administração Pública, tendo em vista a plena satisfação da sociedade.
27	RO	Escola Superior de Contas Conselheiro José Renato de Frota Uchôa – ESCON 2012	Implementar nova filosofia de formação continuada para os servidores do Tribunal de Contas do Estado de Rondônia e entidades jurisdicionadas em direção à gestão pública ágil, eficiente, *com foco no cidadão* e aberta ao controle de resultados.	Fiscalizar a Administração Pública estadual e municipal, zelando pela legalidade, moralidade e eficiência, garantindo a correta aplicação dos recursos públicos.
28	RR	Escola de Contas do Tribunal de Contas de Roraima (ESCON/TCE/RR) Núcleo de Gestão de Conhecimento e Qualidade de Vida Janeiro de 2015	Promover ações de capacitação e desenvolvimento dos servidores e membros do Tribunal, bem como difundir conhecimentos, de forma a contribuir para a efetividade do exercício do controle externo e da gestão pública.	Exercer o controle externo da Administração Pública, fiscalizando e orientando a gestão dos recursos públicos em benefício da sociedade roraimense.

CAPÍTULO 3
AS ESCOLAS DE CONTAS NO CONTEXTO SOCIOEDUCATIVO ESTATAL 143

(continua)

		NOME DA ESCOLA/ DATA DE CRIAÇÃO	MISSÃO DA ESCOLA	MISSÃO DO TRIBUNAL
29	SC	Instituto de Contas do Tribunal de Contas do Estado de Santa Catarina (ICON/TCE/SC) 15.12.2000	Promover o desenvolvimento e a excelência na qualificação e no aperfeiçoamento de profissionais nas áreas de interesse do Tribunal de Contas, os quais sejam capazes de atender às demandas do serviço público e às *necessidades da sociedade,* com capacidade para diagnosticar, desenvolver e implementar mudanças que contribuam para o desenvolvimento sustentável no setor público regional e nacional.	Controlar a gestão de recursos públicos em benefício da sociedade catarinense.
30	SE	Escola de Contas Conselheiro José Amado Nascimento – ECOJAN 11.12.2002	Promover a capacitação e o desenvolvimento profissional dos membros e servidores do Tribunal de Contas e dos órgãos jurisdicionados, compreendendo, em especial, programas de formação, aperfeiçoamento e especialização.	Exercer o controle externo, fiscalizando, orientando e avaliando a efetiva e regular aplicação dos recursos públicos em benefício da sociedade.
31	TCE/SP	Escola Paulista de Contas Públicas Presidente Washington Luís 05.05.2006	Educar servidores públicos e *cidadãos,* contribuindo para a melhoria da gestão púbica no estado e nos municípios.	Fiscalizar e orientar para o bom e transparente uso dos recursos públicos em benefício da sociedade.
32	TCM/SP	Escola Superior de Gestão e Contas Públicas Conselheiro Eurípedes Sales 07.06.2004	Conscientizar o público-alvo de que a prevenção de irregularidades, erros e desvios contribui para uma gestão pública mais eficiente, eficaz e efetiva.	Fiscalizar a gestão dos recursos públicos do município de São Paulo de modo a assegurar que sejam arrecadados e aplicados em conformidade com os princípios da legalidade, legitimidade e economicidade, tendo em vista a plena satisfação do interesse público.

(conclusão)

		NOME DA ESCOLA/ DATA DE CRIAÇÃO	MISSÃO DA ESCOLA	MISSÃO DO TRIBUNAL
33	TO	Instituto de Contas 5 de Outubro (ISCON) 02.06.1999	Oportunizar a formação continuada dos servidores e jurisdicionados, *e aprimoramento do conhecimento, visando* à *satisfação* da sociedade quanto à efetiva gestão dos recursos públicos.	Garantir o efetivo controle externo por meio de um sistema de fiscalização orientação e avaliação dos resultados de gestão e das políticas públicas em benefício da sociedade.
34	TCU	Instituto Serzedello Corrêa: Escola Superior do Tribunal de Contas da União (ISC) 09.11.1994[46]	Promover o desenvolvimento pessoal e profissional, a inovação e a gestão do conhecimento para o contínuo aprimoramento do controle e da Administração Pública.	Aprimorar a Administração Pública em benefício da sociedade por meio do controle externo.

Fonte: Tabela elaborada pela autora a partir das informações colhidas nas respectivas ECs.

Quanto ao alinhamento estratégico direcionado para a sociedade ou para o controle social, percebe-se que 20 das ECs possuem este alinhamento (58,8%). Já 14 delas, num total de 41,2%, não apresentam nenhum alinhamento, o que confirma ao leitor dos dados a necessidade de uma definição sobre as responsabilidades das ECs e seu papel dentro dos TCs.

Em outras palavras, estrategicamente, mais de 50% das escolas apresentam um alinhamento institucional que se volta ao controle social ou que se preocupa com a sociedade. Trata-se de um fator importante, que perde sua eficácia na correlação com as temáticas das práticas de EaD, vez que apenas 17,6% têm enfoque na sociedade e/ ou no controle social.

É de se enfatizar que há escolas – a título de exemplo, como a de Sergipe (ECOJAN) e a do TCU (ISC) – que, apesar de não constarem termos/nomenclaturas (sociedade/controle social) em suas missões, adotam práticas fomentadoras de controle social, como se pode aferir a seguir nas tabelas 22 e 23 e no gráfico 19 quanto ao público-alvo dos projetos: entidades do 3º setor e cidadão da jurisdição. A importância de catalogar missão se dá no sentido de se poder observar se a escola conferiu relevância quanto ao controle social (foco deste trabalho).

---

[46] Não foi levada em consideração como escola de contas mais antiga, para efeitos deste estudo, a Escola do TCU Instituto Serzedello Corrêa, visto que é muito mais evoluída do que as demais escolas dos estados e municípios da federação.

Tabela 22 – Público-alvo dos projetos

Público-alvo dos projetos[47]	Freq.	%
Servidores (TCE/AC, TCE/AP, TCE/AM, TCE/BA, TCMs/BA, TCE/CE, TCMs/CE, TC/DF, TCE/ES, TCE/GO, TCMs/GO, TCE/MA, TCE/MG, TCE/MS, TCE/MT, TCE/PA, TCE/PB, TCE/PE, TCE/PI, TCE/PR, TCE/RJ, TCM/RJ, TCE/RO, TCE/RR, TCE/RS, TCE/SC, TCE/SE, TCE/SP, TCM/SP, TCE/TO e TCU)	31	91,2%
Órgãos jurisdicionados (TCE/AL, TCE/AP, TCE/BA, TCMs/BA, TCMs/CE, TCE/ES, TCE/MA, TCE/PA, TCMs/PA, TCE/PB, TCE/PE, TCE/PI, TCE/PR, TCE/RJ, TCE/SC, TCE/SE, TCE/SP e TCU)	18	52,9%
Outros órgãos públicos (TCE/AP, TCE/BA, TCMs/BA, TCMs/CE, TCE/ES, TCE/MA, TCE/PA, TCE/PB, TCE/PI, TCE/PE, TCE/PR e TCE/RJ, TCE/SC, TCE/SE, TCE/SP, TCU)	16	47,1%
Entidades do 3º setor e cidadão da jurisdição (TCE/AP, TCE/BA, TCMs/BA, TCMs/CE, TCE/ES, TCE/MA, TCE/PA, TCE/PB, TCE/PE, TCE/PI, TCE/PR, TCE/RN, TCE/RJ, TCE/SC, TCE/SE, TCE/SP e TCU)	17	50,0%
TOTAL CIT.	34	100%

Fonte: Tabela elaborada pela autora a partir das informações colhidas nas respectivas ECs.

Gráfico 19 – Público-alvo dos projetos

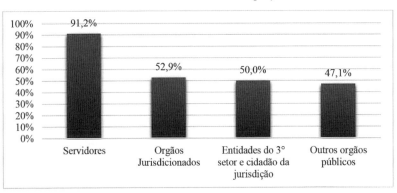

Fonte: Gráfico elaborado pela autora a partir das informações colhidas nas respectivas ECs.

---

[47] Esta questão é de múltipla escolha com respostas múltiplas, ou seja, a EC respondente pode marcar mais de uma resposta; deste modo, os índices foram calculados com base no número total de ECs respondentes (34). Por isso, o somatório dos percentuais ultrapassa o valor de 100%.

Na análise das ações e projetos das ECs, foi detectado que 91,2% dessas atividades se destinam aos servidores dos TCs como o principal público-alvo. A concentração traduz a preocupação dos TCs em formar e preparar seus servidores para o cumprimento da missão e dos objetivos, tanto dos órgãos centrais quanto de suas ECs (profissionalização dos próprios servidores). Por outro lado, considerando que a missão das ECs também está vinculada à melhoria da gestão pública em geral, como ainda ao próprio fomento do controle social, veem-se como relevantes os números apresentados na medida em que cerca de apenas 50% das ECs apresentam ações específicas para o terceiro setor, entidades representativas da sociedade organizada e vinculadas mais diretamente ao exercício do controle social.

Desse modo, vê-se um espaço ainda para o aperfeiçoamento do processo de aproximação entre as ECs e a sociedade no sentido de se oferecer mais estímulo ao controle social; também se observa um espaço para uma maior aproximação entre as ECs e outros órgãos públicos, jurisdicionados ou não, o que é relevante para a melhoria do controle, posto que o aperfeiçoamento da gestão pública é certamente um dos objetivos capitais dos TCs com o auxílio das suas ECs.

Tabela 23 – Categorização dos projetos implementados

Categorização dos projetos implementados[48]	Freq.	%
Eventos e seminários de integração e publicidade institucionais (TCE/AL, TCE/AM, TCE/AP, TCE/BA, TCMs/BA, TCE/CE, TCMs/CE, TC/DF, TCE/ES, TCE/GO, TCE/MA, TCE/MG, TCE/MS, TCE/PA, TCMs/PA, TCE/PI, TCE/PR, TCE/RJ, TCE/RN, TCE/RO, TCE/RS, TCE/SC, TCE/SE, TCE/SP, TCU)	25	73,5%
Cursos de capacitação gerencial (TCE/AL, TCE/AM, TCE/AP, TCE/BA, TCMs/CE, TC/DF, TCE/ES, TCE/GO, TCMs/GO, TCE/MA, TCE/MT, TCMs/PA, TCE/PI, TCE/PR, TCE/RJ, TCE/RN, TCE/RO, TCE/RR, TCE/RS, TCE/SC, TCE/SE, TCE/SP, TCM/SP e TCU)	24	70,6%
Capacitação voltada para o controle social (TCE/AM, TCE/AP, TCMs/BA, TCE/CE, TCMs/CE, TC/DF, TCE/ES, TCE/GO, TCE/MA, TCE/MS, TCE/MT, TCE/PA, TCMs/PA, TCE/PE, TCE/PI, TCE/RN, TCE/RO, TCE/SC, TCE/SE, TCE/TO e TCU)	21	61,8%
Capacitação destinada a órgãos jurisdicionados (TCE/AL, TCE/BA, TCMs/BA, TCE/CE, TCE/ES, TCMs/GO, TCE/MS, TCE/PA, TCE/PE, TCE/PI, TCE/RN, TCE/RS e TCE/SE)	13	35,3%
Cursos de graduação e pós-graduação com parcerias institucionais (TCE/AC, TCE/BA, TC/DF, TCE/PI, TCE/RJ e TCE/RN)	6	17,6%
Projetos EaD (TCE/AM, TCE/PE e TCE/ES)	3	8,8%
Concurso de redações e monografias (TCE/CE e TCE/PR)	2	5,9%
Não desenvolvem projetos (TCE/PB)	1	2,9%
Campanhas para ações e projetos sociais (TCE/GO)	1	2,9%
TOTAL CIT.	34	100%

Fonte: Tabela elaborada pela autora a partir das informações colhidas nas respectivas ECs.

---

[48] Esta questão é de múltipla escolha com respostas múltiplas, ou seja, a EC respondente pode marcar mais de uma resposta; deste modo, os índices foram calculados com base no número total de ECs respondentes (34). Por isso, o somatório dos percentuais ultrapassa o valor de 100%.

Gráfico 20 – Categorização dos projetos implementados

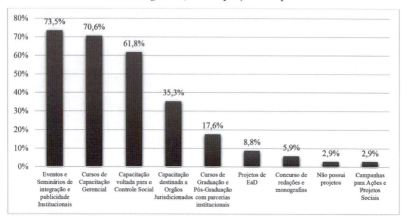

Fonte: Gráfico elaborado pela autora a partir das informações colhidas nas respectivas ECs.

Quando questionados sobre os projetos, os diretores/coordenadores das ECs comentaram sobre a diversidade de projetos que realizam. Neste ponto da pesquisa, foram categorizados os projetos como acima explicitado. Os resultados consolidados apontaram um percentual de 73,5% (25 ECs) para a realização de eventos e seminários de integração e publicidade institucional, seguidos de cursos de capacitação gerencial, mais outros voltados para o controle social, com 70,6% e 61,8%, respectivamente, além dos 35,3% referentes à capacitação de órgãos jurisdicionados.

Essa etapa demonstra a priorização de categorias de projetos no âmbito do funcionamento das ECs, sendo certo que, no atual panorama das escolas, prevalece o fortalecimento da imagem/atuação dos órgãos de controle e, assim, o seu próprio funcionamento. Como achado positivo, tem-se a força do controle social para 21 ECs, que apresentam um percentual de 61,8% de ações voltadas ao incremento de controle social.

Diante desses resultados, obtidos através de questionário realizado em todas as ECs do Brasil, respondido por seus diretores/coordenadores, constata-se que as ECs são organizações recentes e, em sua maioria, possuem uma estrutura adequada, com missão, ações, projetos e resultados que comprovam o foco para com a sociedade e o controle social. No entanto, quanto ao funcionamento apresenta diversos desafios e pontos de melhorias, seja no alinhamento estratégico das ECs

(41,2%); na ausência, na maioria parte das escolas, de projeto pedagógico institucional (PPI) no patamar de (58,8%); na parca presença de corpo docente formado por servidores efetivos; e na falta de temáticas direcionadas para a sociedade e controle em EaD (82,4%).

Não há se falar em uniformidade de ações para as escolas de contas, posto que ainda no Brasil não existe um sistema único de tribunais de contas. Estes, em cada estado, são autônomos e independentes, não se vinculando sequer nas suas decisões, inclusive técnicas, a outros tribunais. Quando nacionalmente existir tal sistema, evidentemente que as escolas vão ter uma padronização para as suas ações e, portanto, um maior ganho e eficácia nos trabalhos que realizarem.

Destarte, caracterizando as ECs como um todo, constata-se um cenário educacional disseminado em todas as unidades federativas e, apesar dos passos importantes dados por essas escolas de contas para a educação profissional/continuada de seus servidores, grande parte delas promove o controle social através de projetos voltados à sociedade. Quanto ao cenário nacional das ECs, é certo que muito há por fazer no sentido de acompanharem o avanço da contemporaneidade com o uso de tecnologias educacionais e, quiçá, implantar a uniformização de procedimentos, o que contribuirá sobremodo para o fortalecimento de suas atuações em âmbito nacional integrado.

3.6 As escolas de contas: ações para o controle social

As estratégias condutoras da construção do conhecimento sobre o trabalho dos TCs em função da sua prática voltada para a formação técnica e qualificação profissional dos seus servidores, jurisdicionados e a sociedade têm por base as ECs.

As ECs de cada tribunal, espalhadas por todo o país, se programam, planejam e (re)planejam na busca efetiva de uma atuação pedagógica que conduza à prática do exercício profissional e da cidadania, mediando o ensino e a aprendizagem relativos ao trato com a *res publica* e, especificamente, no que concerne ao controle social dos gastos públicos. Trata-se de uma série de mecanismos e estratégias que pretendem viabilizar a transparência dos atos públicos e o bom uso dos recursos governamentais.

A propósito dessa movimentação, a Fundação Escola Nacional de Administração Pública – ENAP, mediante publicação em seus cadernos (BRASIL, 2015), apresenta os resultados do levantamento e sistematização de informações relativas às escolas de governo. Nesse documento, é delineado o perfil das escolas e se oferece embasamento aos programas estratégicos de integração e fortalecimento dessas instituições.

O aludido documento se detém sobre o crescente papel do Sistema de Escola de Governo da União (Segu) desde 2006 e como articuladora da Rede Nacional de Escolas de Governo desde 2003. As instituições em foco promovem integração, isto é, "[...] criação de parcerias e alinhamento na persecução de interesses relacionados à melhoria e ampliação de políticas de capacitação e desenvolvimento de servidores em todo o setor público brasileiro" (BRASIL, 2015, s/n).

Referindo-se aos inícios de sistematização das atividades de formação, capacitação e treinamento de servidores públicos no Brasil, o documento da ENAP remonta à reforma empreendida durante a época do primeiro Governo Vargas (1930-1945) e destaca a edição da Lei nº 284, de 28.10.1936, que criou o Conselho Federal do Serviço Público Civil, que, posteriormente, por força do Decreto-Lei nº 579, de 30.07.1938, originou o Departamento Administrativo do Serviço Público (Dasp). No artigo 2º, alínea *e*, do referido diploma legal, ficava estabelecido que era da competência do Dasp "[...] promover a readaptação e o aperfeiçoamento dos funcionários civis da União" (BRASIL, 1938, s/n).

Para estabelecer a dimensão político-institucional das escolas de governo no contexto da administração pública federal, a pesquisa ENAP apontou que essas instituições:

> [...] possuem uma grande diversidade de configurações institucionais, as quais refletem seus históricos de criação e suas trajetórias. As origens e as culturas específicas de cada escola convergem, no entanto, em um conjunto de características transversais que delineiam a identidade compartilhada dessas instituições (BRASIL, 2015, p. 53).

O levantamento histórico baseado em estudo da ENAP/1994 das origens os INAPs da Argentina e México (e da Espanha) e a ENAP do Brasil, em seus programas dos anos 80, adotou, "[...] pelo menos inicialmente, o modelo de formação da École Nationale d'Administration – ENA" (ENAP 20 ANOS, 2006, s/n). A inspiração para o empreendimento buscava superar a tradição de recrutamento político e clientelista que marcou as administrações públicas latino-americanas, "[...] suprir deficiências resultantes de um funcionalismo que não se encontra pautado num sistema de carreiras e tampouco num sistema de mérito" (ENAP 20 ANOS, 2006, s/n), assegurar menor descontinuidade administrativa (ENAP 20 ANOS, 2006, s/n) e, ainda, que as estratégias a serem adotadas pelas escolas de governo se voltem eficazmente à modernização da Administração Pública com vistas ao atendimento dos anseios da sociedade (PACHECO, 2000, p. 50).

CAPÍTULO 4

ESCOLA DE CONTAS
JOSÉ AMADO NASCIMENTO (ECOJAN):
UM ESTUDO DE CASO

Na sequência, o foco é voltado para a ECOJAN, a escola de contas que funciona no TCE/SE, cujo histórico e formato escolhido para a contextualização da mencionada escola aproxima das demais congêneres espalhadas no território nacional, através de características assemelhadas.

A denominada Escola de Contas Públicas do Tribunal de Contas do Estado de Sergipe foi criada por meio da Resolução do Tribunal de Contas/SE nº 220, de 19 de dezembro de 2002. Em 12 de agosto de 2004, com a Resolução TCE/SE nº 227, passou a denominar-se Escola de Contas Conselheiro José Amado Nascimento (ECOJAN),[49] em homenagem ao conselheiro aposentado José Amado Nascimento, um dos fundadores do TCE/SE.

O ano de 2004 foi considerado marco fundamental para a capacitação dos servidores do TCE/SE e também das unidades jurisdicionadas. A partir de então, as atividades relacionadas ao aperfeiçoamento de pessoal, sob a responsabilidade do Departamento de Recrutamento, Seleção e Treinamento (DRST), ligado à Diretoria Administrativa e Financeira,

---

[49] A ECOJAN tem como objetivo geral proporcionar aos servidores a qualificação essencial à otimização dos serviços prestados pelo Tribunal de Contas. E como objetivos específicos: consolidar o processo de ampliação do projeto de Educação Corporativa; propiciar aos servidores a oportunidade de capacitação em áreas relacionadas às suas atividades; estimular a introdução de novos métodos de trabalho que possibilitem uma maior integração dos servidores; oportunizar aos servidores das unidades jurisdicionadas cursos e treinamentos em áreas específicas da gestão pública; ampliar a qualidade dos serviços prestados pelo Tribunal de Contas/SE.

passaram a ser desenvolvidas pela recém-implantada ECOJAN, tendo como diretor o Conselheiro Carlos Alberto Sobral de Souza, que a criou no período de sua presidência. Teve sucessivamente como diretores aqueles que constam da cronologia abaixo em nota de rodapé.[50]

Após sua implantação, em 2002, a ECOJAN mudou a sistemática dos cursos e treinamentos até então oferecidos pelo TCE/SE. Foi ampliado o leque de cursos específicos para a área fim, mediante a realização de um intercâmbio com outros tribunais do país, a exemplo do Tribunal de Contas de Pernambuco e de Minas Gerais, com a cessão de instrutores dessas casas de contas. Naquela oportunidade, foram oferecidos inicialmente cursos[51] na área de auditoria de obras públicas, de atos de pessoal, pregão presencial e eletrônico, bem como treinamentos referentes à LRF (Lei de Responsabilidade Fiscal). Uma atividade de relevância da ECOJAN foi a disponibilização, sem nenhum custo, de cursos para os servidores dos órgãos jurisdicionados, em áreas relacionadas à gestão, orçamento público, patrimônio e almoxarifado, licitações e contratos.

---

[50]

2003-2005	DIRETOR – Cons. Carlos Alberto Sobral de Souza	SUPERVISOR ADMINISTRATIVO-PEDAGÓGICO – Vanderson da Silva Melo
2005-2007	DIRETOR – Cons. Carlos Alberto Sobral de Souza	SUPERVISOR ADMINISTRATIVO-PEDAGÓGICO – Vanderson da Silva Melo
2007-2009	DIRETOR – Cons. Carlos Alberto Sobral de Souza	SUPERVISOR ADMINISTRATIVO-PEDAGÓGICO – Vanderson da Silva Melo
2009-2011	DIRETOR – Cons. Carlos Alberto Sobral de Souza	SUPERVISOR ADMINISTRATIVO-PEDAGÓGICO – Vanderson da Silva Melo (até 03/2010) SUPERVISORA ADMINISTRATIVO-PEDAGÓGICA – Maria Anáber Melo e Silva (04/2010 a 09/2010) SUPERVISORA ADMINISTRATIVO-PEDAGÓGICA – Laura Lídia Kummer Hora Falcão (02/2011 a 07/2012)
2012-2013	DIRETOR – Cons. Ulices de Andrade Filho	COORDENADORA – Patrícia Verônica Nunes Carvalho Sobral de Souza SUPERVISORA ADMINISTRATIVO-PEDAGÓGICA – Laura Lídia Kummer Hora Falcão (até 07/2012)
2014-2015	DIRETOR – Cons. Carlos Alberto Sobral de Souza	SUPERVISORA ADMINISTRATIVO-PEDAGÓGICA – Edna Quitéria do Amorim Costa (02/2014 a 02/2016)
2016	DIRETOR – Cons. Carlos Alberto Sobral de Souza	COORDENADORA – Patrícia Verônica Nunes Carvalho Sobral de Souza SUPERVISORA ADMINISTRATIVO-PEDAGÓGICA – Sonia Maria Costa Trindade de Almeida (desde 2016)

[51] Os servidores foram inicialmente contemplados também com cursos de informática, língua portuguesa e relações interpessoais, dentre outros.

A partir de 2005, a ECOJAN passou a organizar uma programação semestral de cursos, dando maior ênfase ao Levantamento de Necessidades Técnicas (LNT), realizado de forma mais abrangente, em que todas as unidades do TCE/SE pudessem participar, a fim de subsidiar o planejamento de cursos e treinamentos, de acordo com os anseios dos servidores.

Os referidos cursos tiveram como missão promover, de forma iterativa, a capacitação e o desenvolvimento profissional dos servidores e jurisdicionados do TCE/SE, para que pudessem desempenhar suas atividades como integrantes de uma equipe cuja finalidade é tornar a gestão dos recursos públicos compatível com as reais necessidades da sociedade. E ainda, ser vista como referência na capacitação continuada, viabilizando a especialização de competências na orientação e fiscalização do uso dos recursos públicos.

Os cursos promovidos pela ECOJAN, de capacitação e pós-graduação, tiveram como diretriz a rede de educação corporativa (EdC),[52] de acordo com os princípios teóricos e metodológicos e sua adequação ao projeto pedagógico e aos objetivos precípuos do TCE/SE. Tiveram como foco o reconhecimento do desenvolvimento profissional do servidor e da equipe da qual faz parte; o estímulo às iniciativas que visem melhor racionalização das ações institucionais; a avaliação sistemática dos métodos educacionais na tentativa de inovação permanente das ações estabelecidas; a realização de parcerias com instituições jurídicas e educacionais; o diálogo com as ECs de outros estados, na busca da realização de ações de interesse comum.

A ECOJAN promove cursos de aperfeiçoamento e capacitação, atualização e pós-graduação[53] com fundamento na Resolução nº 220, de 19 de dezembro de 2002. A estrutura organizacional de cada curso é definida de acordo com as especificidades de cada ementa, com carga

---

[52] Educação corporativa teve sua gênese na década de 1950, quando a General Eletric lançou a Crotonville (QUARTIERO; BIANCHETTI, 2005). Com origem nos Estados Unidos, em que empresas, determinadas a tornarem-se líderes empresariais na economia global, lançaram a educação corporativa com veículo para ganhar vantagem competitiva (MEISTER, 1999). Vale destacar que para Brunhoff (1991, p. 75) a gênese do ideal de corporativista ocorreu nos tempos em que "[...] as organizações profissionais foram proibidas pela Lei Le Chapelier em 1790, diversas organizações serviram de substituto para os trabalhadores transformados em proletários no século XIX. Seus objetivos eram a defesa dos interesses 'econômicos e morais' de todo 'corpo profissional' (daí o nome de 'corporativismo'), para limitar o efeito do capitalismo 'selvagem' que esmagava os indivíduos isolados".

[53] Na concepção das grades curriculares, são respeitadas as diretrizes nacionais e a legislação em vigor e são destinados a servidores e jurisdicionados graduados em escolas de ensino superior.

horária e disciplinas relacionadas à atividade profissional do servidor, cujo requisito para a obtenção do certificado é o atendimento de uma frequência mínima.

A Escola, em consonância com a missão prevista no seu Regimento Interno, promove a capacitação e o desenvolvimento profissional dos membros e servidores do Tribunal de Contas e dos órgãos jurisdicionados, compreendendo, em especial, programas, eventos culturais, seminários, congressos, projetos e cursos.

A propósito, a Resolução do Tribunal de Contas/SE nº 281, de 25 de junho de 2013, alterou o art. 3º da Resolução nº 220, de 19 de dezembro de 2002, que aprovou o Regimento Interno da Escola de Contas Conselheiro José Amado Nascimento, para incluir a Biblioteca como parte de sua organização administrativa.[54]

Os cursos de atualização são efetivados em períodos de curta duração e denominados cursos livres, com especificidade definida em projeto próprio, ou seja, têm uma ação direta na formação dos sujeitos envolvidos.

Destaque-se que todos os cursos ofertados pela ECOJAN são realizados na modalidade presencial; contudo, os cursos *on-line* estão em fase de implantação. Quanto ao planejamento pedagógico, este se encontra descrito nas atividades elaboradas pela escola, voltadas à formação e capacitação dos agentes públicos lotados nos órgãos da Administração Pública direta e indireta, mormente aos temas pertinentes à boa aplicação dos recursos públicos e correlatos, de acordo com o que estabelece a Resolução mencionada acima, compreendendo ainda programas de formação, aperfeiçoamento e especialização realizados no país.

Por certo, as estratégias condutoras da construção do conhecimento e o esclarecimento dos cidadãos sobre o trabalho dos TCs em função da sua prática voltada para a formação técnica e qualificação

---

[54] A ECOJAN possui uma estrutura física adequada, localizando-se no prédio anexo à sede do Tribunal de Contas do Estado de Sergipe, na Avenida Conselheiro João Evangelista Maciel Porto, s/n, Palácio Governador Albano Franco, Centro Administrativo Governador Augusto Franco, bairro Capucho. Sua infraestrutura física é composta por um auditório com capacidade para 100 (cem) pessoas, possui três sanitários (um do diretor) e outro masculino e feminino, uma biblioteca (no andar superior), com salas de leitura e sala de workshop, uma copa, 4 salas de aulas com capacidade para 40 alunos, cada), uma sala de convivência, uma sala de Coordenação, uma sala de informática (para 25 alunos), uma sala de supervisão, uma secretaria administrativa (lotada com 7 servidores), uma secretaria de coordenação, uma recepção, um mini auditório com capacidade para 100 pessoas e mais um auditório, com capacidade para 365 pessoas, que é compartilhado com o TCE Sergipe.

profissional dos seus servidores, jurisdicionados e a sociedade, têm por base as atividades das demais ECs brasileiras regidas pelos princípios da moral, da ética e da transparência, sob a coordenação do Instituto Rui Barbosa.

Para o desenvolvimento das atividades da ECOJAN é realizado, ao final de cada ano, um Levantamento das Necessidades de Treinamento, em consonância com a missão prevista no seu Regimento Interno, em busca da excelência quanto ao seu mister de promover a capacitação e o desenvolvimento profissional servidores do Tribunal de Contas e dos órgãos jurisdicionados.

Quanto à seleção dos conteúdos, estes são escolhidos observando a relevância da temática e o perfil do servidor em relação à atividade por ele desenvolvida para o melhor desempenho de suas atividades, com base em alguns critérios, a saber:

a) Atribuições dos Servidores – a atividade desenvolvida tem que estar relacionada com o conteúdo da capacitação para ser eficaz;

b) Atualização da Legislação e Competência do Tribunal de Contas – caracterizado pela incorporação de novos conhecimentos e pela atualização e criação das normas vigentes, fundamentando as ações da corte de contas;

c) Cargo Exercido – o conteúdo trabalhado tem que estar vinculado ao cargo do servidor, visando um melhor desempenho das atividades profissionais;

d) Relevância Social – visa atender as necessidades e as condições atuais, compará-las com o contexto nacional, levando em consideração a expectativa da sociedade em relação às atribuições do órgão.

A seleção dos conteúdos é de extrema importância para o público alvo dos cursos, com vistas à aprendizagem exitosa culminando com o aperfeiçoamento no desempenho da atuação de cada servidor.

Frise-se que a avaliação consiste na verificação da obtenção dos conhecimentos transmitidos e no uso das informações internalizadas entre os sujeitos no exercício da profissão, dentro de uma visão construtivista em que o conhecimento não se esgota com a terminalidade de uma atividade, mas durante o uso desse "novo" conhecimento e de suas inovações advindas desse conhecimento. Neste sentido, a avaliação é um processo contínuo e cumulativo de modo a integralizar informações no contexto da prática profissional.

Quanto ao processo de avaliação, esse ocorre de modo processual, gradual e crescente ao verificar o desempenho dos cursistas e o estabelecimento de equivalência simples entre os acertos e erros cometidos pelos sujeitos, na perspectiva de facilitar o processo de aprendizagem no seu dia a dia funcional. Todavia, ainda não foi implementada na ECOJAN a metodologia de avaliação após cada curso ou módulo.

Para tanto, os sujeitos em formação deveriam ser imbuídos de atividades complementares para entender conteúdos, a exemplo de leituras de livros, vídeos informativos e ilustrativos, visitação a órgãos públicos para dirimir dúvidas e ampliar as informações acerca da funcionalidade de cada órgão.

O planejamento da ECOJAN, repita-se, ocorre anualmente após avaliação diagnóstica do levantamento das necessidades apresentadas e direcionadas em conformidade com o tempo disponível pelos sujeitos envolvidos com o processo pedagógico. Assim, o planejamento é uma ação refletida pelo docente na possibilidade operacional em que se encontra imbricada uma intencionalidade, pois, ao realizá-lo buscam "[...] decidir, prever, selecionar, escolher, organizar, refazer, redimensionar, refletir sobre o processo antes, durante e depois da ação concluída" (LEAL, s/d, p. 2).

Neste sentido, rever operacionalmente os conteúdos a serem acordados entre os sujeitos participantes dos cursos de aperfeiçoamento, treinamentos e ou especializações é essencial em virtude de o planejamento ser considerado um "[...] processo de racionalização, organização e coordenação da ação docente, articulando a atividade escolar e a problemática do contexto social" (LIBÂNEO, 1994, p.222).

A ação de planejar não se reduz ao preenchimento de quadro/tabela/formulário para o controle burocrático. Mas, a atividade consciente de previsão das ações docentes com a finalidade de obter sucesso na aprendizagem de modo a assegurar às pessoas "[...] assimilação de conhecimentos científicos e o desenvolvimento de suas capacidades intelectuais, de modo a estarem preparadas para participar ativamente da vida social (na profissão, na política, na cultura)" (LIBÂNEO, 1994, p. 227), uma condição essencial do ser em sociedade, fato que auxilia aos participantes atingirem metas em relação ao que se quer aprender. Há, pois, um *link* entre o aprendizado e a determinação quanto ao melhor controle fiscal sobre os recursos públicos uma vez que se ensinam, a título de exemplo, aspectos corporativos de como fazer "bem-feito" um relatório de auditoria, dentre tantos conteúdos.

Diante da atual conjuntura da sociedade brasileira, o tema responsabilidade social encontra-se em evidência nos tribunais, e particularmente no TCE/SE, que mantém canais de diálogo permanentemente abertos com a sociedade, promovendo, entre outras atividades, ações pedagógicas/cidadãs por intermédio da ECOJAN, a exemplo de projetos educacionais, via Rádio web e no *site* da instituição, como assinalado anteriormente.

O Tribunal de Contas é sem dúvida, um dos órgãos mais importantes do controle externo da Administração Pública. Neste sentido, foi confeccionada na ECOJAN uma "Cartilha Cidadã" destinada à sociedade com orientações para o exercício da cidadania.

A Cartilha Cidadã foi instituída no aniversário dos 40 anos do TCE/SE, com o objetivo de informar a sociedade da importância e responsabilidade desse órgão na atuação do controle externo da Administração Pública, bem como seu histórico, competência, organização e funcionamento, para que a sociedade tenha ciência do trabalho desenvolvido por essa instituição tão relevante à Administração Pública.

O Tribunal de Contas/SE (SERGIPE, 2010) acredita que uma sociedade com senso crítico e ciente da importância de uma fiscalização constante no uso dos recursos públicos é essencial para o desenvolvimento de uma nação forte e soberana, é um instrumento precioso para o combate à corrupção e à malversação de tais recursos. Nesse sentido, o Tribunal tem o "Projeto TCE Cidadão", que procura promover a política de aproximação da Corte de Contas com a sociedade e o desvelamento das ações desenvolvidas na instituição, em especial, a de fiscalização dos recursos públicos.

Quanto ao aspecto da promoção da acessibilidade, o Tribunal de Contas, por disposição legal, entende que é dever do Poder Público garantir a acessibilidade nos seus mais diversos campos de atuação, seja de forma direta, por meio de execução de obras públicas plenamente adaptadas para a utilização por todas as pessoas, independentemente de alguma restrição sensorial ou de mobilidade; seja indiretamente pelo exercício do seu Poder de Fiscalização e informação à iniciativa privada de modo a assegurar que os empreendimentos particulares também observem a acessibilidade.

Dentro desse contexto, em parceria com o Ministério Público Especial do Tribunal de Contas/SE, que junto a ele atua, compreendeu-se a relevância da realização de evento que despertasse para a necessidade de uma atuação mais efetiva em prol da acessibilidade por parte de todos os órgãos e entidades públicas.

Foi promovido um seminário intitulado "Acessibilidade Total: direito de todos", com o objetivo de promover a disseminação de ideias e práticas salutares em termos de acessibilidade; demonstrar que a acessibilidade não é um direito apenas das pessoas com deficiência, mas um aspecto de inclusão de todos aqueles com mobilidade reduzida, e/ou que, por alguma situação especial, necessitam de uma condição mais favorável de acesso, como idosos e gestantes; dar conhecimento à sociedade e aos gestores públicos, que a Constituição Brasileira garante a acessibilidade como um direito fundamental.

Por isso, o Poder Público, em todas as suas faces, tem o dever de garantir a sua efetivação, divulgando o plano de ação do TCE/SE e do Ministério Público de Contas de Sergipe, com a finalidade de auditar a eficácia da atuação do Poder Público Estadual e Municipal, na implementação e garantia da acessibilidade a todos que dela necessitem.

Assim, para que os portadores de necessidades especiais tenham acessibilidade a todos os setores da ECOJAN, os corredores foram dimensionados de acordo com o fluxo de pessoas e ainda são livres de barreiras e obstáculos. A ECOJAN procura seguir as determinações da legislação, conforme dispõe a norma da ABNT-NBR 9050/94, que define como prática usual a utilização com segurança e autonomia, total ou assistida, dos espaços mobiliários e equipamentos urbanos, das edificações, dos serviços de transporte e dos dispositivos, sistemas e meios de comunicação e informação por pessoa com deficiência ou com mobilidade reduzida.

Cabe destacar, como mais uma ação da ECOJAN atenta às questões de acessibilidade, o curso de libras ofertado objetivando capacitar os servidores do atendimento e do setor médico, melhorando a qualidade de acolhimento do TCE/SE para com as pessoas com deficiência auditiva.

Em relação às parcerias estabelecidas com a comunidade, instituições e empresas, essas são consideradas como imprescindíveis, pois fortalecem as ações desenvolvidas pela ECOJAN ao estabelecer uma parceria com as universidades e órgãos e, como consequência, tem-se a melhoria na formação dos recursos humanos. São parceiros da escola do Tribunal de Contas/SE: TCU, UFS, UNIT, SEBRAE, ASEOPP, SENAC, CRC, Associações, Federações, Sindicatos, entre outros.

A seleção dos parceiros é bastante criteriosa: é analisada a capacidade do parceiro de possibilitar a concretização de projetos, respeitando o conteúdo e cronograma previstos. Atualmente, o TCE/SE, por meio da sua EC, firmou parcerias com as Prefeituras Municipais para desenvolver o projeto denominando TCE Itinerante.

Esse projeto suscitou a realização do I Seminário de Gestão Pública Municipal, abrangendo os 75 (setenta e cinco) municípios do Estado, momento em que os seus servidores foram capacitados em temas como: a Nova Legislação do Tribunal de Contas/SE; Sistema Tributário Municipal; Orçamento Público e Controle Interno com a finalidade de melhorar os conhecimentos dos servidores municipais ajudando-os a desempenhar melhor suas funções administrativas.

Promoveu ainda o II Seminário de Gestão Pública Municipal em parceria com as Associações: Associação dos Municípios da Barra do Cotinguiba e do Vale do Japaratuba (AMBARCO); Associação dos Municípios da Região Centro-Sul de Sergipe (AMURCES); a Federação dos Municípios do Estado de Sergipe (FAMES). Também realizou seminários nas cidades Polos com a participação de toda a comunidade.[55] O quantitativo de participantes desses seminários alcançou o total de 1.124 (mil e cento e vinte e quatro) cidadãos interessados pela discussão sobre a Gestão Pública ocorridos nos municípios polos, com a participação dos municípios circunvizinhos, conforme demonstrativo no anexo 06.

Para além dessas ações, a ECOJAN, em parcerias com universidades, oferece curso de Pós-graduação, de conteúdo específico para a atuação na Administração Pública, que se encontra na sua quinta edição, tendo como público alvo servidores do Tribunal e jurisdicionados.

4.1 Escola de Contas José Amado Nascimento (ECOJAN): Aspectos da organização acadêmica

A ECOJAN dispõe de um sistema acadêmico, organizado por servidores das diversas áreas do TC, visando um planejamento sobre a realização das atividades com ênfase na celeridade e eficiência das ações desenvolvidas. Esse sistema foi criado com o objetivo de colocar os servidores dentro do universo da tecnologia da informação uma vez que, a cada momento, surgem ferramentas inovadoras, o que oportuniza uma melhoria no planejamento das atividades desenvolvidas pela escola, oferecendo praticidade e agilidade nas ações, cumprindo fielmente o estipulado pelo cronograma do projeto.

---

[55] Ressalte-se, ainda, que a coordenação administrativo-pedagógica da escola participou do Grupo das Escolas de Contas (GEC) do PROMOEX, atualmente denominado Rede de Educação Corporativa, mantendo comunicação constante com outras escolas de contas dos diversos Tribunais no Programa Nacional de capacitação compartilhada.

Este sistema acadêmico permite de maneira prática que sejam armazenadas em um banco de dados as informações (in)desejadas de maneira rápida, segurança e em ambiente de interação de simples acesso, de modo a facilitar o manuseio e o aprendizado das pessoas, com base em conhecimentos básicos de informática.

A atualização do referido sistema é desenvolvida de maneira que atenda às necessidades da escola, aprimorando os serviços da ECOJAN, como por exemplo as inscrições *on-line*, as quais permitem o cadastro de pessoas, que não são servidores do TCE/SE, possibilitando participar das ações educacionais externas, além da impressão de certificados. Essa estrutura acadêmica implantada é alterada de acordo com a necessidade de expansão e novas tecnologias permitindo maior flexibilidade no desenvolvimento das ações propostas no seu planejamento semestral.

A ECOJAN realiza levantamentos e planeja suas atividades a partir das demandas do seu público alvo (servidores da corte e jurisdicionados) em que respondem a um questionário sobre as necessidades de cursos, palestras, seminário, com seus respectivos temas.

O corpo docente que atua na escola é formado por instrutores de notório saber técnico e pedagógico com formação especializada nos ramos do conhecimento a que se destina o curso/disciplina a ser ministrada presencialmente,[56] em conformidade com o planejamento e ementa da disciplina do curso. Os palestrantes e professores tanto podem ser servidores do quadro do Tribunal, dotados de conhecimentos e experiências, quanto servidores de carreira, como também por professores ou servidores de outros órgãos que tenham comprovada capacidade de ensino.

Os professores efetivos (servidores da casa), via de regra, não percebem remuneração, posto que há um sistema de banco de horas. Outrossim, existe a possibilidade de receberem por hora-aula, na ministração de cursos/palestras/aulas, quando realizados fora do horário do expediente, de acordo com a tabela vigente (Ato Deliberativo nº 866/2015), cujo valor da hora-aula varia conforme a titulação de quem está a lecionar. Quanto aos professores contratados (não servidores), estes são remunerados por hora-aula, cujo valor está pré-estabelecido na tabela acima aludida, podendo extrapolar tais valores de acordo com a notória especialização do mesmo.

A formação continuada dos professores, gestores e demais agentes multiplicadores com atribuições ligadas à escola é condição

---

[56] A modalidade a distância ainda não foi implantada.

basilar ao processo de aperfeiçoamento de um sistema formal de educação que desenvolva e contribua para a consolidação da carreira de docente dentro do próprio TC. A formação continuada oferece aos discentes e docentes um sentido mais amplo do que seja a nova escola e os novos saberes. Porém, inexiste ainda um grupo permanente de pesquisa e debates para todos os servidores, como também uma política específica de capacitação continuada para a criação de um núcleo docente estruturante formado por servidores do TCE/SE.

Os cursos de pós-graduação são ministrados de forma regular, estruturados em nível de especialização *lato sensu*, articulados e executados pela ECOJAN, em parceria com instituições de Ensino Superior, respeitando as diretrizes nacionais a legislação institucional vigente e de acordo com disponibilidade orçamentária do TCE/SE. Os cursos de pós-graduação têm regime definido por projetos próprios, elaborados entre o ECOJAN, com alunos graduados por instituições de Ensino Superior.

Os cursos de EaD (Educação a Distância) se expandem por vários países, oferecendo espaços de aprendizagem e formação superior em várias licenciaturas. É de se notar que a complexidade de um sistema de Educação a Distância envolve uma série de componentes e processos que funcionam de forma integrada por meio da tecnologia, conteúdos e serviços. Trata-se de uma demanda significativa no mundo moderno de muitas transformações e velocidade nas mudanças. A ECOJAN ainda não dispõe desta ferramenta, como se verá adiante.

O número de instituições governamentais brasileiras que adotam à opção pela modalidade a "distância", nos seus programas educacionais, é crescente, devido a aspectos como: custo mais baixo; agilidade na realização; material de fácil acesso e escolha de tempo de duração pelo participante. Isso demonstra uma efetiva mudança de paradigmas com relação ao investimento do poder público no processo de capacitação de seus servidores, aspecto essencial para aumentar a autonomia dos participantes e descentralizar o processo pedagógico. Almeida (2003) avalia a EaD como uma tendência de aprendizagem em potencial, voltada à melhoria da qualificação profissional, com vistas a permitir ampliar a aprendizagem e o alcance dos objetivos pretendidos, posto que não requer do interessado a presença física.

A EaD permite que estudantes tenham ao seu dispor as praticidades de horários flexíveis. Para a implantação de cursos a distância há de se levar em conta o montante de investimentos em tecnologia

PATRÍCIA VERÔNICA NUNES CARVALHO SOBRAL DE SOUZA
ESCOLA DE CONTAS E O CONTROLE SOCIAL NA FORMAÇÃO PROFISSIONAL

e treinamento de pessoal (tutoria, monitoria, instrumentalidade e formação específica para o uso das mídias). É de se notar que a complexidade de um sistema de Educação a Distância envolve uma série de componentes e processos que funcionam de forma integrada por meio da tecnologia, conteúdos e serviços.

A dimensão política do Projeto Pedagógico Institucional[57] (PPI) para a obtenção da qualidade em educação se relaciona com:

> A busca dos significados da relação efetiva, viva e contínua da vida da escola com o PPI tem canalizado múltiplas dimensões de análise e discussões entre docentes, pensadores da Educação de diversos campos do conhecimento e profissionais da gestão pública dessa área para desenhar marcos definidores para o país (COMUNIDADE EDUCATIVA CEDAC, 2016, p. 10).

A ECOJAN ainda não dispõe das condições para a implementação dos cursos EaD e, além do mais, urge a implementação de um Plano de Desenvolvimento Institucional[58] (PDI) e um Projeto Pedagógico Institucional[59] (PPI), no quais a unidade possa traçar seu roteiro de ações, com a adoção de metodologias quanto as atividades e objetivos a serem perseguidos a curto e longo prazo. O PPI planeja e atualiza saberes, bem como aprimora os fazeres de uma EC. Esse realinhamento contribuirá para o redimensionamento e modernização da missão da escola.

A falta de um PDI compromete a própria eficiência do trabalho desenvolvido pelas ECs, uma vez que através desse programa traça-se um plano a ser seguido, com objetivos e metas definidos a serem cumpridos (PARO, 2008).

A forma de acesso é bastante prática, pois todos os cursos são divulgados no portal da ECOJAN,[60] com inscrições online ou via fax, e mail além de serem enviados ofícios aos jurisdicionados, disponibilizando o total de vagas e outras informações, advertindo-se que as

---

[57] Nos TCs é utilizado como sinônimo do termo PPI – Projeto Pedagógico Institucional.

[58] É um instrumento de gestão sob a forma de planejamento flexível pautado em objetivos e metas para um período determinado. Sua elaboração deve ser de caráter coletivo e os referenciais são os resultados atuais.

[59] Importante instrumento teórico-metodológico que define as políticas para a organização administrativa e pedagógica das instituições de ensino, norteando as ações voltadas para a consecução de sua missão e de seus objetivos.

[60] <www.Tribunal de Contas.se.gov.br/ECOJAN>.

inscrições necessitam ser autorizadas pelo chefe imediato confirmando a participação do servidor.[61] Os programas de qualificação buscam resultados satisfatórios no sentido de estimular as pessoas ao aperfeiçoamento permanente, favorecer o compartilhamento do desenvolvimento corporativo, melhorando a comunicação entre os diversos segmentos do TCE/SE, conforme os respondentes expõem quanto aos cursos recebidos:

> Temos recebido informações relevantes quanto à mudança de legislações e normas necessárias para expor ao prestador de contas (gestores e administradores dos recursos da união) os erros correspondentes a falta de alocação do recurso recebido e como fazer a devida justificativa sobre mudança de rubrica (SERVIDOR 01).[62]

Os cursos são importantes devido as constantes alterações nas normatizações e julgamentos sobre prestações de contas nos setores públicos e devemos ficar atentos ao cumprimento de nossas atividades profissionais. Pois, somos responsáveis diretos pelo bom uso dos recursos públicos (SERVIDOR 02).

Os cursos promovidos nos auxiliam no desenvolvimento de nossas atividades profissionais, pois, temos convicção de como executar um julgamento com a seriedade que reque o fato (SERVIDOR 03).

Os destaques apresentados pelos servidores apontam para um direcionamento sobre a eficácia dos cursos quanto à capacidade de executar ações de fiscalização e assim desempenhar suas funções com mais rigor profissional, exigindo que os mesmos tenham um controle sobre seus atos e compreendam como atuar na fiscalização das contas públicas e ainda saber interpretar, à luz do conhecimento contábil-jurídico, os processos sobre sua responsabilidade profissional. Nas informações dos respondentes ficam implícitos e explícitos, o compromisso e um pacto entre os servidores em atuar criando espaços de entender como funcionam as normas e aplicá-las de modo correto.

O TCE/SE possui uma política de extensão, na qual devem ser desenvolvidas ações por meio da ECOJAN, mediante o estímulo à

---

[61] A Escola de Contas José Amado do Nascimento também elabora curso de outra natureza. Basta uma solicitação da presidência do Tribunal de Contas/SE, dos servidores e jurisdicionados, de modo a atender a necessidades emergentes, ou seja, uma demanda que aparece de uma dificuldade encontrada pelos servidores, carecendo de aprofundamento teórico e prático.

[62] Para assegurar a identidade dos participantes iremos utilizar a sigla SERVIDOR 01, 02 e seguintes para ilustrar aspectos relevantes sobre a pesquisa realizada.

166 | PATRÍCIA VERÔNICA NUNES CARVALHO SOBRAL DE SOUZA
ESCOLA DE CONTAS E O CONTROLE SOCIAL NA FORMAÇÃO PROFISSIONAL

leitura e ao uso constante do acervo bibliográfico,[63] estudos de idiomas[64] e Coral de Contas em Cantos.[65] Estas ações devem ser apoiadas em conjunto com entidades outras, envolvidas em processos educacionais e culturais ao articular com as demais atividades didaticamente expressas pela interdisciplinaridade, que constrói uma inter-relação de

---

[63] Em relação ao estímulo à leitura e ao uso constante do Acervo Bibliográfico, este tem como finalidade cultivar a pratica da leitura utilizando o acervo disponível na biblioteca como maneira de ampliar conhecimentos e atualizar informações que são importantes para o crescimento intelectual e profissional do público alvo. Atividades desenvolvidas: dinâmica de grupo, roda de leitura (grupo de estudo e grupo de pesquisa) e interpretação, expressando sentimentos e experiências, ideias e opiniões, nos diversos contextos da sociedade. Essas ações têm como meta despertar o prazer pela leitura, criar o hábito de ler, melhorando a capacidade de aprendizagem das pessoas, ocasionando o aperfeiçoamento do senso crítico dos servidores da casa. O horário de funcionamento ficou estabelecido de 7 às 18 horas, funciona no 1º andar do prédio em que se localiza a Escola de Contas Conselheiro José Amado Nascimento. E ainda, viabiliza o uso da internet, por meio de um link, consultas ao acervo, livros, periódicos, obras de referência, documentos, fontes informatizadas (CDs, DVDs), material digital (e-books, artigos, monografias, sítios), bem como informações sobre a legislação referente ao Tribunal de Contas do Estado de Sergipe, possuindo uma sala para workshop.

[64] Existe uma carência dos servidores, de maneira geral, no tocante ao conhecimento de línguas estrangeiras muito utilizadas na comunicação, em textos, bem como nos exames de proficiência (mestrado, doutorado e pós-doutorado) o que chamou a atenção para a necessidade de disponibilizarem cursos aos servidores interessados em aprender ou aperfeiçoar a fluência escrita e falada em outros idiomas. Assim, a ECOJAN ofereceu cursos num período contrário ao expediente, tendo carga horária compatível com o processo de aprendizagem. O público alvo, servidores efetivos ou à disposição e comissionados, interessados em participar dos cursos de especialização.

[65] O coral do Tribunal de Contas do Estado de Sergipe foi criado em março de 1998, durante a presidência do Conselheiro Carlos Pinna de Assis. Sob a regência do Maestro Paulo César Prado Andrade (que dirige até a presente data), conta atualmente com trinta membros. O coral oferece aos integrantes uma oportunidade ímpar de estudar música de maneira prazerosa, aliada às atividades cotidianas desempenhadas pelos servidores. O que proporciona uma maior harmonia no ambiente de trabalho. O estudo da música possibilita um maior nível de concentração, uma melhoria nos relacionamentos interpessoais, bem como o aumento da eficiência na realização das atividades profissionais. Tem como meta a difusão da música, por meio das apresentações públicas, ao proporcionar aos ouvintes um repertório bastante eclético, com músicas populares, sacras, renascentistas e folclóricas além de canções internacionais. Em sua trajetória de apresentações, o coral tem abrilhantado uma série de solenidades, no âmbito do próprio Tribunal: Missa de Páscoa e de Natal do Tribunal de Contas, como também participou de eventos significativos como: 4º Encontro Nacional e 2º Internacional do Ministério Público; Encontro de Prefeitos do Estado de Sergipe; X, XI, XII e XIII Encontro de Coros de Sergipe; XVI, XVII e XVIII Encontro Nacional de Coros de Sergipe - ENACOSE; III Nordeste CANTAT – Festival Internacional de Coros, em Maceió – AL; 8º Festival Internacional de Coros – Juiz de Fora - MG; Natal Festivo nos Terminais da Cidade de Aracaju; Abertura do 7º Fórum Sergipano de Contabilidade; V Internacional Choir's Festival –Nordeste Canta – Aracaju/SE; VI Festival Nacional de Corais de Empresa de Recife-PE; I Festival de Música Sacra de Penedo – AL; Concertos Itinerantes de Canto Coral de Sergipe; 15º e 16º Encontro de Corais da Cidade de Natal e 7º e 8º Encontro Nacional de Coros em Natal – RN; Cantatas de Natal no Tribunal e em cidades do Estado de Sergipe. Sediou o I Encontro de Corais de Tribunais de Contas e participou do II e III Encontro de Tribunais de Contas, dentre tantos.

organizações, funcionários públicos e comunidade, contribuindo para o bem social e assim proporcionar à sociedade uma nova visão sobre a Instituição TCE/SE e seu papel social.

O desenvolvimento de ações de extensão ao público se faz necessário para aproximar o cidadão às ações desencadeadas pelo TCE/SE com a finalidade de expor o quão importante se faz essa interlocução entre os membros da sociedade e sua prestação de serviço à sociedade civil.

4.2 Escola de Contas José Amado Nascimento (ECOJAN): Aspectos da organização administrativa

A Escola de Contas Conselheiro José Amado Nascimento-ECOJAN (SERGIPE, 2012, s/n) possui seis itens na sua estrutura organizativa, a saber:

I – Conselho Administrativo-Pedagógico,[66] órgão consultivo, normativo e decisório, originário e recursal, em matéria administrativa e pedagógica. Integram o referido Conselho: o Vice-Presidente do Tribunal de Contas do Estado de Sergipe, que será o seu Presidente; o Diretor da ECOJAN; o Coordenador Administrativo-Pedagógico da Escola; o Supervisor Administrativo-Pedagógico da Escola; o Diretor Administrativo e Financeiro do Tribunal e o Diretor Técnico do Tribunal (SERGIPE, 2012, s/n).

Compete ao Conselho Administrativo-Pedagógico aprovar proposta de planos anuais de cursos e recursos financeiros, que serão submetidos à consideração do Presidente do Tribunal de Contas; aprovar os conteúdos programáticos dos cursos; aprovar o valor da gratificação de ensino aos professores; aprovar os planos de incentivo à pesquisa e as proposições de intercâmbio com entes estatais, paraestatais e fundações nacionais e estrangeiras; decidir originalmente ou em grau de recurso, sobre assuntos administrativos, pedagógicos e disciplinares; aplicar pena de cancelamento compulsório da matrícula e decidir sobre os casos omissos, *ad referendum* do Tribunal (SERGIPE, 2012, s/n).

II – Diretoria é exercida por um Diretor, que será um dos Conselheiros do Tribunal, nomeado pelo Presidente, a sua livre escolha, após

---

[66] O Conselho Administrativo-Pedagógico, se reúne ordinariamente, no início e no fim de cada ano letivo e extraordinariamente, sempre que houver necessidade, por convocação do diretor da escola.

aprovação do nome pelo Pleno do Tribunal/SE, para um mandato de 2 (dois) anos. Compete ao Diretor convocar o Conselho Administrativo-Pedagógico; propor ao Conselho Administrativo-Pedagógico, plano de receita e despesa, abrangendo cada ano civil; deferir os pedidos de matrículas e propor ao Conselho Administrativo- Pedagógico, quando for o caso, o cancelamento compulsório; supervisionar os cursos e atividades técnico-pedagógicas; propor ao Conselho Administrativo-Pedagógico o valor da gratificação dos professores; propor à Presidência do Tribunal a realização de despesas inerentes às atividades da ECOJAN, as quais serão empenhadas, liquidadas e pagas dentro da estrutura organizacional do Tribunal; aprovar a seleção de integrantes do corpo docente, escolher o pessoal administrativo e de assessoramento, indicando-os à Presidência para lotação e/ou nomeação; apresentar à Presidência do Tribunal relatórios administrativos e pedagógicos; adotar as medidas necessárias à divulgação dos cursos, junto à Assessoria de Comunicação do Tribunal e editar instruções normativas e gerais para a execução pela Supervisão e Secretaria (SERGIPE, 2012, s/n).

III – Coordenadoria Administrativo-Pedagógica, essa é exercida por um servidor do quadro efetivo do Tribunal de Contas do Estado de Sergipe com formação superior, mediante indicação e subordinação direta da Presidência. Compete ao Coordenador Administrativo-Pedagógico: planejar atividades da escola; desenvolver as políticas de treinamento nas áreas de atuação do Tribunal; assessorar a Presidência quanto as demandas pedagógicas, de pesquisa, projetos e extensão envolvidas necessárias ao seu plano de gestão junto à ECOJAN; orientar projetos e planos gerais de pesquisa e ouvir as reclamações e as sugestões dos cursistas, resolvendo-as ou submetendo-as à Presidência (SERGIPE, 2012, s/n).

IV – Supervisão, essa é exercida por um Supervisor Administrativo-Pedagógico nomeado pelo Presidente do Tribunal de Contas/SE, mediante indicação do Diretor. Compete ao Supervisor Administrativo-Pedagógico orientar as atividades docentes da escola; supervisionar as atividades administrativas; convocar professores e instrutores para as reuniões de planejamento; exercer o controle de assiduidade, qualidade e disciplinar do pessoal docente e administrativo; assessorar o Diretor; orientar projetos e planos gerais de pesquisa e ouvir as reclamações e as sugestões dos cursistas, resolvendo ou submetendo-as ao Diretor (SERGIPE, 2012, s/n).

V – Secretaria – é composta por servidores designados pelo Presidente do Tribunal. Dentre os funcionários postos à disposição

CAPÍTULO 4
ESCOLA DE CONTAS JOSÉ AMADO NASCIMENTO (ECOJAN): UM ESTUDO DE CASO | 169

da ECOJAN, o Diretor indicará o Secretário da escola e compete ao Secretário: cumprir as deliberações do diretor da escola; proceder aos registros necessários; organizar o fichário e o arquivo; executar as atividades burocráticas; secretariar as reuniões; assessorar o Supervisor Administrativo-Pedagógico, providenciando o material didático; manter estatísticas sobre a atividade da escola e instruir os processos de pagamento de despesas realizadas (SERGIPE, 2012, s/n).

VI – Biblioteca – setor responsável pela guarda, organização, conservação, atualização, disponibilização e integridade do patrimônio bibliotecário e documental do Tribunal. A Biblioteca será chefiada por servidor designado pelo Diretor da ECOJAN e nomeado pelo Presidente do Tribunal de Contas de Sergipe[67] (SERGIPE, 2012, s/n).

Eis aí a estrutura administrativa da ECOJAN que é enxuta, objetiva e propicia uma adequada interação entre a sua razão de existir e os trabalhos que tem por escopo desenvolver.

4.3 Escola de Contas José Amado Nascimento (ECOJAN): Estrutura do corpo técnico administrativo

O corpo Técnico Administrativo da ECOJAN[68] é composto por oito servidores, dos quais somente quatro são efetivos e estão sujeitos à mesma jornada semanal de trabalho dos demais servidores do TCE/SE. Por tal razão (exiguidade de servidores) é inviável implementar uma departamentalização na escola, dividida em núcleos: pedagógico, de planejamento, de extensão, de pesquisa, como existe, a título de exemplo, na Escola de Contas do Estado do Rio de Janeiro.

Cabe à Presidência do TCE/SE nomear e empossar os aprovados em concurso público no quadro de pessoal permanente; designar e

---

[67] A Biblioteca do TCE/SE conta atualmente com um acervo de: 1704 livros das diversas áreas de atuação do Tribunal, 2.410 títulos de periódicos e 115 unidades de DVDs/CDs. Possui um conjunto de documentos encadernados, perfazendo um total de 1.698 encadernações. A política de aquisição, expansão e atualização do acervo bibliográfico é desenvolvida pela Diretoria da Biblioteca e decorre de sugestões dos usuários; maior demanda quanto aos empréstimos; atualizações de títulos de grande procura; defasagem do título e atualizações de edições dos exemplares. Tem a importante missão de oferecer aos servidores, e à sociedade em geral, serviços públicos e gratuitos de livre acesso à leitura e à informação; de auxiliar nas atividades fins deste Tribunal e em outras que se fizerem necessárias, mediante pesquisa bibliográfica e documental; seu corpo técnico é composto por 1(um) Diretor e 5(cinco) servidores.

[68] Compete à ECOJAN a manutenção dos padrões e condições de trabalho condizentes com a instituição, bem como propiciar a especialização, aperfeiçoamento, qualificação e treinamento dos servidores do Tribunal e das unidades jurisdicionadas.

dar posse aos servidores ocupantes de cargo em comissão, bem como realizar a requisição e ou cessão de servidores de outros entes públicos.

Quanto às políticas de qualificação, plano de carreira e regime de trabalho, a ECOJAN possui como parâmetro a Lei Complementar nº 203, de 07 de julho de 2011, que dispõe sobre a reestruturação do quadro de pessoal efetivo do Tribunal de Contas do Estado de Sergipe, cujo regime é estatutário, com duração de 30 horas semanais de trabalho dos servidores. Contudo, a motivação voltada aos servidores quanto aos cursos de especialização, mestrado e doutorado no âmbito da ECOJAN ainda se mostra insuficiente.

4.4 Projetos da ECOJAN que se voltam ao controle social

A ECOJAN, enquanto *locus* formativo, promove cursos diversificados para os cidadãos e desenvolve projetos como o "Itinerante", que ocorre em vários municípios do estado de Sergipe esclarecendo os cidadãos quanto ao bom uso de recursos públicos; o "Cidadão", que recebe na sede do TCE universitários para assistirem a uma sessão plenária e a palestras voltadas ao controle social e temas afins; e o "Vai à Escola", que promove palestras nas escolas públicas municipais e estaduais sobre cidadania, democracia e preceitos constitucionais, apresentando a Corte de Contas a essa nova geração.

4.4.1 Escola de Contas José Amado Nascimento: Projeto TCE Cidadão/SE

O Projeto TCE Cidadão foi lançado em 2012 e desenvolvido pelo TCE/SE, através da ECOJAN, como uma ação para a promoção e o fortalecimento da cidadania. Tem como objetivo promover práticas cidadãs e divulgar a atuação do TCE/SE enquanto instituição responsável pela fiscalização dos recursos públicos em benefício da sociedade.

O mencionado projeto contempla a participação de estudantes do ensino médio e superior de instituições públicas ou privadas de Sergipe e membros de entidades da sociedade civil organizada. Na oportunidade, os participantes assistem a uma sessão plenária do colegiado e acompanham a pauta de julgamento de processos do dia, que acontece às quintas-feiras, com duração média de 4 (quatro) horas, sob a coordenação de servidores da EC.

O projeto segue com a realização de palestras sobre cidadania, atribuições constitucionais do TCE/SE, temas relevantes ao controle externo, entre outros temas. Vale destacar que, para participar deste projeto, necessário fazer agendamento via *site* da ECOJAN, com cadastramento de, no máximo, 60 (sessenta) alunos. Assim, os alunos participantes recebem uma declaração de participação/certificado e material informativo sobre o TCE/SE.

A meta é contribuir para: construção de conhecimentos sobre o TCE/SE; apresentação de sua história desde a criação e de sua missão constitucional na fiscalização dos recursos públicos; desmistificar o Tribunal de Contas e suas ações, estimulando o controle social por meio da reflexão sobre o exercício da cidadania; incentivar a participação ativa do cidadão na fiscalização de recursos públicos; melhorar a comunicação entre o TCE/SE e a sociedade; mostrar a importância da atuação do controle externo na fiscalização de recursos da Administração Pública e disseminar conhecimentos técnicos sobre temas relacionados ao importante papel do cidadão, conforme quadro nº 1, que apresenta o total de participantes e instituições parceiras e motivadoras do debate.

Quadro 1 – Número de participantes, por instituições de nível superior em Sergipe, no Projeto TCE Cidadão. Período: 2012-2015

INSTITUIÇÕES PARTICIPANTES	Nº ALUNOS			
	2012	2013	2014	2015
UNIVERSIDADE TIRADENTES	182	279	241	401
FANESE	42	38	84	103
UNIVERSIDADE FEDERAL DE SERGIPE	70	18	-	-
FACULDADE DOM PEDRO II	-	-	-	49
TOTAL POR PERÍODO	294	335	325	553
TOTAL GERAL DE PARTICIPANTES	1.507			

Fonte: Autoria própria.[69]

---

[69] Informações extraídas no decorrer da coleta dos dados.

Em processo de formação, os alunos de instituições de ensino superior são grandes aliados do TCE/SE como forma de mobilizar este público alvo que passam a entender como ocorre o controle dos gastos públicos, através da atuação das Cortes de Contas. Assim, a proposta é a de motivar estudantes/alunos/discentes a conhecer os princípios da boa Administração Pública, as ferramentas e os instrumentos que permitem a fiscalização dos gastos com o erário, de modo a promover uma maior participação da sociedade.

4.4.2 Escola de Contas José Amado Nascimento: Projeto TCE Itinerante/SE

Com o Projeto TCE Itinerante, o TCE/SE promove palestras e discussões, deslocando-se de sua sede e reunindo os contemplados em municípios-polo. Os servidores dos municípios locais e circunvizinhos que assistem a palestras conduzidas pelo corpo técnico-diretivo podem sanar dúvidas sobre temas de relevância quanto à condução da Administração Pública.

Na oportunidade, os jurisdicionados trocam experiências e ampliam a construção de conhecimentos, a partir do exame de novas diretrizes estabelecidas em instrumentos legais e normativos, visando à minimização de erros quando da aplicação dos recursos públicos. Além dessa preocupação preventiva e pedagógica, a ECOJAN e o TCE/SE têm o papel de despertar os servidores dos órgãos jurisdicionados e a própria sociedade para exercerem parcerias junto a este órgão de controle, denunciando irregularidades, seja por meio da ouvidoria[70] ou por qualquer outro meio de comunicação. O Tribunal de Contas/SE atua na fiscalização de documentos, procedimentos e processos que podem aparentar legalidade. Todavia, tais documentos podem estar forjados, não retratando efetivamente a realidade quanto ao serviço executado, produto adquirido ou obra construída ou a valores pagos pelo ente ou órgão da Administração Pública.

Para ampliar o debate sobre os direitos e deveres fundamentais contidos na CF/88, no que concerne ao sistema de controle exercido pelos TCs, na formação de cidadãos conscientes quanto ao seu papel na sociedade e para a solidificação e construção de uma cidadania responsável, esboça-se o Projeto TCE Vai à Escola.

---

[70] É um instrumento de interlocução entre os órgãos públicos e a sociedade, em que esta se comunica com aqueles em forma de reclamação, denúncia ou elogios.

4.4.3 Escola de Contas José Amado Nascimento: Projeto TCE Vai à Escola/SE

O Projeto TCE Vai à Escola foi criado em 2013 com o objetivo de promover a política de aproximação da Corte de Contas com a sociedade através de palestras proferidas em escolas públicas por servidores do TCE/SE no sentido de contribuir para que crianças e a juventude sergipanas recebam informações e construam conhecimentos relativos à Administração Pública; à origem e destinação dos recursos e aos fazeres do controle externo por meio de "[...] palestras proferidas pelos servidores do TCE/SE, sensibilizando a formação de uma cidadania responsável" (Revista do Tribunal de Contas/SE, 2014, p. 5-12).

Deste modo, os alunos contemplados pelo Projeto TCE Vai à Escola objetiva promover e aproximar a Corte de Contas com a sociedade, direcionando estudantes dos ensinos fundamental (I e II) e médio a se pronunciarem sobre o funcionamento da dinâmica, da imaginação e da vontade humana, pois "[...] a vontade é uma força, um poder que tudo comanda, desenvolvendo-se de acordo com o objeto ou o mundo circundante" (FERREIRA, 2013, p. 201).

O estudante que participa de um projeto como o TCE Vai à Escola tem uma vertente na qual poderá migrar do mundo puramente imaginário sobre contas públicas e passar a compreender como se dá, no concreto, a movimentação/controle dessas contas. Saber como se gasta ou como se emprega o erário é algo que precisa fazer parte da existência de cada cidadão, mas o ensino por vezes se encaminha por espaços periféricos e insignificantes, atribuindo-lhes valor, enquanto que, por outro lado, "[...] o que mais se despreza em nossas escolas é justamente o que se torna mais necessário na vida" (SPENCER, 1884, p. 42).

O Projeto TCE Vai à Escola pretende obter o auxílio da sociedade para que o controle social seja mais eficaz, pois o TCE/SE trabalha com papéis, documentos e processos via amostragem e, desta forma, corre-se o risco de essa documentação ser burlada e/ou corrompida, levando, assim, a ação do Tribunal à ineficácia; assim, o controle social tem a maior importância nesse contexto, conforme quadro nº 2, demonstrando o quantitativo de participantes do referido projeto:

Quadro 2 – Participantes do Projeto TCE Vai à Escola. Período 2013-2015

DENOMINAÇÃO DAS ESCOLAS	Total de Alunos
Colégio Estadual Leandro Maciel	111 (2013)
Colégio Estadual Governador João Alves Filho	93 (2014)
Colégio Estadual Ministro Marco Maciel	138 (2014)
Colégio Estadual Governador Valadares	73 (2014)
Colégio Estadual Governador Djenal Tavares de Queiróz	83 (2014)
Colégio Estadual Governador Gonçalo Rollemberg Leite	105 (2014)

Fonte: Autoria própria.[71]

Ao lado do ensinamento e da aprendizagem sobre as contas públicas, questões relacionadas à ética e à moral compõem o quadro do debate, pois, se o homem é "[...] membro de um corpo jurídico, o homem é cidadão do mundo e, ao mesmo tempo, legislador de si mesmo, ou seja, um ser de liberdade e de possibilidade. [...]". O homem, ser social, é "[...] conhecido e objetivado de fora para dentro, mas também de dentro para fora, na medida em que ele é capaz de arbítrio e da transformação de si mesmo" (SILVEIRA, 2011, p. 208). A transformação incorre em conhecer, conhecer-se e conhecer o outro, nele reconhecendo-se.

Considerando a intenção do ensino e da aprendizagem é que se faz o exercício de imaginar essas ações a partir da atitude do pedagogo, daquele que adentra a criança no universo do conhecimento das palavras, de seus sentidos e reflexos sobre o social. Inspira essa atitude a constatação de que, perseguindo "[...] como as crianças aprendem sem serem ensinadas", é que lhe foi possível observar o próprio "[...] processo de aprender a ser professora de crianças" (MOURA, s/d, p 4). Isto é, observando o outro e suas reações.

A mesma atitude imaginativa norteia o trabalho desenvolvido pelo Projeto TCE Vai à Escola, pois, independentemente de em que ano escolar se encontrem os alunos contemplados, eles são "crianças e adolescentes" que precisam deter o conhecimento sobre como se processa o controle social das contas públicas no país. Neste sentido, Charlot (2005, p. 71) afirma que "[...] aprender é mudar e que não se pode aprender sem mudar".

---

[71] Este projeto foi implementado no final do ano de 2013.

Muito abrangente e longo é o conceito de experiência apresentado pelo dicionário de termos utilizados no sentido filosófico. Assim, toma-se de exemplo este parágrafo inicial da conceituação de *experiência*:

> Dada a multiplicidade de sentidos do termo _experiência, descreveremos vários sentidos capitais do vocábulo mediante a história da filosofia, sublinhando pelo menos um destes dois: a) a experiência como confirmação, ou possibilidade de confirmação empírica (e muitas vezes sensível) de dados, e b) a experiência como facto de viver algo dado anteriormente a qualquer reflexão ou predicação (MORA, 1978, p. 101).

O contexto político brasileiro da redemocratização nacional, das políticas públicas para o setor da educação e do aparelho do estado influenciou o sistema de controle da Administração Pública e o controle social. Desta forma é que a CF/88 e, em especial, seu art. 74, §2º, se tornaram um marco para o estudo do controle social no país. As vias desse dispositivo constitucional mantêm assegurado que "[...] qualquer cidadão, partido político, associação ou sindicato" gozam de "[...] legitimidade para, na forma da lei, denunciar irregularidades ou ilegalidades perante o controle externo da Administração" (SERRA; CARNEIRO, 2012, p. 2).

Charlot (2005) defende que é fundamental que os excluídos – pobres, minorias, comunidades indígenas e Tribunal de Contas – não sejam apenas beneficiários da educação, mas devem participar ativamente por meio do debate público na execução e no controle das políticas educativas.

Santos (2010, p. 90-91) preleciona que "[...] o senso comum é conservador e pode legitimar prepotências, mas interpretado pelo conhecimento científico pode estar na origem de uma nova racionalidade" e ainda reforça que "[...] o conhecimento científico pós-moderno só se realiza na medida em que se converte em senso comum" (SANTOS, 2010, p. 91).

A perspectiva em foco é a de que os frutos dessa atuação por parte do TCE/SE serão colhidos a médio e longo prazo junto aos estudantes, aprendendo com eles e ensinando-lhes, pois, conforme adverte Comenius, ensinar é "[...] a arte das artes é, portanto, tarefa árdua que requer o juízo atento não de um só homem, mas de muitos, porque ninguém pode ser tão atilado que não lhe escapem muitas coisas" (COMENIUS, 2002, p. 15).

Destarte, a propedêutica é um instrumento de grande valor, visto que prepara os jurisdicionados e, principalmente, os alunos do ensino fundamental e médio do Projeto TCE Vai à Escola para serem futuros parceiros dos órgãos de controle, especificamente quanto ao controle social. Neste sentido, Nóbrega (2011, p. 117) assinala que "[...] a ação do controle tem sido fundamental para aprimorar programas governamentais, consistindo em ganhos de eficiência e diminuição de desperdícios". O pretório de contas se apoia na ideia de efetivar mudanças mediante a experiência que é consequência da propedêutica aplicada pelo projeto.

No momento da visita às escolas quando da realização do Projeto TCE Vai à Escola, ocorre também uma auditoria de cunho operacional para se verificar aspectos não pedagógicos da escola, onde serão apontados aspectos negativos quanto à estrutura, ausências de aulas, qualidade da merenda escolar, entre outros.

Essa é a contribuição da ECOJAN para o controle social ao motivar alunos, pais e professores a avaliarem como está o estado empregando os recursos em educação. O governo supre o TCE/SE, que identifica falhas quando realiza fiscalizações, necessariamente feitas através de papéis e amostragens, sem a inspeção *in loco*. Dessa forma, a comunidade, que vivencia o que ocorre no dia a dia da escola pode indicar se o recurso público foi efetivamente aplicado naquela política pública ou não. Por essa razão, trata-se de um importante projeto para o estímulo ao controle social, convocando indiretamente o cidadão a participar e a denunciar as mazelas relativas às políticas públicas mediante o exercício da cidadania sob o viés democrático.

CAPÍTULO 5

ANÁLISE E DISCUSSÃO DOS RESULTADOS DAS ENTREVISTAS

Neste capítulo, são apresentadas as informações colhidas em entrevistas com alunos e professores contemplados com o Projeto TCE Cidadão/SE e com dois diretores das ECs do Brasil mais recente, a do TCMs da Bahia e, mais antiga, a do TCE de Minas Gerais. Depois de coletados os depoimentos, foram feitas a leitura e transcrição na íntegra das falas. Tal etapa foi consolidada pela validação do termo de livre consentimento (apêndice III).

Foram assegurados aos participantes da pesquisa o anonimato e a salvaguarda de sua identidade. Todos os cuidados éticos foram obedecidos, conforme estabelecido pela legislação brasileira. A identificação dos participantes foi feita por meio de um código numérico: aluno (A1), (A2), (A3), (A4), (A5), (A6), (A7), (A8) e professor (P1) e (P2).

A análise dos depoimentos permitiu compreender a atuação da EC para a promoção do exercício do controle social, conforme dados analisados a seguir.

5.1 Entrevistas com alunos e professores contemplados com o Projeto TCE Cidadão ECOJAN

Esta análise se reporta ao resultado da entrevista contendo 10 (dez) questões, aplicada a 8 (oito) universitários e 2 (dois) professores universitários do curso de direito de duas instituições distintas da cidade de Aracaju.

Inicialmente, buscou-se verificar se o projeto TCE Cidadão tem alcançado a sua finalidade na promoção e fortalecimento da cidadania, divulgando a atuação do TCE/SE, conforme demonstrado na tabela 24.

Tabela 24 – O Projeto TCE Cidadão alcança o seu objetivo em promover a cidadania e divulgar a atuação do Tribunal de Contas/SE?

(continua)

UNIVERSITÁRIOS/ PROFESSORES	RESPOSTAS
A1	No contexto universitário, de forma geral, ainda é *insuficiente*, visto que, como já explanado no quesito 1, a aproximação só foi possível devido à obtenção como docente de alguém já engajado no projeto TCE Cidadão; porém, de modo geral, na universidade isso acaba sendo minoria, posto que falta aproximação do TCE com os universitários em geral, tornando privilegiados, por consequência, aqueles que possuíram o contato, quando não deveria, uma vez que a promoção é destinada a todos.
A2	*Sim.* Como já informado acima, presenciar o dia a dia do órgão proporciona uma *interligação* entre o que é visto em sala de aula e sua *aplicabilidade prática*.
A3	*Sim, sem dúvida!* Pode ser visto sob a ótica da extensão universitária, alcançando os alunos de instituições superiores e quaisquer outras pessoas interessadas, semeando conhecimentos sobre o direito público e sobre papel do Tribunal de Contas. Os alunos e demais interessados tornam-se também multiplicadores do saber, divulgando muitas vezes a outras pessoas conhecimentos relacionados a temas de suma importância para a sociedade, tais como o combate à corrupção, formas de fiscalização e controle etc.
A4	*Sim.* O projeto em tela preenche, *com maestria*, uma lacuna de vivência prática, nos cursos de direito, referente à seara do direito público, tendo sido feliz ao situar o preenchimento de necessidade no campo do direito público.
A5	*Sim*, uma vez que *aproxima* a gestão do Tribunal ao *cotidiano* dos alunos participantes, explicitando seu funcionamento e sua competência tão necessária ao desempenho com probidade da Administração Pública.
A6	Quanto ao contexto universitário, é possível afirmar que os objetivos do projeto *foram alcançados*, haja vista que, por meio dele, alunos que estavam tendo o primeiro contato universitário com a matéria direito administrativo puderam entender a *aplicação do conhecimento* até então adquirido na prática.
A7	*Absolutamente.* Estimular os universitários a verem a *atuação do Tribunal de Contas* é um estímulo à cidadania e à função mútua de fiscalização que deve ser feita pelo órgão e pelos cidadãos. Ressalta-se que projetos que envolvam uma participação mais ativa da academia também devem ser buscados como um corolário dos projetos de divulgação nos moldes do TCE Cidadão.

(conclusão)

UNIVERSITÁRIOS/ PROFESSORES	RESPOSTAS
A8	*Sim.* Ao proporcionar uma maior *possibilidade* de conhecer a *rotina* e a atuação do Tribunal de Contas, o Projeto TCE Cidadão constitui um instrumento eficaz do exercício da cidadania como um todo.
P1	Verifica-se que, de maneira geral, o projeto TCE Cidadão é importante; todavia, *falta*, por parte da universidade e do Tribunal de Contas do Estado de Sergipe, *uma maior atuação* em aproximar mais universitários para conhecer o trabalho de fiscalização da Corte de Contas.
P2	*Sim*, como um dos instrumentos do regime democrático, trazendo a *orientação* para essa camada da *sociedade* que está mais próxima da execução de suas ações em benefício da sociedade.

Fonte: Dados da entrevista/2016.

O que se observa na tabela descrita é a predominância da afirmação de que o projeto do TCE cumpre seus objetivos, ou seja, 80% dos sujeitos pesquisados afirmaram positivamente sobre a efetividade do projeto citado, justificando sua resposta com as contribuições do projeto para a aproximação dos estudantes com a gestão do Tribunal ao cotidiano dos participantes, estimulando a cidadania e a função mútua de fiscalização que deve ser feita pelo órgão e pelos cidadãos.

A ECOJAN (TCE/SE) lançou o Projeto TCE Cidadão em 2012 como mais uma ação de promoção e fortalecimento da cidadania. Tem como objetivo promover a cidadania e divulgar o órgão diretor enquanto instituição responsável pela fiscalização dos recursos públicos em benefícios da sociedade.

No tocante à contribuição da participação dos entrevistados na plenária do colegiado e no acompanhamento da pauta de julgamento de processos do dia, foram obtidos os seguintes resultados:

Tabela 25 – Plenária do colegiado e acompanhamento da pauta de julgamento de processos do dia

UNIVERSITÁRIOS/ PROFESSORES	RESPOSTAS
A1	*Gratificante*, elucidativo e essencial para o aprendizado e a obtenção de um *contato prático* diferente da teoria constante da sala de aula.
A2	*Excelente* iniciativa. A universidade precisa fazer esse paralelo entre o que é visto em sala e como é na realidade. Expandir o conteúdo doutrinário além das paredes da instituição *de forma prática*.
A3	Foi, indubitavelmente, uma das experiências mais *enriquecedoras* das quais participei enquanto acadêmico do curso de direito. Pude analisar, *na prática*, vários dos institutos e princípios abordados no direito administrativo.
A4	De grande *relevância*. A academia que tanto se concentra na teoria agora recebe a oportunidade de visualizar mais de perto – leia-se *na prática* – a atuação da importantíssima corte.
A5	É uma *experiência surpreendente*, uma vez que as sessões são muito céleres no tão curto espaço de tempo para cada julgado. O aluno, por não conhecer de perto esse processo de fiscalização, acaba por notar a grande rapidez com a qual são julgadas as contas públicas. Entretanto, deveria haver uma melhor condução da explicação do processo de julgamento com o intuito de evidenciar que as contas, antes de irem a julgamento, são analisadas por todo um corpo técnico que tem expertise na área de finanças públicas.
A6	Foi uma *experiência única*, de suma importância para entender os trâmites processuais que, direta ou indiretamente, envolvem nossa vida enquanto cidadãos.
A7	É um momento de *interação* muito *produtiva*, pois estão ali funcionários do estado que avaliam o uso dos gastos público frente à população que é destinatária deles; assim, ela pode fazer um trabalho de avaliação tanto dos gestores dos municípios quanto dos próprios membros do TCE e seu compromisso com a atividade de conselheiros de contas.
A8	É uma maneira *efetiva* de aproximar a Corte de Contas da população.
P1	Foi *esclarecedora*, pois mostrou, não só a mim, mas aos alunos, como são debatidos os tópicos constantes da pauta, ofertando aos jurisdicionados a possibilidade do contraditório.
P2	De *grande valia*, considerando tratar-se de uma verdadeira *aula prática*, que, no nosso caso, serviu para que eles vivenciassem julgamentos de processos na esfera administrativa.

Fonte: Dados da entrevista/2016.

Os entrevistados apresentaram impressões positivas sobre o Projeto Cidadão quanto à sessão plenária e aos conteúdos apresentados. A1, A2, A3, A4 e P2 também evidenciaram o valor da atividade prática. A6 assumiu sua condição de cidadã entre outros cidadãos e afirmou ter sido "[...] uma experiência *única*, de suma importância para entender os trâmites processuais que, direta ou indiretamente, envolvem nossa vida, enquanto cidadãos".

A7 observou a interação produtiva e escolheu pontos que revelaram uma conceituação lógica de alguém que entendeu muito bem como funciona o tribunal.

A8 valorizou a atividade a que se submeteu e ficou encantado e surpreso.

O Professor 1, no geral, se posicionou da mesma forma que os estudantes e adiantou que "[...] foi esclarecedora". O Professor 2 depôs favoravelmente, incluindo ser "[...] de grande valia para que eles vivenciassem julgamentos de processos na esfera administrativa". O aspecto da prática foi, talvez, o mais mencionado pelos universitários participantes. Os aspectos quanto a esta entrevista foram avaliados positivamente como um todo.

No que diz respeito à contribuição da participação dos entrevistados na plenária do colegiado sobre a atuação do Tribunal de Contas e suas ações (tabela 26):

Tabela 26 – A participação na plenária do colegiado contribui na compreensão do Tribunal de Contas e suas ações?

(continua)

UNIVERSITÁRIOS/ PROFESSORES	RESPOSTAS
A1	A participação na plenária em si *não contribuiu* tanto quanto as explanações da docente, bem como das palestras ministradas. A contribuição isolada da plenária não proporcionou a *compreensão plena*.
A2	*Sim.* Importantíssima para o entendimento do funcionamento do órgão, sua organização e estrutura.
A3	*Sim.* Foi possível perceber que o controle social, antes de ser um procedimento técnico, é um exercício de cidadania.
A4	A contribuição apresenta-se *notória*. A visão abstrata dá lugar à concretude que diretamente nos afeta, atribuindo-nos um papel incompatível com o de mero expectador, senão o de atuar enquanto agente que coopera para as transformações ao redor.

(conclusão)

UNIVERSITÁRIOS/ PROFESSORES	RESPOSTAS
A5	*Sim*, mas esta contribuição é muito tímida, uma vez que se trata de uma ação isolada a ser utilizada, além de ser restrita ao ambiente acadêmico.
A6	*Sim*, exatamente pela postura e seriedade dos conselheiros no momento de analisar os processos. Há que se pontuar, entretanto, que a sessão ocorreu de forma rápida, sendo poucos os debates sobre os casos.
A7	*Positivamente*. A participação na plenária nos colocou de alguma forma num polo ativo do processo de fiscalização das contas públicas. Estavam ali presentes servidores públicos responsáveis por analisar os gastos dos municípios e os cidadãos, primeiros interessados no bom aproveitamento dos impostos que são absorvidos pelo poder público para a manutenção da sociedade.
A8	A contribuição é indubitavelmente *produtiva*, principalmente por proporcionar o conhecimento da atuação prática do tribunal, como aplicação de multa e encaminhamento de ofícios aos juízos competentes para proceder a diligências necessárias. Assim, a presença na sessão plenária contribui para o *esclarecimento* prático de tais atuações.
P1	Foi *determinante* a participação, inclusive para que se formasse uma consciência preventiva no intuito de se poder estar mais atento ao comportamento dos gestores públicos e participar ativamente do processo, auxiliando ao TCE na sua condição de fiscalizador denunciando ou elogiando o gestor conforme a sua *performance* no cargo no quesito de probidade e *efetividade*.
P2	*Sim*, nesta toada, a participação da faculdade, professor e alunos foi de *vital importância*, porque houve um compartilhamento do conhecimento técnico sobre o controle da gestão pública e, assim, contribuir para o aprimoramento da atuação dos órgãos de controle.

Fonte: Dados da entrevista/2016.

O que se observa nos depoimentos são contribuições positivas, como: compreensão da atuação da instituição, esclarecimentos práticos, importância no conhecimento das atribuições da prática do tribunal, entre outros. Destaca-se o depoimento de A1, que se revelou um tanto reticente, sem firmar categoricamente sua posição, nem mencionar diretamente a participação na plenária. Todos os outros entrevistados alinharam alguns aspectos sobre a importância de conhecer o TC e participar ativamente da vida pública, com incentivo à participação democrática.

Complementando a questão anterior, investigou-se se a mesma participação na plenária incentiva a atuação na fiscalização de recursos públicos, como demonstrado na tabela 27.

Tabela 27 – A participação na plenária do colegiado incentiva a atuação do cidadão na fiscalização de recursos públicos?

UNIVERSITÁRIOS/ PROFESSORES	RESPOSTAS
A1	*Sim*, orientando na *fiscalização*, principalmente se valendo do princípio da publicidade, acompanhando sempre por meio da internet por exemplo, portal da transparência...
A2	*Sim*. Como explanado em uma das palestras, ficou claro como acessar o portal do tribunal e *fiscalizar* o destino dos recursos públicos e sua respectiva utilização.
A3	*Sim*, conscientizando a sociedade civil acerca da disponibilidade transparente de meios para a referida *fiscalização*.
A4	*Sim*. Permanecer inerte quando possível intervir para mudanças verdadeiras e substanciais da nossa realidade já não é mais compatível ao senso crítico fomentado.
A5	*Isso necessariamente não ocorreu*. É um passo inicial, necessitando de uma aproximação mais efetiva com a sociedade que vá além da demonstração das sessões de julgamento e realmente demonstre a *fiscalização* dos recursos públicos.
A6	*Sim*, pois, diferentemente do que muitos pensam, as contas são de fato *fiscalizadas* e analisadas, chegando inclusive a formar-se um processo, com todas as prerrogativas de um Estado Democrático de Direito.
A7	A participação na plenária, juntamente com a palestra sobre como acessar ferramentas de *fiscalização* do órgão, foi extremamente estimulante a um papel proativo por parte de nós, cidadãos, no controle dos gastos públicos.
A8	*Sim*. Conhecer o julgamento na sessão plenária e também o próprio Portal da Transparência auxilia na *participação* cidadã.
P1	*Sim*. Na medida em que se oferta a possibilidade de conhecer o funcionamento do órgão, também se disponibiliza o entendimento acerca da necessidade da *participação* efetiva do cidadão para o fortalecimento da instituição. Fica clara e cristalina a premissa de que só se consegue ser efetivo no exercício da cidadania através do comprometimento pessoal de participação social.
P2	*Sim*, a *fiscalização* da res pública não se resume aos órgãos de controle. Essas ações são realizadas por todos, agentes políticos ou pelo próprio cidadão.

Fonte: Dados da entrevista/2016.

Verifica-se que os participantes da entrevista concordaram em um percentual de 90%, apresentando como ponto capital a participação cidadã e a fiscalização dos recursos públicos como necessárias. Entretanto, o entrevistado 5 foi taxativo ao afirmar que "não necessariamente" isto ocorreu e trata-se de uma ação que deve ser expandida.

Os dois professores apresentaram uma aceitação no patamar de 100%.

No que diz respeito à ECOJAN e ao TCE/SE, propõe-se despertar maior participação cidadã nos servidores dos órgãos jurisdicionados e na própria sociedade para exercerem parcerias junto a este órgão de controle, denunciando quanto a irregularidades de que vierem a ter conhecimento, seja por meio da ouvidoria ou por qualquer outro meio de comunicação.

Partindo dessa concepção, verificou-se se a participação na plenária do colegiado melhora a comunicação entre o TCE/SE e a sociedade (tabela 28).

Tabela 28 – A participação na plenária do colegiado para melhoria da comunicação entre o Tribunal de Contas/SE e a sociedade

(continua)

UNIVERSITÁRIOS/ PROFESSORES	RESPOSTAS
A1	*Sim*, plenamente.
A2	*Sim*. A linguagem dos palestrantes e a atenção dos servidores facilitaram a compreensão do ambiente e da sistemática do tribunal.
A3	*Sim*, durante todo o pleno.
A4	*Sim*. Não há qualquer dúvida. Todos os agentes locais mostraram-se absolutamente prestativos e comunicativos, compactuando significativamente para uma maior abertura entre cidadãos e Corte de Contas.
A5	*Sim*. Contudo, ainda é uma ação que deve ser expandida, mas a comunicação do tribunal deu-se pela vistoria de como é o controle das contas públicas.
A6	*Sim*, no sentido de, a partir do conhecimento adquirido, compartilhar informações, alertar aos cidadãos sobre a possibilidade de fiscalizar as contas públicas, de interagir mediante "Portal da Transparência", entre outros.
A7	*Sim*. O próprio Projeto TCE Cidadão é um incentivo à comunicação entre o órgão e a sociedade. No final da visitação, listas que visavam avaliar nossas impressoes foram distribuídas, o que reafirma a nossa participação na comunicação com o tribunal.

CAPÍTULO 5
ANÁLISE E DISCUSSÃO DOS RESULTADOS DAS ENTREVISTAS | 185

(conclusão)

UNIVERSITÁRIOS/ PROFESSORES	RESPOSTAS
A8	*Sim.* Na forma receptiva de o tribunal receber os visitantes durante o Projeto TCE Cidadão e demonstrar estar sempre à disposição dos cidadãos.
P1	*Sim.* Isso é fato, uma vez que, ciente hoje do papel do TCE, agiremos como multiplicadores dessas informações. Ficou claro nos comentários feitos pelos alunos ao sair da visita e nos dias subsequentes.
P2	*Por certo.* As cortes de contas são órgãos de controle; porém, sem o envolvimento da sociedade, esse controle fica fragilizado. Na visita ao plenário, percebia-se nos semblantes dos alunos o interesse em entender o funcionamento e como se realizavam os julgados.

Fonte: Dados da entrevista/2016.

Houve unanimidade nas respostas; todos disseram sim, sem ressalvas. Convém frisar que, diante de outras perguntas que se entrecruzam com esta, a unanimidade não seria tão esperada, mesmo porque se tornaria incoerente.

As respostas dos professores, outra vez, elevam o nível de 100% de aceitação.

Quanto à motivação gerada pela proposta do projeto TCE Cidadão nos participantes, foram observados os seguintes resultados:

Tabela 29 – A proposta do Projeto TCE Cidadão motiva universitários e universidades/faculdades a conhecer os princípios da boa Administração Pública?

(continua)

UNIVERSITÁRIOS/ PROFESSORES	RESPOSTAS
A1	*Sim*, através da *explanação* da docente e das *palestras* ministradas.
A2	*Sim.* Como explicitado anteriormente, a visita técnica cumpriu com seu objetivo de apresentar à sociedade como funcionam as *deliberações do colegiado* e do próprio órgão em si.
A3	*Com certeza* o projeto tem sido bastante feliz em seu intento. Como já ratificado, a *exposição de casos práticos* é sempre enriquecedora ao público que estuda o tema, principalmente em um primeiro contato, como é o caso dos alunos de graduação.
A4	*Sim.* Como já dito anteriormente, o projeto assume contribuição ímpar ao aluno que antes estava adstrito aos manuais e teorias de uma sala de aula; agora, indo além, se *apropria da realidade* em que está inserido.
A5	*Sim*, ajuda a *conhecer* os *princípios* que permeiam a Administração, mas alerta para a necessidade da participação popular nesse controle.

(conclusão)

UNIVERSITÁRIOS/ PROFESSORES	RESPOSTAS
A6	*Sim*, quando se considera que, a partir da visita ao Tribunal de Contas do Estado, vários conhecimentos foram disseminados e o que é visto em *teoria* pode ser visualizado na *prática*. Todavia, talvez, uma visita só não seria suficiente para entender todas as atribuições do órgão.
A7	O projeto tem uma *proposta admirável* e, com a experiência que tive, posso afirmar que cumpre muito bem seu objetivo, visto que tivemos um dia de conhecimento e descobertas sobre o *funcionamento do TCE* sobre os preceitos da Administração Pública e sobre as formas de participação nas avaliações das contas pelos próprios cidadãos. Esse projeto é, sem dúvida, o maior triunfo da Escola de Contas.
A8	*Sim*. O projeto atendeu a sua proposta em virtude de possibilitar aos cidadãos *conhecer a função fiscalizadora da corte*, além de esclarecer, de maneira mais contundente, o papel através das palestras que abordam temáticas cujos eixos estão em consonância com a Administração Pública.
P1	*Perfeitamente*, pelas razões e fatos já demonstrados nos itens anteriores.
P2	*Por certo*. Essa participação, na verdade, é de cunho constitucional quando a Carta Magna estabelece a *fiscalização* mediante *controle externo*, e este controle externo inclui a sociedade, esta que é recebedora dos serviços públicos que são oferecidos por conta principalmente das receitas advindas da tributação.

Fonte: Dados da entrevista/2016.

Para esse questionamento, prevaleceu a unanimidade. O entrevistado 1 focalizou "[...] a importância e necessidade além da explicação técnica de como acessar o portal". A7 explicou que "[...] por razões históricas visualiza-se o controle social como o meio mais eficaz de todos na fiscalização das contas públicas". Foram também mencionados o recurso da ouvidoria do TCE e a exposição da "[...] inserção do cidadão no ambiente do Tribunal de Contas assim como o fornecimento de orientação acerca da atividade fiscalizatória".

O Professor 2 lembrou-se de abordar a importância da coletividade.

No que concerne à temática abordada na questão, reconhece-se o fato de os projetos propostos pelo TCE, por meio das ECs, contribuírem para a maturidade social, passando da condição de meros órgãos de estado para se formalizarem órgãos da sociedade no estado, sobretudo nas funções do controle externo, auxiliando o aparelho estatal, tanto indireta quanto diretamente (MOREIRA NETO, 2003).

Ao analisar as ações do TCE/SE e de sua EC no que concerne à fiscalização dos gastos públicos, os entrevistados comentaram sobre a contribuição dessas instituições nesse processo de fiscalização, como pode ser observado na tabela 30.

Tabela 30 – As ações do TCE/SE e de sua Escola de Contas tornam mais fácil a fiscalização cidadã sobre o controle dos gastos públicos?

UNIVERSITÁRIOS/ PROFESSORES	RESPOSTAS
A1	*Sim,* porque enfatiza a importância e necessidade além da explicação técnica de como *acessar o portal.*
A2	*Sim.* O auxílio prestado pelo TCE, através do controle externo da Administração Pública, corrobora a *fiscalização* que a sociedade tanto almeja.
A3	*Sim,* pois a sociedade civil precisa ser abordada de forma diferenciada, que somente a escola e o seu objetivo "professoral" conseguem alcançar com maestria.
A4	*Sim.* A busca pela *proximidade, esclarecimento e profundidade* com que o assunto passa a ser tratado merece todo destaque. O cidadão recebe uma provocação extra, o que não seria possível se estivesse o TCE distante de tais ações.
A5	*Sim,* pois demonstra na prática a *fiscalização dos recursos públicos,* transpondo a frieza das teorias jurídicas e normas.
A6	*Sim,* mas, como dito, falta mais divulgação para que suas missões alcancem um público maior.
A7	Por razões históricas, visualiza-se o controle social como o meio mais eficaz de todos na *fiscalização das contas públicas.* Acredito no papel subsidiário e complementar dos tribunais de contas nessa relação, de forma não menos importante. Contudo, quanto maior a aproximação do TCE e da sua Escola de Contas dos cidadãos, maior o protagonismo destes no controle dos gastos públicos.
A8	*Sim.* O *acompanhamento* de como é gerido os *recursos públicos* e o *conhecimento* de eventuais atos ímprobos tornam mais fácil a participação dos cidadãos na gestão pública como um todo, como também a inserção do cidadão no ambiente do Tribunal de Contas e o fornecimento de orientação acerca da atividade fiscalizatória.
P1	No momento em que abre o TCE para receber a comunidade acadêmica, a Escola de Contas também oferta a *possibilidade de formar a consciência cidadã,* e essa condição repercute diretamente sobre a fiscalização, facilitando sobremaneira a sua execução.
P2	É evidente que *sim.* Essa *aproximação* tem servido para aproximar a *sociedade* desse órgão de controle tão relevante para que os princípios que regem a *administração* sejam praticados em prol da coletividade.

Fonte: Dados da entrevista/2016.

Todos responderam afirmativamente que as ações do TCE/SE contribuem para a fiscalização dos gastos públicos. O entrevistado 1 focalizou "[...] a importância e necessidade além da explicação técnica de como acessar o portal". O entrevistado 7 explicou que, "[...] por razões históricas, visualiza-se o controle social como o meio mais eficaz de todos na fiscalização das contas públicas, acredito no papel subsidiário e complementar dos tribunais de contas nessa relação, de forma não menos importante". Contudo, quanto maior a aproximação do TCE e de sua EC dos cidadãos, maior o protagonismo destes no controle dos gastos públicos.

Excetuando essas considerações específicas, os demais entrevistados também responderam afirmativamente e ponderaram sobre a fiscalização, a aproximação do TCE com a sociedade, a importância do sistema de controladoria e a ação pedagógica da EC; a fiscalização cidadã em relação ao controle dos gastos públicos; a busca do TCE pela proximidade e esclarecimento da sociedade; a questão da conjuntura atual; a necessidade de mais divulgação para um público maior; a inserção do cidadão no ambiente do Tribunal de Contas e o fornecimento de orientação acerca da atividade fiscalizatória. Foram também mencionados o recurso da Ouvidoria do TCE e a exposição da "[...] inserção do cidadão no ambiente do Tribunal de Contas, assim como o fornecimento de orientação acerca da atividade fiscalizatória", como assinalado por A8.

Para esse questionamento, prevaleceu a unanimidade, tendo o Professor 1 mantido uma posição ortodoxa, focalizando o TCE, que, "[...] para receber a comunidade acadêmica a Escola de Contas também oferta a possibilidade de formar a consciência cidadã, e essa condição repercute diretamente sobre a fiscalização, facilitando sobremaneira a sua execução". O Professor 2 lembrou-se de abordar a importância da coletividade.

Diante do exposto, é oportuno destacar a função dos TCs, que têm ampla ação de controle sobre os atos da Administração Pública, com a finalidade de verificar nas contas prestadas pelos agentes do poder público quanto ao cumprimento dos preceitos legais necessários à sua validade e ilegalidades verificadas, visando combater atos de corrupção e prejuízos ao erário (QUEIROZ, 2010).

Quanto ao Projeto TCE Cidadão e a visão dos entrevistados sobre o controle de gastos públicos, foram descritos os seguintes depoimentos:

Tabela 31 – Antes da aplicação do Projeto TCE Cidadão, a sua visão sobre o controle de gastos públicos era a mesma que tem agora?

UNIVERSITÁRIOS/ PROFESSORES	RESPOSTAS
A1	De modo geral, é *a mesma*, visto as discussões em aula entre as pesquisas pessoais; no entanto, só mudam o direcionamento e o *conhecimento* mais *técnico* e específico desses *controles*.
A2	*Não.* Conhecer a estrutura do órgão e suas funções, na prática, *contribuiu* para um *aprendizado básico* de como funciona o *controle dos gastos públicos.*
A3	*Não.* A minha visão era bastante influenciada pelo senso comum acerca do tema, o que mudou após a referida visita.
A4	*Não.* O plano do abstrato não admite capacidade para tanto. Além da gigantesca estrutura física abarcada pelo Tribunal, passamos a *conhecer* o ambiente virtual, qual seja a plataforma de consulta aos gastos públicos, disponibilizada pelo TCE, também *meio inidôneo a uma fiscalização.*
A5	*Não*, porque demonstra a importância do controle dos gastos públicos a fim de garantir uma administração proba e eficiente, além de explicitar a necessidade da sociedade nesse processo fiscalizatório.
A6	*Não*, mudou um pouco por saber o *funcionamento na prática.*
A7	*Não*, a visita através do projeto nos mostrou como *funcionam os meios de controle* e, através das palestras, tivemos a oportunidade de conhecer a plataforma de consulta aos gastos públicos disponibilizados pelo TCE, o que amplia nosso aparato de fiscalização sobre a gestão dos entes federados.
A8	*Sim*, pois, após o Projeto TCE Cidadão, percebi a existência de *mecanismos* mais próximos da população no papel da *fiscalização*, a exemplo do Portal da Transparência.
P1	Efetivamente *não*. Antes, todos nós entendíamos a corte como descrito nas normas jurídicas e não tínhamos a exata *dimensão* do seu *funcionamento* e *importância*.
P2	*Não.* Existe um divisor de águas: antes do Projeto TCE Cidadão e depois do Projeto TCE Cidadão. Tal assertiva é pelo fato de que, agora, a *fiscalização dos gastos públicos, fundamental* para garantir que a sua aplicação esteja de acordo com os interesses coletivos, está sendo colocada para toda a sociedade, acabando de vez a ideia de que esse órgão de controle é "faz de conta".

Fonte: Dados da entrevista/2016.

Dos depoimentos, é importante destacar a fala do participante 1, que não viu diferenças a considerar, comentando como ponto que "[...] só mudam o direcionamento e o conhecimento mais técnico e específico desses controles". O que há nas entrelinhas do discurso do entrevistado denuncia uma situação que exige das autoridades um esforço triplicado, como também uma chamada geral à cidadania.

Os dois professores se harmonizaram, tendo dito como resposta "não".

Todos os demais entrevistados afirmaram que passaram a ter uma nova e diferenciada visão sobre o sistema de controladoria do TCE.

No tocante ao conhecimento do trabalho do TCE/SE e de sua Escola de Contas sobre a fiscalização dos gastos públicos, prevaleceu o "sim" como unanimidade.

Tabela 32 – Todos os cidadãos, alfabetizados ou não, precisariam conhecer o trabalho do TCE/SE e de sua Escola de Contas sobre a fiscalização dos gastos públicos?

(continua)

UNIVERSITÁRIOS/ PROFESSORES	RESPOSTAS
A1	*Sim*, pois é *básico e vital* para a sociedade, vez que é a principal direcionada e afetada com os gastos públicos.
A2	*Sim*. A sociedade precisa *participar* mais ativamente do *controle da Administração Pública*, e o acesso ao órgão, visitando sua estrutura e como funciona, só corrobora o comprometimento do Tribunal de Contas como um tribunal a serviço dos cidadãos.
A3	*Com certeza!* A cidadania transcende questões relativas à educação formal. Todo cidadão deve, sendo portador de dignidade humana, *participar* da movimentação das *engrenagens* que movem a *máquina pública*.
A4	*Sim*. O desenvolvimento do *senso crítico* será sempre bem recepcionado, mais ainda quando acontece cedo.
A5	*Sim*, pois os *gastos públicos* são advindos da contribuição tributária de cada um, além de que se destinam – ou ao menos deveriam se destinar – ao *bem coletivo*.
A6	*Sim*, porque, como dito, caso indivíduos da sociedade e determinados órgãos trabalhem em conjunto, aqueles conseguirão *exercer* mais o seu *papel de cidadão* e, consequentemente, teremos uma sociedade mais crítica e até quem sabe, mais justa.

CAPÍTULO 5
ANÁLISE E DISCUSSÃO DOS RESULTADOS DAS ENTREVISTAS | **191**

(conclusão)

UNIVERSITÁRIOS/ PROFESSORES	RESPOSTAS
A7	Sem sombra de dúvida. Isso se trata de *empoderamento do cidadão*, que, com o tempo, pode trazer os benefícios mais almejados pela nossa república. Esse empoderamento é ainda mais importante quando feito para aqueles com menos escolaridade e/ou analfabetos, pois estes, infelizmente, acabam sendo ludibriados e alienados mais facilmente pelas más condutas dos políticos brasileiros. O conhecimento dessa ferramenta a serviço do povo, que é o TCE, é uma conexão direta entre o estado e os cidadãos.
A8	*Sim.* O conhecimento dos mecanismos de controle externo e interno é imprescindível para a *concretização do papel dos cidadãos*. O exercício da cidadania, que transcende o fato de serem os indivíduos alfabetizados ou não, faz parte da consolidação do Estado Democrático de Direito.
P1	Entendo que essa é uma lógica natural, pois só dessa forma entendo ser possível atingir em pleno a *consciência cidadã*.
P2	*Sem dúvida.* E essa iniciativa já começou quando vejo escolas municipais e estaduais recebendo o projeto. Parabéns!

Fonte: Dados da entrevista/2016.

Quanto a isso, pode-se afirmar uma anuência total (100%), registrando-se que, para o respondente A8, sobre a consolidação do Estado de Direito, todos os cidadãos, alfabetizados ou não, devem gozar de direitos.

Os dois professores admitiram que sim, tendo dito o Professor 1 entender que "[...] essa *é* uma lógica natural, pois só dessa forma entendo ser possível atingir em pleno a consciência cidadã", e o Professor 2 que "[...] essa iniciativa já começou quando vejo escolas municipais e estaduais recebendo o projeto".

O que se verifica *é* a relação entre alfabetização e discernimento da realidade, ou seja, através da leitura a pessoa compreende o mundo em que vive. A revisão da literatura acerca desse tema revela que, pela leitura, uma pessoa não só adquire o conhecimento, mas conquista uma consciência crítica, como pode transformar sua realidade, através de um processo contínuo de aprendizagem (SILVA, 2004). Por conta disso, a leitura é importante para a formação da cidadania, já que possibilita a emancipação de um indivíduo e a assimilação dos valores da sociedade (ZILBERMANN, 2007).

Portanto, o domínio da leitura é essencial para se obter sucesso na compreensão das situações da vida. A competência em leitura envolve um conjunto de habilidades que incluem, entre outras, a capacidade do leitor de criar suas próprias estratégias de compreensão e construir significado organizando as informações, realizar inferências, localizar informações relevantes, avaliar a informação recebida e utilizar adequadamente a informação (BORUCHOVITCH, 2001).

Quanto ao controle social e às estratégias de combate à corrupção, destacam-se as seguintes repostas:

Tabela 33 – O controle social é uma das formas de combater a corrupção?

(continua)

UNIVERSITÁRIOS/ PROFESSORES	RESPOSTAS
A1	*Sim.* A explanação é "guia" de controle e observância dos gastos e atos públicos.
A2	*Sim.* A preocupação que deverá nortear aos *órgãos* públicos. Já que vivemos num Estado Democrático de Direito, tal controle não pode estar presente de tal forma a inibir a independência e autodeterminação de seu povo. Os exemplos ficam por conta dos casos julgados em plenário, bem como orientação sobre a fiscalização virtual.
A3	*Sim*, com certeza o é. Como exemplos, temos o TCE Itinerante e, claro, o próprio TCE Cidadão.
A4	*Sim.* Porém, há de se destacar a preocupação que deverá nortear os órgãos públicos. Já que vivemos num Estado Democrático de Direito, tal controle não pode estar presente de tal forma a inibir a independência e autodeterminação de seu povo. Os exemplos ficam por conta dos casos julgados em plenário, bem como orientação sobre a fiscalização virtual.
A5	*Sim.* O único projeto que se conhece é o TCE Cidadão. A Escola de Contas poderia, por exemplo, ministrar palestras sobre orçamento participativo para se tornar um exemplo desse estímulo.
A6	*Sim.* O Portal da Transparência e as ouvidorias, bem como os projetos TCE Cidadão e TCE Vai à Escola.
A7	*Sim.* O controle social, na verdade, é historicamente o mais eficiente no combate à corrupção. A escola do Tribunal de Contas de Sergipe, através de uma única ação, o Projeto TCE Cidadão, consegue empoderar os visitantes tanto por meio de suas palestras sobre Administração Pública e controle social através de mecanismos *online* como também através da participação da plenária do colegiado.

(conclusão)

UNIVERSITÁRIOS/ PROFESSORES	RESPOSTAS
A8	*Sim.* A escola do Tribunal de Contas de Sergipe atua de maneira a combater a corrupção através de projetos de suma relevância, a exemplo do Projeto TCE Cidadão e o Projeto TCE Vai à Escola.
P1	*Sim.* Pensando controle social como sendo a *integração da sociedade* com a Administração Pública, com a finalidade de *solucionar problemas* e as deficiências *sociais* com *mais eficiência*, eu diria que ele é forma essencial para combate à corrupção. A realização de cursos de capacitação e atualização profissional dos servidores de controle e fiscalização e o próprio projeto TCE cidadão.
P2	*De certo.* A partir do momento em que esse projeto chega inclusive nas escolas, o controle social se efetiva, passando a comunidade a entender o seu papel em comunhão com os órgãos de controle no sentido de que os princípios que regem a Administração Pública sejam efetivamente aplicados em prol da sociedade. A responsabilidade é de todos!

Fonte: Dados da entrevista/2016.

O que revelaram os dados foi a compreensão dos entrevistados sobre a importância do controle social no combate à corrupção, isso porque o combate à corrupção vai além de um sistema de controle interno. É preciso várias frentes de combate, pois a situação atual do Brasil revela que, mesmo com a elaboração de normas e a previsão constitucional, ainda há um elevado índice de corrupção. Segundo Sobral de Souza (2012), devem-se aumentar as medidas preventivas e conscientizar a população para exigir de seus representantes uma atuação condizente com suas atribuições, como também ressaltar a importância do controle externo mais eficaz e eficiente.

O entrevistado A2 destacou "[...] a preocupação que deverá nortear os *órgãos* públicos. Já que vivemos num Estado Democrático de Direito, tal controle não pode estar presente de tal forma a inibir a independência e autodeterminação de seu povo. Os exemplos ficam por conta dos casos julgados em plenário, bem como orientação sobre a fiscalização virtual". A7, por sua vez, valorizou o controle social tido, historicamente, como o sistema "[...] mais eficiente no combate *à* corrupção. A escola do Tribunal de Contas de Sergipe, através de uma *única* ação, o projeto TCE Cidadão, consegue empoderar os visitantes tanto por meio de suas palestras sobre Administração Pública e controle social através de mecanismos online como também através da participação da plenária do colegiado".

Sim, para os dois professores a premissa é válida. No caso dos alunos participantes da entrevista, todos também disseram que o controle social é uma forma de combate à corrupção. Corroborando com o exposto, Teixeira (2006, p. 18) advoga que o caminho a ser traçado no combate à corrupção passa pela:

> [...] formação de redes, somando mecanismos tradicionais com novas técnicas, combinando ações preventivas e repressivas. Mas o combate à corrupção depende ainda de medidas conjugadas, de natureza política, econômica, social e jurídica. Enquanto houver alta desigualdade, analfabetismo e desemprego convivendo com baixa participação social nos negócios públicos, pouco acesso à justiça e aos órgãos de controle, ineficiência na apuração e punição, a corrupção se manterá resistente.

Outros instrumentos de combate à corrupção que podem ser elencados são a Lei de Improbidade Administrativa (Lei nº 8.429/92), a educação preventiva, a educação das novas gerações e a conscientização para a democracia (GHIZZO NETO, 2013). Portanto, a sociedade precisa participar efetivamente, contribuindo através de denúncias, fazendo parte do enfrentamento à corrupção.

Com base nos depoimentos, verifica-se a importância dos instrumentos de fiscalização para frenar a corrupção na gestão pública, como um engajamento da população. Logo, a participação social cidadã faz com que a Administração Pública planeje e execute suas ações tendo como prioridade o atendimento às necessidades da população. Quando não existe tal cobrança, e a sociedade não é consciente de seus deveres e direitos, o resultado é uma Administração Pública voltada para interesses clientelistas e uma população carente, sem o atendimento de suas necessidades mais básicas, sem perspectivas de alteração desse quadro (SOBRAL DE SOUZA, 2012).

O sumo da apuração desta análise foi ser significativa e relevante pela participação empenhada e responsável dos entrevistados, que exerceram sua cidadania e direito à livre expressão do pensamento, quer de maneira mais simples, quer de maneira mais elaborada, demonstrando muita pertinência em seus considerandos nos quais desenvolveram o senso crítico e desenharam suas escalas morais, éticas e de valores sociais.

Alguns entrevistados se profundaram quanto ao cerne das questões, atingindo a questão da responsabilidade cidadã com foco no destino das verbas públicas e, ao mesmo tempo, ao combate da mazela da corrupção; outros abordaram as temáticas de maneira superficial, mas, em geral, manifestando-se seriamente com relação ao que lhes foi solicitado, de modo a ratificar a relevância da entrevista sobre o Projeto TCE Cidadão pela ECOJAN.

5.2 Entrevista com a escola de contas mais antiga (TCE/ MG) e com a mais recente (TCMs/BA)

Esta análise a seguir se reporta ao resultado da entrevista, gravada em áudio, contendo 15 (quinze) questões, aplicada a dois diretores das ECs mais recente e mais antiga do Brasil. Observe-se que não foi levada em consideração, para efeitos desta análise, a Escola do TCU Instituto Serzedello Corrêa, criada em 1994, em razão desta se configurar em posição mais evoluída do que as demais escolas dos estados e municípios da federação.

A primeira pergunta feita aos diretores buscou verificar se as formas de conceituar o controle que priorizem menos dependência e eliminem a hierarquização encontram respaldo no crescimento do papel dos órgãos de controle externo da administração, tornando-se imprescindível que os mecanismos se desenvolvam e se mostrem capazes de controlar o emprego adequado dos recursos públicos. Ainda se procurou saber se a EC considera que esta seja uma condição *sine qua non* para o aperfeiçoamento do processo democrático da sociedade brasileira e que, além do mais, se mostra como um forte instrumento para o aumento da governabilidade, auxiliando as instituições públicas a agirem de forma ainda mais transparente e diretiva de suas ações para o atendimento das necessidades da sociedade, conforme a tabela 34.

Tabela 34 – A concepção de controle que a Escola de Contas considera para o aperfeiçoamento do processo democrático da sociedade brasileira

UNIVERSITÁRIOS/ PROFESSORES	RESPOSTAS
TCMs/BA (mais recente)	*Sim*, a nossa unidade tem participado de modo direto na *execução de ações* voltadas à *orientação* dos jurisdicionados, *cooperando* com *governabilidade* na medida em que debate, orienta e fiscaliza.
TCE/MG (mais antiga)	*Sim*. A escola de contas *capacita* em eventos externos, *servidores públicos* de unidades jurisdicionadas ao Tribunal, bem como os *diversos segmentos da sociedade civil*, como estudantes e membros de conselhos de políticas públicas.

Fonte: Dados da entrevista/2016.

Quanto a essa temática, a Escola do TCMs/BA assim se manifestou no sentido de promover ações aos jurisdicionados quanto à orientação e fiscalização. Convém frisar que a Escola do TCMs/BA não explicitou sobre suas ações de forma mais concreta. Já a Escola do TCE/MG ofereceu exemplos.

Importante se faz destacar que as escolas de governo discutem a sua atuação no que diz respeito à sua missão junto à sociedade a fim de contribuir com a formação de uma sociedade fundamentada na cidadania, em consonância com a legislação, como estratégia de promoção da transparência e, consequente, veículo de informação a todos os cidadãos.

Portanto, a concepção de controle compreendida pela EC vem contribuindo para o aperfeiçoamento do processo democrático da sociedade brasileira. Conforme relatos dos entrevistados, essa contribuição está plenamente direcionada através das ações de orientações dos jurisdicionados sobre a governabilidade das instituições públicas de forma transparente, bem como a EC capacita servidores públicos e diversos segmentos da sociedade civil para a fiscalização das ações governamentais (CHAISE, 2007).

Na questão sobre o combate à corrupção, é de se investigar providências a serem tomadas com vistas ao seu combate através da busca pela transparência de todos os atos da Administração Pública. Então, foi perguntado se a escola entrevistada acompanha e auxilia nas tomadas de tais providências junto às atividades do controle externo. Foram obtidas as seguintes respostas dos entrevistados:

Tabela 35 – A Escola de Contas acompanha e auxilia nas tomadas de tais providências junto às atividades do controle externo?

UNIVERSITÁRIOS/ PROFESSORES	RESPOSTAS
TCMs/BA (mais recente)	O auxílio prestado pela Escola de Contas limita-se a *ações pedagógicas* visando preparar o ambiente para máxima transparência, como também na capacitação do corpo técnico com o intuito de fiscalizar o cumprimento das normas de transparência: a) capacitação em auditoria em folha de pagamento; b) curso sobre o novo marco regulatório; c) curso de jurisprudência.
TCE/MG (mais antiga)	Entendo que essa atribuição escapa às atribuições de *formação e desenvolvimento profissional* da escola.

Fonte: Dados da entrevista/2016.

A escola do TCE/MG destacou que "[...] as contas de governo não são julgadas pelos tribunais. Sobre elas, emitimos pareceres prévios. Quem julga é o Poder Legislativo. Ademais, entendo que não é o papel da escola cobrar o cumprimento de decisões dos tribunais de contas" e preferiu não oferecer os exemplos de ações, conforme esta pesquisa solicitou. A Escola do TCMs/BA apresentou exemplos quanto à atuação pedagógica e preventiva da escola por meio de cursos e capacitações.

São atribuições precípuas das ECs desempenhar papéis educativos e de orientação, inclusive junto à educação, levando aos sujeitos informações necessárias para toda a sociedade (CHAISE, 2007).

Os estudos sobre o controle e suas tendências, a vertente do controle emancipatório como fomentador da democracia e a ação da controladoria voltam-se para a função da garantia de que a população tenha o protagonismo, revertindo-se em ações do Estado em prol do interesse público, quando teremos um controle tendente à emancipação dos cidadãos, inibindo a apropriação do Estado por interesses egoísticos; assim, por exemplo, os objetivos do TCE/SE estão centrados para a contribuição que, não só quer, mas que tem a obrigação de prestar à sociedade controle dos gastos públicos eficientemente.

Tabela 36 – Os objetivos do Tribunal de Contas/SE estão centrados para a contribuição que, não só quer, mas que tem a obrigação de prestar à sociedade controle dos gastos públicos eficientemente. A escola entrevistada assume o mesmo procedimento? Por que sim? E, se não, por quê? Há projetos/ações para tais fins?

UNIVERSITÁRIOS/ PROFESSORES	RESPOSTAS
TCMs/BA (mais recente)	*Sim*, por se tratar de uma unidade do TCMs/BA, tem que *pautar* suas *ações* nas prescrições do atual *planejamento estratégico* e nas determinações do Presidente. Atualmente o TCMs através do acesso ao seu site tem permitido que toda a sociedade tenha acesso às prestações de contas recebidas, o que viabiliza o controle social.
TCE/MG (mais antiga)	*Sim*. A escola tem forte *atuação* no estímulo ao *controle social*. Ministra cursos sobre tema ligados a cidadania. Também participa, em *ações* com outros órgãos, como CGU, TCU, Controladoria Geral do Estado, Câmaras Municipais, de ações voltados ao fortalecimento do controle social das contas públicas.

Fonte: Dados da entrevista/2016.

As duas escolas responderam sim a essa questão, sendo que a escola do TCMs/BA ressaltou "[...] pautar suas ações nas prescrições do atual planejamento estratégico e nas determinações do Presidente. Atualmente, o TCMs, através do acesso ao seu *site*, tem permitido que toda a sociedade tenha acesso às prestações de contas recebidas, o que viabiliza o controle social". A escola do TCE/MG confirmou ter "[...] forte atuação no estímulo ao controle social. Ministra cursos sobre tema ligados a cidadania. Também participa, em ações com outros órgãos, como CGU, TCU, Controladoria-Geral do Estado, Câmaras Municipais, de ações voltadas ao fortalecimento do controle social das contas públicas". Em detrimento da diferença de idade, as duas unidades têm programações bem-intencionadas e pautadas no social.

Ao tratar do controle e de suas tendências, João Augusto Bandeira de Mello (SERGIPE, 2014) explica que o controle emancipatório gera democracia, de modo que a população tenha o protagonismo. Desse modo, os objetivos dos TCs, bem como da Corte Sergipana, devem ser voltados à sociedade através do controle dos gastos públicos eficientemente.

No tocante aos órgãos de contas que se direcionam para a maturidade no âmbito social, passando da condição de meros órgãos de estado para a condição de órgãos da sociedade no Estado, foi questionado o seguinte:

Tabela 37 – A sociedade que presta seus serviços, principalmente nas funções de controle externo, auxilia todo o conjunto dos entes e dos órgãos do aparelho estatal, tanto indireta quanto diretamente. Isso ocorre com esta escola entrevistada?

UNIVERSITÁRIOS/ PROFESSORES	RESPOSTAS
TCMs/BA (mais recente)	*Sim*, podemos verificar esse direcionamento nas capacitações voltadas à orientação e *preparação* dos *componentes* do *controle social* e nas ações desenvolvidas em parceria com as universidades, por exemplo.
TCE/MG (mais antiga)	*Sim*. A escola *orienta* os *cidadãos*, em diversas ações de capacitação, a como exercerem o controle da Administração Pública e como se relacionarem com os tribunais de contas.

Fonte: Dados da entrevista/2016.

Observa-se que os órgãos de contas se direcionam para a maturidade no âmbito social, passando da condição de meros órgãos de estado para a condição de órgãos da sociedade no estado, porque é à sociedade que prestam seus serviços, principalmente nas funções de controle externo, auxiliando todo o conjunto dos entes e dos órgãos do aparelho estatal, tanto indireta quanto diretamente. Portanto, o que, objetivamente, se procura entender é se isso ocorre com a escola entrevistada. Solicitou-se também uma exemplificação.

A Escola do TCMs/BA assim se manifestou, que, mesmo jovem, a escola prima pela qualidade em sua atuação, vez que se envolve com as universidades. A Escola do TCE/MG, experiente, disse que: "Sim. A escola orienta os cidadãos, em diversas ações de capacitação". Das entrelinhas, depreende-se que a escola avança no sentido de alargar sua ação na direção dos cidadãos comuns; não especificou, entretanto, quais seriam as ações pretendidas.

Assim, o controle externo engloba mecanismos de fiscalização, auditoria orçamentária e julgamento das contas públicas, traduzindo-se como uma função elementar do Poder Legislativo, que atua com apoio do Tribunal de Contas (LOPEZ, 2008).

Referente às sanções, os TCs estão investidos numa formação suficiente para a sua aplicação concernente à prática de atos ilegais por acaso existentes no desempenho de receitas e despesas públicas. Assim sendo, questionou-se:

Tabela 38 – A escola entrevistada atua com práticas pedagógico-preventivas?

UNIVERSITÁRIOS/ PROFESSORES	RESPOSTAS
TCMs/BA (mais recente)	Sim. Podemos citar como exemplo a *parceria efetivada* entre o *TCMs e o SEBRAE*, com vistas a preparar os jurisdicionados, a sociedade e os servidores do TCMs para aplicar a Lei nº 147/2014.
TCE/MG (mais antiga)	Considero que *todas as ações pedagógicas* que desenvolvemos no âmbito do estado de Minas Gerais são *pedagógico-preventivas*, pois a capacitação visa preparar o gestor para exercer com regularidade suas funções.

Fonte: Dados da entrevista/2016.

Constata-se que o TCMs/BA alinhou que "sim, podemos citar como exemplo a parceria efetivada entre o TCMs e o SEBRAE, com vistas a preparar os jurisdicionados, a sociedade e os servidores do TCMs para aplicar a Lei nº 147/2014" e, como visto, ofereceu um exemplo de significativa abrangência, isto é, sem se restringir tão somente ao âmbito do tribunal e de seu sistema de controle. A Escola do TCE/MG informou considerar que todas as ações pedagógicas desenvolvidas "[...] no âmbito do estado de Minas Gerais são pedagógico-preventivas, pois a capacitação visa preparar o gestor para exercer com regularidade suas funções". Dessa vez, nota-se o foco muito interno para o gestor e sem se voltar para outras camadas sociais.

Nesse aspecto, as escolas de governo/contas definidas como instituições com atribuições específicas de capacitação do servidor público, em conexão com os sistemas de fiscalização, possuem como plano de fundo o caráter orientador, preventivo e pedagógico (FERNANDES, 2015).

Complementando a questão anterior, foi investigado como a escola vem servindo à coletividade.

Tabela 39 – A escola entrevistada está de acordo com o pensamento de servir à coletividade e este ponto está em consonância com a missão da escola?

UNIVERSITÁRIOS/ PROFESSORES	RESPOSTAS
TCMs/BA (mais recente)	Sim, o objetivo de nossa escola é *capacitar os jurisdicionados, servidores do TCMs* e a sociedade com vistas a viabilizar o controle social.
TCE/MG (mais antiga)	Sim. Servimos à sociedade na medida em que *capacitamos os servidores do TCE/MG* e também, de outros órgãos, assim como segmentos da sociedade civil.

Fonte: Dados da entrevista/2016.

As escolas disseram sim, e as respostas são explícitas quanto a servir à coletividade, pois, como declarou a Escola do TCMs/BA: "Sim, o objetivo de nossa escola é capacitar os jurisdicionados, servidores do TCMs e a sociedade com vistas a viabilizar o controle social". Por sua vez, a Escola do TCE/MG adiantou que sim, "[...] servimos à sociedade na medida em que capacitamos os servidores do TCE/MG e também, de outros órgãos, assim como segmentos da sociedade civil".

Destarte, conforme a doutrina de Pacheco, as estratégias a serem adotadas pelas ECs devem se voltar eficazmente ao atendimento dos anseios da sociedade em consonância com a modernização da Administração Pública (PACHECO, 2000).

Quanto à concepção dos entrevistados sobre o alcance pleno da finalidade da EC, em virtude dos desafios enfrentados, foram obtidos os seguintes resultados:

Tabela 40 – Quais os maiores desafios já enfrentados pela escola?

UNIVERSITÁRIOS/ PROFESSORES	RESPOSTAS
TCMs/BA (mais recente)	A Escola de Contas, como toda a Administração Pública brasileira, vem passando por um período de contingências que vem sofrendo o *impacto da "crise"* em suas ações. Visando mitigar a mencionada limitação, foram viabilizadas algumas parcerias, por exemplo, com o SEBRAE, UPB – União das Prefeituras da Bahia, UNEB – Universidade do Estado da Bahia, entre outras. Inerentes aos desafios a serem enfrentados, podemos citar a *estrutura física* e de *pessoal* da escola, preparação da estrutura pedagógica e consolidação da escola como unidade estratégia.
TCE/MG (mais antiga)	Sim. A escola realiza satisfatoriamente sua missão. Os dois últimos grandes desafios superados foram: 1) o *credenciamento* perante o Conselho Estadual de Educação de MG para poder certificar por si mesma os cursos de pós-graduação *lato sensu*; 2) a *instalação* e *efetivo* funcionamento de um núcleo de pesquisas sobre temas de controle e gestão pública, capaz de gerar conhecimento e práticas inovadoras. Os próximos desafios são: 1) a conclusão do credenciamento perante o MEC para explorar curso de pós-graduação *lato sensu* na modalidade ensino a distância; 2) desenvolver um estúdio próprio para gravação de videoaulas.

Fonte: Dados da entrevista/2016.

As escolas acreditam que atendem *plenamente a finalidade para a qual foram criadas e enfrentam os desafios que se lhe apresentam: os dois últimos maiores desafios já enfrentados e os dois maiores desafios ainda por serem enfrentados.*

Pacheco evidencia que as escolas de governo/contas fazem parte do aparelho estatal; contudo, há desafios a serem enfrentados quanto ao mister que envolve a sua missão, finalidades e desafios (PACHECO, 2003).

Quando verificado se os entrevistados consideram a EC como padrão, eles descreveram quatro ECs do Brasil que podem servir de modelo para as demais.

Tabela 41 – Escolas de contas que podem servir de modelo para as demais.

UNIVERSITÁRIOS/ PROFESSORES	RESPOSTAS
TCMs/BA (mais recente)	A nossa escola está no início de sua estruturação e em busca de um melhor padrão a cada dia. Podemos citar como escolas-padrão: TCE/MG, TCE/ES, TCE/PE, TCE/SP e TCMs/CE.
TCE/MG (mais antiga)	Sim. Não conheço muitas outras escolas de contas, mas, pela minha experiência, posso apontar a Escola do Tribunal de Contas do Estado do Rio de Janeiro e do Estado do Rio Grande do Sul.

Fonte: Dados da entrevista/2016.

A Escola do TCMs/BA frisou a sua recente criação e afirmou que se encontra "[...] no início de sua estruturação e em busca de um melhor padrão a cada dia", citando como escolas-padrão as do TCE/MG, TCE/ES, TCE/PE, TCE/SP e TCM/CE. Por seu lado, a escola do TCE/MG, apesar de ser a decana, disse não conhecer muitas outras ECs, mas, pela experiência, poderia "[...] apontar a Escola do Tribunal de Contas do Estado do Rio de Janeiro e do Estado do Rio Grande do Sul", mas não apresentou os motivos das escolhas.

O levantamento histórico das ECs permite verificar que algumas escolas estão bem mais desenvolvidas com relação a outras, independentemente da variável tempo de criação. Ao tratar desta questão, Pacheco sinaliza que:

> Quaisquer que sejam as estratégias adotadas sabem hoje as escolas de governo que precisam provar que agregam valor à modernização da administração pública, requisito dos governos e crescentemente das sociedades (PACHECO, 2000, p. 50).

Foram também analisadas as implicações das referidas escolas enquanto centros de excelência, questionando seu grau de autonomia quanto às políticas de governo para a gestão pública. Esse grau de autonomia se expressa, na prática das condições facilitadoras do exercício da profissão, com a chancela de parcerias celebradas com os *stakeholders* (dirigentes máximos do governo), como suporte para a implementação das políticas de gestão pública e uma fonte de informação para sustentar decisões sobre novas políticas; como fontes de construção de conhecimentos aplicados à solução de problemas de gestão inerentes ao setor público e como um *loco* onde suas demandas têm respostas qualificadas e ágeis. Esse embasamento deu origem ao seguinte questionamento:

Tabela 42 – A escola entrevistada se considera dentro de um grau relevante de autonomia pedagógica? Possui plano pedagógico de ação? Como é elaborado e em qual intervalo de tempo? Possui plano de desenvolvimento institucional (PDI)?

UNIVERSITÁRIOS/ PROFESSORES	RESPOSTAS
TCMs/BA (mais recente)	*Não*. A nossa escola vem empreendendo esforços para elaborar, implantar e manter esses importantes instrumentos, tendo em vista a atual fase de estruturação de nossa unidade.
TCE/MG (mais antiga)	*Possui PDI*, que é elaborado com apoio de consultores e pela equipe de gestores da escola, com a participação de professores. O PDI é elaborado a cada quatro anos.

Fonte: Dados da entrevista/2016.

A proposição lançada, de amplitude considerável, recebeu respostas breves, quase lacônicas. A Escola do TCMs/BA contribuiu com a seguinte declaração: "A nossa escola vem empreendendo esforços para elaborar, implantar e manter esses importantes instrumentos, tendo em vista a atual fase de estruturação de nossa unidade". E a escola do TCE/MG se limitou a informar que "[...] possui PDI, que é elaborado com apoio de consultores e pela equipe de gestores da escola, com a participação de professores. O PDI é elaborado a cada quatro anos".

A falta de um PDI compromete a própria eficiência do trabalho desenvolvido pelas ECs, uma vez que, através do PDI, traça-se um plano a ser seguido, com objetivos e metas definidos a serem cumpridos (PARO, 2008).

No que concerne à complexa estrutura que envolve todas as ECs, ou seja, as escolas de governo, seja nos Estados Unidos, no Reino Unido e em toda a Europa, sinalizam-se alguns casos em que aparecem tão valorizadas e atuando integradamente na condição de prioridades estratégicas de governo e, ao mesmo tempo, desenvolvendo uma importante atividade de pesquisa, ocupando um papel semelhante ao das universidades neste campo. Questionou-se:

Tabela 43 – A escola entrevistada possui grupo de pesquisa ou de estudos voltados a temas que envolvam o caráter ensino-pesquisa-aprendizagem da equipe de servidores do TCE?

UNIVERSITÁRIOS/ PROFESSORES	RESPOSTAS
TCMs/BA (mais recente)	*Em fase de estruturação.*
TCE/MG (mais antiga)	*Sim.* Como mencionado anteriormente, a escola criou e, efetivamente, desenvolveu um núcleo de pesquisa para fomentar a geração de conhecimento a ser divulgado em cursos.

Fonte: Dados da entrevista/2016.

As respostas, muito breves, limitaram-se a informar que uma, a Escola do TCMs/BA, se encontra em fase de reestruturação; e a outra, a escola do TCE/MG afirmou que sim, "[...] como mencionado anteriormente, a escola criou e, efetivamente, desenvolveu um núcleo de pesquisa para fomentar a geração de conhecimento a ser divulgado em cursos". O que se disse sobre o grupo de pesquisa foi esvaziado de outras informações sobre quais grupos e que estudos promovem a escola.

As escolas de governo/contas estabelecem como parâmetro de valorização as estratégias governamentais e as atividades de pesquisa, ocupando um papel comparável até mesmo ao das universidades (PACHECO, 2000).

O que se debateu foi a respeito de que, em conformidade com as diretrizes norteadoras da adoção dessa política, as escolas de governo são as instituições destinadas à formação e ao desenvolvimento de servidores públicos, incluídas na estrutura da Administração Pública federal direta, autárquica e fundacional, evidenciando-se que a abrangência dessas escolas envolve a responsabilidade que elas detêm no aperfeiçoamento da formação de servidores no sentido de que venham a cumprir a missão das organizações públicas, funcionando sob os critérios da economicidade, da eficiência, da efetividade e da boa gestão de suas práticas, incluindo também cursos para associações, sindicatos e a comunidade em geral de forma gratuita.

Tabela 44 – Como é o funcionamento destinado à formação e ao desenvolvimento de servidores públicos da escola entrevistada?

UNIVERSITÁRIOS/ PROFESSORES	RESPOSTAS
TCMs/BA (mais recente)	A Escola de Contas do TCMs/BA, unidade recentemente criada, vem trabalhando para *alcançar* todo o *público* mencionado com ações voltadas para os públicos *interno e externo*. No entanto, verificamos que não conseguimos alcançar associações, sindicatos e outros elos da sociedade. Em uma análise rasa, teremos que melhorar a comunicação e criar ações focadas nesses grupos.
TCE/MG (mais antiga)	Sim. Todos os cursos ofertados pela escola são gratuitos, inclusive curso de pós-graduação.

Fonte: Dados da entrevista/2016.

A resposta da Escola do TCMs/BA voltou a lembrar que a "[...] unidade recentemente criada vem trabalhando para alcançar todo o público mencionado com ações voltadas para os públicos internos e externos. No entanto, verificamos que não conseguimos ainda abranger associações, sindicatos e outros elos da sociedade. Em uma análise rasa, teremos que melhorar a comunicação e criar ações focadas nesses grupos". Desta vez, a resposta foi mais ampla, permitindo perceber o incentivo e a vontade de empreender por parte da escola. A Escola do TCE/MG confirmou que "[...] todos os cursos ofertados pela escola são gratuitos, inclusive curso de pós-graduação". Disto se depreende a qualidade do planejamento e das ações voltadas à perspectiva educacional.

Nazareth e Melo (2015, p. 20) evidenciam que a abrangência dessas escolas envolve aperfeiçoamento contínuo na formação dos servidores para cumprir a missão de seus respectivos órgãos sob o prisma de alguns princípios, como o da economicidade, da eficiência, da efetividade e da gestão de boas práticas.

Um estudo analisou o programa de implantação da EC do TCE do Rio de Janeiro, por exemplo, enquanto uma estratégia de educação continuada, tendo como inspiração o modelo de universidade corporativa. A investigação concorda com a ideia de que, historicamente, o Brasil tem presenciado uma luta na direção da democracia e do desenvolvimento, buscando o aprofundamento sobre os instrumentos de controle público e a diminuição do arbítrio e da concentração de poder. Afirma-se ainda que o advento da Constituição de 1988 impulsionou o país a possuir um quadro de maior profissionalização do aparato estatal da esfera pública e da construção de mecanismos de resposta às demandas sociais por controle que se têm acentuado. Para tanto, o papel dos TCs com a significativa responsabilidade na manutenção e da integridade da *coisa pública* naquilo que ela tem de mais sensível: a utilização dos recursos públicos. Tomando por base essas informações, perguntou-se aos entrevistados:

Tabela 45 – A escola possui aparato tecnológico que viabiliza a consecução de maior conhecimento e afirmaria como satisfatórios os cursos promovidos à distância?

UNIVERSITÁRIOS/ PROFESSORES	RESPOSTAS
TCMs/BA (mais recente)	Estamos *em fase de estruturação* e pretendemos implantar o ensino EaD. O atual planejamento estratégico não trata desse assunto, mas é o caminho natural, principalmente levando em consideração a extensão territorial do estado da Bahia.
TCE/MG (mais antiga)	*Temos ministrado curso à distância* e estamos nos preparando, com material humano adequado e recursos tecnológicos, para ampliarmos o ensino a distância na tentativa de democratizar o acesso ao conhecimento para todo o extenso território de Minas Gerais.

Fonte: Dados da entrevista/2016.

As respostas obtidas foram: para a Escola do TCMs/BA, foi a que já se esperava, em virtude de ser uma escola em início de atividades e "em fase de estruturação", mas que já tem a pretensão de implantar o ensino EaD. "O atual planejamento estratégico não trata desse assunto, mas é o caminho natural, principalmente levando em consideração a extensão territorial do Estado da Bahia." A escola do TCE/MG adiantou que vem ministrando a modalidade a distância e se prepara, com material humano e recursos tecnológicos, para ampliar "[...] o ensino a distância na tentativa de democratizar o acesso ao conhecimento para todo o extenso território de Minas Gerais".

> Autores que se dedicam a estudar EaD, indicam-na como uma tendência potencial de aprendizagem e melhoria da qualificação profissional, apontando para a capacidade de um mesmo sistema integrar diferentes tecnologias e metodologias de aprendizagem com o intuito de atender necessidades e possibilidades dos estudantes, considerar as condições de aprendizagem desses aprendizes visando potencializar a aprendizagem e o alcance dos objetivos (ALMEIDA, 2003).

Logo, a EaD não é apenas uma solução paliativa para atender alunos, mas uma ferramenta imprescindível para otimizar e ampliar o conhecimento, reduzindo distâncias.

Buscou-se também apurar se a escola entrevistada concorda que as escolas de governo tratam do desempenho de sua missão junto à sociedade, levando a efeito um programa geral de formação da cidadania veiculado à legislação de modo a promover a transparência e oferecer informação necessária a todos os cidadãos, desta forma rompendo o isolamento entre elas e ampliando o compartilhamento de conhecimentos e experiências.

Tabela 46 – A escola entrevistada concorda que as escolas de governo tratam do desempenho de sua missão junto à sociedade, levando a efeito um programa geral de formação da cidadania?

UNIVERSITÁRIOS/ PROFESSORES	RESPOSTAS
TCMs/BA (mais recente)	Sim, somos *responsáveis pela geração, manutenção e disseminação do conhecimento* gerado pelos Tribunais de Contas, ao qual a maioria da nossa sociedade não tem acesso.
TCE/MG (mais antiga)	Sim, concordo que as escolas de governo, ao lado da missão primordial de *aperfeiçoamento e formação de servidores públicos*, conforme previsto no art. 39 da CR/88, podem ser um poderoso veículo de difusão da cidadania.

Fonte: Dados da entrevista/2016.

A Escola do TCMs/BA firmou o sim, acrescentando que são "[...] responsáveis pela geração, manutenção e disseminação do conhecimento gerado pelos tribunais de contas, ao qual a maioria da nossa sociedade não tem acesso". Faz falta que não se tenha esclarecido que conhecimento geram, como o mantêm e disseminam, e quais os motivos de a sociedade não ter acesso a esse conhecimento. A Escola do TCE/MG também disse sim e inseriu concordar que "[...] as escolas de governo, ao lado da missão primordial de aperfeiçoamento e formação de servidores públicos, conforme previsto no art. 39 da CR/88, podem ser um poderoso veículo de difusão da cidadania".

A responsabilidade da educação, da escola e de seus educadores na preparação das futuras gerações para o exercício cidadão em sua plenitude requer um olhar consciente, crítico e participativo, com:

Uma atitude ética e moral perante a sociedade e toda a sua estrutura orgânica, respeitando pessoas e instituições, incluindo-se aí o critério no trato do erário, um bem comum e sobre o qual não se cogitará dispor a bel prazer, cometendo ilicitudes (SANTOS, 2016, p. 58).

A pesquisa buscou apurar quais são os projetos socioeducacionais criados pelas escolas entrevistadas, como descritos na tabela abaixo.

Tabela 47 – Quais projetos socioeducacionais foram criados pela escola entrevistada que poderiam ser listadas e apontadas as suas características, objetivos e resultados geradores de cidadania?

UNIVERSITÁRIOS/ PROFESSORES	RESPOSTAS
TCMs/BA (mais recente)	Encontros regionais de orientação aos jurisdicionados, encontros regionais de orientação sobre as atualizações da Lei nº 123/2006 (micro e pequenas empresas), entre outros. Essas ações tiveram como objetivo orientar os jurisdicionados para a boa utilização dos recursos públicos, instruir o cidadão quanto à forma de acompanhamento das contas públicas, pacificar a relação Administração Pública municipal, micro e pequenas empresas e todos os atores que participam dessa relação. Em todas as fases dessas ações, foram tratadas as questões inerentes à transparência. Como resultado, podemos destacar a participação de 84% (oitenta e quatro por cento) das entidades públicas municipais da Bahia.
TCE/MG (mais antiga)	Projetos desenvolvidos em parceria com CGU e ESAF, de difusão da educação fiscal, são belos exemplos. O objetivo é divulgar a educação fiscal no âmbito das administrações municipais para capacitá-los a desenvolver a educação fiscal aos alunos de escolas municipais.

Fonte: Dados da entrevista/2016.

A Escola do Estado da Bahia se estendeu em sua explicação, patenteando a realização de encontros regionais de orientação com os jurisdicionados, "[...] encontros regionais de orientação sobre as atualizações da Lei nº 123/2006 (micro e pequenas empresas), entre outros. Essas ações tiveram como objetivo orientar os jurisdicionados para a boa utilização dos recursos públicos, instruir o cidadão quanto à forma de acompanhamento das contas públicas, pacificar a relação Administração Pública municipal, micro e pequenas empresas e todos os atores que participam dessa relação. Em todas as fases dessas ações, foram tratadas as questões inerentes à transparência. Como resultado, podemos destacar a participação de 84% (oitenta e quatro por cento) das entidades públicas municipais da Bahia". Para uma escola jovem como a da Bahia, mostrou-se vigoroso o esforço como também o resultado. A Escola do Estado de Minas acrescentou que "[...] projetos desenvolvidos em parceria com CGU e ESAF, de difusão da educação fiscal, são belos exemplos. O objetivo é divulgar a educação fiscal no âmbito das administrações municipais para capacitá-los a desenvolver a educação fiscal aos alunos de escolas municipais". É louvável a ação voltada para os estudantes de escolas públicas.

O questionamento 15 quis apurar como a escola entrevistada tem trabalhado o ensinamento e a aprendizagem sobre as contas públicas no tocante às questões relacionadas à ética e à moral.

Tabela 48 – Como a escola entrevistada tem trabalhado o ensinamento e a aprendizagem sobre as contas públicas no tocante às questões relacionadas à ética e à moral? Que resultado tem apresentado?

UNIVERSITÁRIOS/ PROFESSORES	RESPOSTAS
TCMs/BA (mais recente)	As nossas ações têm possibilitado a *construção de um canal de diálogo* entre os *jurisdicionados* e a *sociedade* com os servidores e membros de nossa Corte de Contas, o que viabiliza uma melhor transparência e conscientização de todos os envolvidos e interessados nas contas públicas.
TCE/MG (mais antiga)	Nosso curso costuma focar na ética *pública* que fundamenta o dever de prestar contas da forma como é gasto o dinheiro público. Constam em nossa programação oficial de cursos de pós-graduação disciplinas sobre ética e cidadania.

Fonte: Dados da entrevista/2016.

A Escola do TCMs da Bahia pontuou que suas "[...] ações têm possibilitado a construção de um canal de diálogo entre os jurisdicionados e a sociedade, com os servidores e membros da corte de contas, o que viabiliza uma melhor transparência e conscientização de todos os envolvidos e interessados nas contas públicas". As declarações remetem a uma sensação de segurança e confiabilidade sobre uma escola que começa empenhada em acertar no trabalho que tem a cumprir.

Por sua vez, a Escola de Minas Gerais informou que os cursos "[...] costumam focar na ética pública que fundamenta o dever de prestar contas da forma como é gasto o dinheiro público. Constam em nossa programação oficial de cursos de pós-graduação disciplinas sobre ética e cidadania".

Enquadra-se nessa temática a mesma razão do questionamento acima, quanto à responsabilidade da educação, da escola e de seus educadores na preparação das futuras gerações para o exercício cidadão em sua plenitude, e isto requer um olhar consciente, crítico e participativo, com:

> Uma atitude ética e moral perante a sociedade e toda a sua estrutura orgânica, respeitando pessoas e instituições, incluindo-se aí o critério no trato do erário, um bem comum e sobre o qual não se cogitará dispor a bel prazer, cometendo ilicitudes (SANTOS, 2016, p. 58).

Os resultados da apuração das entrevistas com as ECs dos estados da Bahia e de Minas Gerais expuseram duas realidades diferenciadas. De um lado, uma jovem EC inaugurada na Bahia, que consegue transmitir transparência em seus depoimentos, além de traçar um mapa no qual também se nota o empenho e a vontade de acertar em suas ações. Nota-se que a escola baiana não trabalha sozinha, é coesa e busca contextos fora do Tribunal a que está agregada, a exemplo de realizar eventos diversificados, implementar projetos em escolas municipais e, ainda, parcerias. Por outro lado, a escola mineira, demonstrou muita segurança em seus posicionamentos; entretanto, não foi possível desvelar objetivamente alguns parâmetros para captar suas vivências ou execução de projetos. As duas escolas contribuíram bastante para o enriquecimento do presente estudo. Afere-se que ambas as escolas se encontram em processo evolutivo, visto que as ECs ainda são um tanto jovens no contexto da Administração Pública, o que leva a inferir que o desenvolvimento de uma EC independe do seu tempo de existência e há muito por fazer em todas as ECs do Brasil no sentido de uniformizar procedimentos, mormente quanto ao controle social.

Em síntese, as escolas de contas são a resposta para o fortalecimento da cidadania, eis porque visam precipuamente fornecer a matéria-prima da democracia a todos os cidadãos, ou seja, o conhecimento dos seus direitos e quais os instrumentos para fazê-los prevalecer ante a voracidade do Estado. Consequentemente, os TCs, como criadores dessas instituições, estão a contribuir de forma decisiva para o exercício da cidadania, além do papel precípuo de controle dos gastos públicos de forma que eles sejam realizados de forma eficaz e obedecido o rito legal.

CONSIDERAÇÕES FINAIS

No processo de construção desta obra, algumas argumentações evidenciaram a importância do controle social e o papel da formação dos servidores públicos que atuam diretamente com a fiscalização e auditoria dos recursos públicos, ao participarem de cursos de aperfeiçoamento, capacitação e especialização promovidos pelas escolas de contas.

A democracia que se opera entre os sujeitos em sociedade deve ser ampliada mediante a formação geral do cidadão que, no exercício de seus atos, possa fazer valer sua cidadania ao ter clareza na exposição de suas ideias, refletindo problemáticas sociais, dando subsídios para melhorias à sociedade e, consequentemente, legitimar, por meio de suas atitudes, um processo de democratização.

A cidadania se constrói no ato de educar e, para o ensino e a aprendizagem dessa construção, devem contribuir todos os espaços sociais. Não se deve esquecer que educar não é apenas produzir e transmitir conhecimentos; é muito mais, por fazer parte do processo civilizatório, alterando a forma como o aluno vê o mundo e como compreende a realidade à sua volta, com reflexos em seu comportamento.

A educação, a democracia e a cidadania, vistas sob as ideias de alguns pensadores, foram lastros relevantes para se entender o cerne a partir de distintos prismas pelos quais se pode e deve olhar a educação e a pedagogia, além do que aprofundaram no consciente das pessoas as noções definidoras do que exatamente é e de como se comporta a democracia-cidadã, e qual seria o seu relacionamento com a substância do controle social no sentido das garantias do direito à educação.

Vislumbra-se a importância do entrelaçamento de ações entre os órgãos públicos em função da promoção da educação em sua compreensão mais ampla; e, ainda, sobre a responsabilidade que reside no manejo dos recursos para financiamento da educação em busca de uma qualidade, sobre cujos contornos ainda não há muita luz.

Mostrou-se de especial relevo frequentar o passado, os aspectos históricos, a constitucionalização dos tribunais de contas no país; acompanhar o processo gradativo da sistematização das funções e competências do controle externo e dos detalhes funcionais do Tribunal de Contas de Sergipe desde a sua fundação até a sua estabilização quanto à fiscalização da Administração Pública nos âmbitos estadual e municipal. Entende-se que há uma sistemática moderna de fiscalização; todavia, o mundo atual exige de todos os setores uma renovação estrutural diária.

Convém esclarecer, no que se refere às escolas de governo, tratar-se de um conceito amplo e que inclui as escolas de contas, as escolas do Judiciário, as escolas do Ministério Público, etc., todas elas governamentais, cada uma atuando em suas searas. Observa-se o exemplo de atividades de educação corporativa, realizadas no contexto dessas instituições, no esforço para a construção de um *modus operandi* produtivo, eficiente e eficaz, como também o surgimento e concepção de uma cultura envolvendo os aspectos mais centrais da pública administração.

Pela elucidação do discurso oficial em relação às normas vigentes dos tribunais de contas, as escolas de contas se utilizam de dispositivos legais da Administração Pública para instruir/formar/capacitar seus servidores, jurisdicionados e cidadãos na evidenciação de práticas legais, por meio de seus relatórios sob a forma de prestação de contas, a qual legitima a favor de práticas, com o rigor jurídico e contábil, de quem presta os seus serviços.

O mapeamento das escolas de contas brasileiras forneceu dados da maior importância a esta investigação. Através deles se pode conhecer o perfil das escolas de contas do Brasil e se fazer uma comparação com a Escola de Contas de Sergipe em vários aspectos, mormente quanto ao fomento do exercício do controle social. Ficou evidenciado que: a Região Nordeste concentra o maior número de ECs em comparação com as demais regiões (32,4%), sendo a Região Sul a que apresenta a menor concentração, apenas 8,9% das 34 existentes em todo o país; metade dessas escolas apresenta menos de 10 anos de atuação, sendo que o tempo médio de existência dessas instituições é de 11 anos; a ausência, na maioria das escolas, de projeto pedagógico institucional (PPI) alcança o patamar de (58,8%); a maioria das ECs é denominada de escolas de contas, restando apenas seis com denominação de instituto; a maioria (58,82%) das ECs não é dirigida/presidida por membros dos TCs; a formação acadêmica de boa parte dos diretores/coordenadores

CONSIDERAÇÕES FINAIS | 213

das ECs (15 escolas, 44,10%) está em nível de pós-graduação *stricto sensu* (mestrado/doutorado); grande parte das ECs (47,1%) possui o equivalente a cinco ou menos servidores efetivos; quanto aos servidores comissionados, os resultados apresentam que há até cinco cargos em comissão, cujo percentual é de 70,6%, o que denota um índice positivo, já que a regra do serviço público é o funcionamento via servidores efetivos; grande parte do corpo docente das escolas é formada por professores externos (contratados), no patamar de 76,5%. Logo, o número de professores servidores efetivos dos TCs é minguado; quatro ECs (TCE/RJ, MG, SC e TCMs/GO) possuem em seu quadro servidores com deficiência física; quanto às salas de aula, 82,3% das ECs possuem até cinco salas de aula, e apenas duas escolas apresentaram em sua estrutura mais de 15 salas de aula; a maioria das ECs possui bibliotecas, vinculadas ou não à sede da EC (94,1%), auditórios (97,1%), sejam de pequeno, médio ou grande porte e espaços de convivências (52,9%); das 34 ECs existentes no Brasil, ainda 15 delas não possuem EaD; a produção de conteúdo pelas ECs é diversificada (cartilhas, panfletos, vídeos, concursos de artigos e monografias, campanhas, projetos etc.); os canais de comunicação apresentados foram rádio, TV, matérias jornalísticas, redes sociais, *mailing*; a maior parte das ECs possui, inseridos em sua missão, valores como sociedade e controle social; quanto aos projetos realizados pelas ECs, a maior parcela se volta para os seus servidores (91,2%), jurisdicionados num patamar de 52,9% e, ao cidadão, 50%. Destaquem-se a mais recente, Escola de Contas do TCMs/BA (2015), e a mais antiga, a Escola de Contas e Capacitação Professor Pedro Aleixo do TCE/MG (1996), excetuando a EC do TCU, Instituto Serzedello Corrêa, pelas razões já delineadas.[72] Portanto, as ECs são instituições relativamente jovens no contexto da Administração Pública.

Quando o foco é dirigido ao viés da ECOJAN-TCE/SE, percebe-se a precariedade de estudos científicos sobre os trabalhos realizados e em andamento pela mencionada unidade. Entretanto, o desempenho da ECOJAN, como comprovado nesta obra, não deixa a desejar perante as demais escolas de contas, tendo em vista as realizações de eventos culturais, parcerias, criação de projetos, ministração de cursos voltados aos servidores, da área-fim ou não, além de cursos de pós-graduação. Isso não deixa a escola constrangida perante as demais

---

[72] Observe-se que não foi levada em consideração, para efeitos desta análise, a Escola do TCU Instituto Serzedello Corrêa, criada em 1994, visto que esta é mais evoluída que as demais escolas dos estados e municípios da federação.

congêneres espalhadas pelo território nacional. A pesquisa comprova a necessidade de suprir carências específicas, principalmente no que concerne à produção científica. Carece, sim, de algumas reformulações, reestruturações e mais autonomia, como foi ratificado em item apontado pelas duas escolas entrevistadas: a da Bahia e a de Minas Gerais.

O trabalho mais complexo deste estudo foi o relativo à análise e discussão dos resultados, tomando como base as informações colhidas em entrevistas com dois diretores das escolas de contas, uma delas a mais recente, e a outra, a mais antiga do Brasil, e com alunos e professores contemplados com o Projeto TCE Cidadão/SE, que desvelou, por parte dos universitários e professores envolvidos, incluindo, quanto aos partícipes do TCE Cidadão, a oportunidade de presenciarem a realização de uma sessão plenária da Corte de Contas e, após, assistirem a palestras sobre como se fiscalizam as contas públicas, nuances do empreendimento que leva a efeito o TCE/SE em aproximar-se da sociedade, do universo educacional, aliadas às diversas atividades de fiscalização deste tribunal.

Nessa relação interativa entre a Escola de Contas e a sociedade (escolas e outros), ficou evidenciada, através das entrevistas aplicadas aos alunos contemplados no Projeto TCE Cidadão-ECOJAN, a necessidade de interlocução e comprometimento de todos no redimensionamento das ações pedagógicas, com vistas a promover uma aproximação maior dos tribunais de contas com a sociedade. Foram visíveis o nível de participação crítica dos jovens acadêmicos e a vontade legítima de construir saberes e fazeres acerca do controle social, de ver o país sendo moralizado, de perceber a ética e a cidadania no ambiente da Administração Pública, de manterem viva a esperança da democracia-cidadã que se constitui como fomentadora do controle social.

No pertinente às entrevistas com a escola mais antiga,[73] a Escola de Contas e Capacitação Professor Pedro Aleixo, do TCE/MG, e com a escola de contas mais recente, a Escola de Contas do Tribunal de Contas dos Municípios do Estado da Bahia, (TCMs/BA), foi possível, através dos depoimentos, esboçar um quadro representativo da situação das outras unidades nacionais, ainda que a amostra seja mínima. Encontra-se uma escola jovem, a do TCMs da Bahia, que dispõe de um trabalho muito semelhante à sua congênere mais antiga, a do Estado de Minas Gerais,

---

[73] Frise-se que não foi levada em consideração, para efeitos desta análise, a Escola do TCU Instituto Serzedello Corrêa, criada em 1994, visto que esta é muito mais evoluída do que as demais escolas dos estados e municípios da federação.

CONSIDERAÇÕES FINAIS | 215

como também não destoa das duas escolas mencionadas a EC sergipana, criada no ano de 2002. As três se planejam, programam eventos, cursos de capacitação e formação de seus colaboradores, celebram parcerias, realizam projetos e desenvolvem cursos para o aprimoramento de políticas públicas; buscam a comunicação com a sociedade e com a educação através de estudantes de instituições públicas e privadas de ensino superior. Contudo, nem a EC sergipana, nem a EC dos municípios da Bahia possuem sistema de ensino a distância, realidade apresentada em mais de 50% das ECs brasileiras.

Frente ao atual contexto social, o tema controle social encontra-se em evidência nos tribunais e, particularmente, no Tribunal de Contas do Estado de Sergipe, que mantém canais de diálogo permanentemente abertos com a sociedade, pois propiciam, entre outras atividades, ações pedagógicas/cidadãs e projetos educacionais, com o auxílio da rádio *web* e do *site* do TC, por intermédio da ECOJAN, como assinalado neste trabalho.

As mudanças sociais exigem o redimensionamento das ECs que devem descartar técnicas retrógradas, sem objetividade, em função de práticas de autoformação legislativa quanto às normas e leis que são aprovadas e outras que são revogadas, a exemplo das leis sobre contratos, licitações e outras, sobretudo quando os administradores da ECOJAN, ao fazerem levantamentos das necessidades, impõem, de logo, decisões estruturadoras de uma coletividade a ser construída numa cooperação voltada para o controle.

Estratégias de controle social são essenciais para a promoção do bem-estar de toda uma sociedade, que deve primar pela manutenção da ordem vigente, em particular os servidores do Tribunal de Contas de Sergipe, que, além de fiscalizar e auditar, devem procurar instruir e formar seus cidadãos, fato que requer a participação e compromisso de todos nas tomadas de decisão sobre que tipos de palestras, cursos, oficinas, seminários e encontros são adequados e inspiradores de uma formação cidadã.

A responsabilidade deste trabalho foi servir de guia para identificar as práticas das escolas de contas voltadas para o controle social, avançando para formar cidadãos atuantes na sociedade, promovendo aproximação das cortes de contas com a comunidade através dos vários instrumentos educacionais, como os apresentados em sequência.

A ECOJAN, enquanto *locus* formativo, promove cursos diversificados para os cidadãos e desenvolve projetos como: o TCE Itinerante, que ocorre em vários municípios do estado de Sergipe esclarecendo os cidadãos quanto ao bom uso de recursos públicos; o TCE Cidadão, que recebe na sede do TCE universitários para assistirem a uma sessão plenária e a palestras voltadas ao controle social e temas afins; e o TCE Vai à Escola, que promove palestras nas escolas públicas municipais e estaduais sobre cidadania, democracia e preceitos constitucionais, apresentando a Corte de Contas a esta nova geração.

A pesquisa aqui proposta forneceu uma base de entendimento sobre a realidade das ECs como processo transformador. Certamente, toda mudança requer o enfrentamento de pontos críticos, mas, ao mesmo tempo, permite um diálogo entre os tribunais de contas através de suas respectivas escolas com a sociedade.

Diante dos dados colhidos através dos questionários aplicados, obteve-se como parâmetro o perfil que permitiu conhecer um pouco das ECs do Brasil, evidenciando-se para a educação continuada dos seus servidores, jurisdicionados e sociedade transmitindo conhecimentos e informações volvidos à concretização da democracia e da cidadania, formando consciências para o exercício do controle social na qualidade de agentes de transformação da realidade.

Através desta pesquisa, foi possível verificar que, em sua maioria, as escolas de contas possuem ações, projetos e resultados que comprovam o foco para com a sociedade e o controle social. Entretanto, como foi destacado em entrevista aplicada às ECs do TCE de Minas Gerais (mais antiga) e do TCMs da Bahia (mais recente), o trabalho das escolas junto à sociedade apresenta diversos entraves, sendo o maior deles fazê-las compreender da importância do efetivo e contínuo exercício do controle social, o que propiciará pontos de melhorias no alinhamento estratégico das suas atividades e projetos, significando que ainda o cenário não é o ideal, mas pode ser qualificado como promissor.

No caso da ECOJAN, foi possível inventariar a sua trajetória histórica, evidenciando-se alguns altos e baixos para a melhoria do trabalho desenvolvido pela instituição, tais como as constatações de que a escola não possui projeto pedagógico institucional (PPI) e plano de desenvolvimento institucional (PDI); não há um grupo de pesquisa e debates permanente, como também não existe um núcleo docente estruturante que implante inovações metodológicas, inclusive com avaliação de conteúdos e desempenho; falta de autonomia financeira para o desempenho mais efetivo das atividades da ECOJAN; ausência de cursos EaD, entre outros. Como ponto alto da ECOJAN, tem-se sua ação voltada para o aperfeiçoamento dos servidores da casa, dos jurisdicionados, bem como, através dos projetos TCE Cidadão e TCE

Vai à Escola, levar à sociedade o que é, como funciona e a importância dos tribunais para a boa saúde e aplicação dos recursos públicos. Tudo isso feito de forma transparente e acessível a qualquer pessoa.

Além do exposto, a ECOJAN precisa ser mais bem estruturada, com a divisão em núcleos/departamentos de pesquisa e pedagógico, entre outros. Fortalecer a sua atuação junto aos servidores e jurisdicionados ou para com a sociedade, maior parceira da Administração Pública, cuja busca deve ser incessante. Assim, os cursos voltados aos jurisdicionados precisam ser categorizados no sentido de se indicar quais setores são imprescindíveis de aprimoramento. Eis que de nada adianta existirem cursos que não capacitem os servidores que exclusivamente trabalham com a temática e que podem ser um fator multiplicador de experiências, conteúdos e atividades.

Em tempos de transparência, é momento de se revelar por inteiro a Administração Pública, sendo indispensável que os tribunais de contas tenham como parceiro estratégico o estímulo ao controle social, não apenas no plano do discurso, mas, sim, na prática, ou seja, na harmonização desse sentimento democrático, imbuído no cidadão, a fim de incorporá-lo na prática e melhorar os resultados que os tribunais de contas apresentam à sociedade. Nesse sentido, urge um constante aperfeiçoamento profissional com vistas a fortalecer, ainda mais, este trabalho de integração entre as escolas de contas, o próprio controle externo e a sociedade.

Destarte, há premência de uma uniformização dos procedimentos dessas escolas, com um maior investimento na capacitação de servidores/docentes efetivos, detentores de conteúdo voltado ao controle externo e da realidade do seu tribunal.

Este estudo mostrou a atuação das escolas de contas como espaço para a formação de uma cidadania, uma vez que, quanto maior o conhecimento do indivíduo, maior será sua capacidade para fiscalizar, denunciar e participar das ações estatais de modo a entender as determinações dos projetos governamentais. Enquanto fonte modeladora do Estado, a ECOJAN demonstra exercer uma prática pedagógica alicerçada em projetos que se voltam para o controle social. Contudo, há muito por fazer, eis que tanto a ECOJAN quanto as demais escolas de contas do Brasil devem acompanhar o passo da contemporaneidade com o uso de tecnologias educacionais para intensificar o fortalecimento do controle social nos seus misteres, de modo a alcançar uma genuína revolução na pública administração.

REFERÊNCIAS

ABBAGNANO, Nicola. *Dicionário de Filosofia*. Tradução Alfredo Bosi. 4. ed. São Paulo: Martins Fontes, 2000.

AGUIAR, Ubiratan *et al*. *Controle Externo*: anotações à jurisprudência do Tribunal de Contas da União: Temas polêmicos. Belo Horizonte: Fórum, 2006.

AGUIAR, Ubiratan. *O papel do Controle Externo TCU, TCE e TCM*. 2010. Disponível em: <http://www.TribunaldeContasm.ce.gov.br/site/_arquivos/servicos/downloads/2010/curso_controle_social/Tribunal de Contasm-03.pdf>. Acesso em: 20 fev. 2015.

ALMEIDA, Maria Elizabeth Bianconcini de. Educação a distância na internet: abordagens e contribuições dos ambientes digitais de aprendizagem. *Educação e Pesquisa*. v. 29, n. 2, São Paulo, jul./dez. 2003.

ALVES, Alex Cavalcante. As escolas de governo na profissionalização da burocracia brasileira. *Revista de Direito da Administração Pública*. ano 2, v. 1, n. 2, Rio de Janeiro: Universidade Federal Fluminense, 2016.

ALVES, Ana Rodrigues Cavalcanti. O conceito de hegemonia: de Gramsci a Laclau e Moufee. *Lua Nova*. n. 80, São Paulo, 2010. Disponível em: <http://www.scielo.br/pdf/ln/n80/04.pdf>. Acesso em: 19 fev. 2016.

ALVES, José Augusto Lindgren. *Os direitos humanos na pós-modernidade*. São Paulo: Perspectiva, 2005.

ALVES, Rubem. *A alegria de ensinar*. 11. ed. São Paulo: Ed. Campinas, Papirus, 2000.

ANTUNES, Silveira Hélio. *Departamentalização da Estrutura organizacional do Tribunal de Contas da União – TCU para as análises de concessões de serviços públicos* Monografia. Pós- Graduação em controle externo nas concessões de serviços públicos da Fundação Escola de Governo. Florianópolis. 2013. Disponível: <http://www.tce.sc.gov.br/sites/default/files/ICON_TCE_SC_ENA_H%C3%A9lio_Silveira_Antunes_2013_11_22.pdf>. Acesso em: 01 jan. 2017.

ARROYO, Miguel G. *Oficio de Mestre*: imagens e autoimagens. Petrópolis, Rio de Janeiro: Vozes, 2000.

ASSEMBLEIA GERAL DAS NAÇÕES UNIDAS. Resolução n. 2.200-A (XXI), de 16 de dezembro de 1966. *Pacto Internacional dos Direitos Econômicos, Culturais e Sociais*. Genébra, 1966. Disponível em: <https://nacoesunidas.org/onu-convida-sociedade-civil-para-oficina-sobre-comite-de-direitos-economicos-sociais-e-culturais/>. Acesso em: 22 ago. 2016.

BARDIN, Laurence. *Análise de conteúdo*. São Paulo: Edições 70, 2011.

BARRETO, Wagner da Silva. Tribunais de contas: conceito, funções, competências, histórico, natureza jurídica e acórdão do TCU em anexo. *Âmbito Jurídico*, Rio Grande, XIX, n. 149, jun. 2016. Disponível em: <http://ambitojuridico.com.br/site/index.php/Wilson/Downloads/SSRN-id2135246.pdf?n_link=revista_artigos_leitura&artigo_id=17384&revista_caderno=9>. Acesso em: jan. 2017.

BERGUE, Sandro Trescastro. *Escolas de governo e fomento ao controle social*: o caso do programa É da Nossa Conta. 2012, p. 15. Disponível em: <http://www1.tce.rs.gov.br/portal/page/portal/tcers/institucional/esgc/biblioteca_eletronica/artigos/Artigo%20CLAD%202012.pdf>. Acesso em: 03 ago. 2015.

BOBBIO, Norberto; MATTEUCCI, Nicola; PASQUINO, Gianfranco. *Dicionário de Política*. Tradução de Carmem C. Varrialle *et al.* Coordenação da tradução: João Ferreira. Revisão geral: João Ferreira e Luís Guerreiro Pinto Cascais. 5. ed. Brasília: Editora Universidade de Brasília, 2000.

BOGDAN, Robert; BIKLEN, Sari. *Investigação qualitativa em Educação*: fundamentos, métodos e técnicas. In: Investigação qualitativa em educação. Portugal: Porto Editora, 1994.

BORUCHOVITCH, Evely. Algumas estratégias de compreensão em leitura de alunos do ensino fundamental. *Psicologia escolar e educacional*, v. 5, n. 1, Campinas, jun. 2001.

BRADBURY, Leonardo Cacau Santos La. *Direito à educação*: judicialização, políticas públicas e efetividade do direito fundamental. 2. ed. Curitiba: Juruá, 2016.

BRASIL. *Constituição Federal (1967)*. Brasília: Senado, 2013.

BRASIL. *Constituição da República Federativa do Brasil (1988)*. Brasília: Senado, 2013.

BRASIL. Ministério da Educação. *Como é feita a divisão dos recursos distribuídos pelo Fundeb?* Disponível em: <http://portal.mec.gov.br/component/tags/tag/31908-fundeb>. Acesso em: 23 ago. 2014.

BRASIL. Escola Nacional de Administração Pública. *Cadernos ENAP*, s.d. Disponível em: <http://www.enap.gov.br/web/pt-br/122>. Acesso em: 02 fev. 2015.

BRASIL. *Relatório de Gestão do Exercício de 2012*. Ministério do Planejamento, Orçamento e Gestão. Escola Nacional de Administração Pública. Disponível em: <http://www.enap.gov.br/documents/586024/601745/2012__Relatorio_Gestao.pdf/aeccc52c-c93a-4008-8e33-a28503dbc6d4>. Acesso em: 05 ago. 2015.

BRASIL. *Decreto-Lei nº 579, de 30 de julho de 1939*. Organiza o Departamento Administrativo do Serviço Público, reorganiza as Comissões de Eficiência dos Ministérios e dá outras providências. Disponível em: <http://legis.senado.gov.br/legislacao/ListaNormas.action?numero=579&tipo_norma=DEL&data=19380730&link=s>. Acesso em 23 ago. 2014.

BRASIL. *Lei n.º 9.394, de 20 de dezembro de 1996*. Estabelece as diretrizes e bases da educação nacional. Disponível em: <http://www.planalto.gov.br/ccivil_03/leis/l9394.htm>. Acesso em: 19 maio 2014.

BRASIL. *Decreto nº 966-A, de 7 de novembro de 1890*. Crêa um Tribunal de contas para o exame, revisão e julgamento dos actos concernentes à receita e despesa da República. Coleção de Leis do Brasil – 1890, p. 3440, v. fasc. XI. Disponível em: <http://www2.camara.leg.br/legin/fed/decret/1824-1899/decreto-966-a-7-novembro-1890-553450-publicacaooriginal-71409-pe.html>. Acesso em: 10 jan. 2017.

BRASIL. MEC. *Parâmetros Curriculares Nacionais*. Terceiro e Quarto ciclos do ensino fundamental. Temas Transversais. Brasília, 1998.

BRASIL. Tribunal de Contas da União. *Cartilha para conselheiros do Programa Nacional de Alimentação Escolar (PNAE)*. 5. ed. TRIBUNAL DE CONTAS U, 2010.

REFERÊNCIAS | 221

BRASIL. *Lei nº 11.494, de 20 de junho de 2007*. Regulamenta o Fundo de Manutenção e Desenvolvimento da Educação Básica e de Valorização dos Profissionais da Educação – FUNDEB. Disponível em: <http://www.planalto.gov.br/ccivil_03/_Ato2007-2010/2007/Lei/L11494.htm>. Acesso em: 20 mar. 2016.

BRASIL. *Lei nº 12.014, de 06 de agosto de 2009*. Altera o art. 61 da Lei nº 9.394, de 20 de dezembro de 1996, com a finalidade de discriminar as categorias de trabalhadores que se devem considerar profissionais da educação. Disponível em: <https://www.planalto.gov.br/ccivil_03/_ato2007-2010/2009/lei/l12014.htm>. Acesso em: 20 mar. 2016.

BRASIL. *Lei nº 13.005, de 25 de junho de 2014*. Aprova o Plano Nacional de Educação – PNE e dá outras providências. Disponível em: <http://www.planalto.gov.br/ccivil_03/_ato2011-2014/2014/lei/l13005.htm>. Acesso em: 30 abr. 2016.

BRASIL. Assembleia Legislativa. *Projeto de emenda à Constituição, de 2017*. Altera o §1º do art. 31 e o art. 75 da Constituição Federal para estabelecer os Tribunais de Contas como órgãos permanentes e essenciais ao controle externo da administração pública. Disponível em: <http://www.camara.gov.br/sileg/integras/1522482.pdf>. Acesso em: 14 set. 2016.

BRASIL. Tribunal de Contas da União. *Instrução Normativa nº 63, de 01 de setembro de 2010*. Estabelece normas de organização e de apresentação dos relatórios de gestão e das peças complementares que constituirão os processos de contas da administração pública federal, para julgamento do Tribunal de Contas da União, nos termos do art. 7º da Lei nº 8.443, de 1992. Disponível em: <http://webcache.googleusercontent.com/search?q=cache:Y9qEkj6nyoUJ:www.tcu.gov.br/Consultas/Juris/Docs/judoc/IN/20100903/INT2010-063.rtf+&cd=1&hl=pt-BR&ct=clnk&gl=br>. Acesso em: 20 out. 2016.

BRASIL. Tribunal de Contas da União. *Instrução Normativa nº 57, de 27 de agosto de 2008*. Estabelece normas de organização e apresentação dos relatórios de gestão e dos processos de contas da administração pública federal. Disponível em: <http://webcache.googleusercontent.com/search?q=cache:CIuMeaJ7o-gJ:portal.tcu.gov.br/lumis/portal/file/fileDownload.jsp%3FfileId%3D8A8182A1504992A701504E400B827933+&cd=1&hl=pt-BR&ct=clnk&gl=br>. Acesso em: 20 out. 2016.

BRASIL. *Decreto nº 5.707, de 23 de fevereiro de 2006*. Institui a Política e as Diretrizes para o Desenvolvimento de Pessoal da administração pública federal direta, autárquica e fundacional, e regulamenta dispositivos da Lei nº 8.112, de 11 de dezembro de 1990. Disponível em: <http://www.planalto.gov.br/ccivil_03/_ato2004-2006/2006/decreto/d5707.htm>. Acesso em: 19 set. 2016.

BRASIL. Portal do Servidor. *Escolas de Governo*. 2015. Disponível em: <https://www.servidor.gov.br/assuntos/escolas-de-governo>. Acesso em: 14 ago. 2016.

BRASIL. *Decreto-Lei nº 579, de 30 de julho de 1938*. Organiza o Departamento Administrativo do Serviço Público, reorganiza as Comissões de Eficiência dos Ministérios e dá outras providências. Disponível em: <http://www2.camara.leg.br/legin/fed/declei/1930-1939/decreto-lei-579-30-julho-1938-350919-publicacaooriginal-126972-pe.html>. Acesso em: 05 jan. 2017.

BRESSER PEREIRA, Luiz Carlos. *A Reforma do Estado nos Anos 1990*: Lógica e Mecanismos de Controle. Trabalho apresentado na segunda reunião do círculo de Montivideo, Barcelona. 1997.

BRITTO, Carlos Ayres. *O papel do novo tribunal de contas*. 2010. Disponível em: <http://portal.TribunaldeContase.pb.gov.br/wp-content/uploads/2011/08/2_Palestra_CarlosBrito.doc.pdf>. Acesso em: 05 set. 2015.

BRUNHOFF, Suzanne de. *A hora do mercado*: critica do liberalismo. Tradução. Álvaro Lorencini. Revisão Técnica Luiz Fernando Pereira Vieira. São Paulo: Editora Universidade Estadual Paulista, 1991.

BUGARIN, Paulo Soares. *O princípio constitucional da economicidade*. 2015, p. 1. Disponível em: <http://www.raul.pro.br/artigos/economic.pdf>. Acesso em: 23 set. 2015.

CALLEGARI, Cesar. O financiamento da Educação Básica. In: ABMP, Todos pela educação, *et al. Justiça pela qualidade na educação*. São Paulo: Saraiva, 2013.

CARNEIRO, Moacir Alves. *LDB Fácil*: Leitura crítico-compreensiva artigo a artigo. Petrópolis: Vozes, 1998.

CARVALHO, Paulo Sergio de. *Rede Nacional de Escolas de Governo no Brasil*: aprendizagens e desafios. 2012, p. 3. Disponível em: <http://www.dgsc.go.cr/dgsc/documentos/cladxvii/carvapau.pdf>. Acesso em: 02 ago. 2015.

CASTARDO, Hamilton Fernando. *Natureza Jurídica do Tribunal de Contas no Ordenamento Brasileiro*. 2007. 200p. Dissertação (Mestrado em Direito) – Programa de Pós-Graduação em Direito. Universidade Metodista de Piracicaba, 2007.

CERVO, Amaro Luiz; BERVIAN, Pedro A.; SILVA, Roberto da. *Metodologia Científica*. 6. ed. São Paulo: Pearson Prentice Hall, 2007.

CESAR, Raquel Coelho Lenz. Gestão financeira da Educação no Brasil: momento para autonomia e descentralização. In: ABMP, Todos pela educação, *et al. Justiça pela qualidade na educação*. São Paulo: Saraiva, 2013.

CHAISE, Rose Maria. *Escolas de Contas e de Gestão*: será o conhecimento um fator para concretização da cidadania fortalecendo a esfera pública? 2007. 278 f. OBRA (Doutorado) – Universidade Federal do Rio de Janeiro, 2007.

CHARLOT, Bernard. *Da relação com o saber*: elementos para uma teoria. Porto Alegre: Artmed, 2000.

CHARLOT, Bernard. *Texto apresentado no II Fórum Social Mundial pelo Fórum Mundial de Educação*. 2001. Disponível em: <http://webcache.googleusercontent.com/search?q=cache:REZIU-c69FgJ:paje.fe.usp.br/~mbarbosa/cursograd/charlot.doc+&cd=1&hl=pt-BR&ct=clnk&gl=br>. Acesso em: 01 abr. 2015.

CHARLOT, Bernard. *Relação com o saber, Formação dos Professores e Globalização*: Questões para a educação hoje. Porto Alegre: Artmed, 2005.

CHARLOT, Bernard. Educação para a cidadania na época da globalização: moralização do povo ou aspiração de novos valores? In: NEVES Paulo S. C. (Org.). *Educação e cidadania*: questões contemporâneas. São Paulo: Cortez, 2009.

CHAUÍ, Marilena. *Convite à Filosofia*. 5. ed. São Paulo: Ática, 1996.

COMENIUS, 1592-1670. *Didática Magna*. Aparelho crítico Marta Fattori. Tradução Ivone Castilho Benedetti. 2. ed. São Paulo: Martins Fontes, 2002.

COMPARATO, Fábio Konder. A escola de governo: do berço à idade adulta. *Estudos Avançados*. v. 30, n. 87. 2016. Disponível em: <http://www.scielo.br/pdf/ea/v30n87/0103-4014-ea-30-87-00313.pdf>. Acesso em: 20 abr. 2016.

COMUNIDADE EDUCATIVA CEDAC. *Projeto Político Pedagógico*: orientações para o gestor escolar. São Paulo: Fundação Santillana, 2016.

CRUZ, Daniele. *Educação corporativa*: a proposta empresarial no discurso e na prática. Educ. rev., Belo Horizonte, v. 26, n. 2, p. 317-357, ago. 2010. Disponível em: <http://www.scielo.br/scielo.php?script=sci_arttext&pid=S0102469820100002000016&lng=en&nrm=i so>. Acesso em: 09 fev. 2017.

CUNHA, Célio da. Justiça pela inclusão e qualidade na Educação. In: ABMP, Todos pela educação *et al. Justiça pela qualidade ne educação*. São Paulo: Saraiva, 2013.

CUNHA, Luiz Antônio. *Educação e desenvolvimento social no Brasil*. 4. ed. Rio de Janeiro: Francisco Alves, 1979.

DIGIÁCOMO, Murillo José. Instrumentos Jurídicos para garantia do direito à educação. In: LIBERATI, Wilson Donizeti *et al. Direito à educação*: uma questão de justiça. São Paulo: Malheiros Editores Ltda. 2004.

DOMINGOS, Osmerinda. *Avaliação de resultados em educação corporativa*: um estudo no tribunal de contas do município de São Paulo. 2015. Dissertação (Mestrado em Administração). - Programa de Pós-Graduação em Administração, Universidade Municipal de São Caetano do Sul, São Paulo. Disponível em: <http://www.uscs.edu.br/posstricto/administracao/dissertacoes/2015/pdf/DISSERTACAO_OSMERINDA_DOMINGOS.pdf>. Acesso em: 20 ago. 2015.

EBOLI, Marisa. *Breve Panorama da Educação Corporativa no Brasil*: Apresentação de Resultados de Pesquisa. Apresentado no XXIX EnANPAD – Encontro da Associação Nacional Dos Programas de Pós Graduação em Administração. Brasília, 2005. Disponível em: <http://www.educor.desenvolvimento.gov.br/public/arquivo/arq1229429576.pdf>. Acesso em: 05 set. 2014.

EBOLI, Marisa *et al. Educação corporativa*: muitos olhares. São Paulo: Atlas, 2014.

ENAP 20 ANOS. *Caminhos de uma escola de governo*. Brasília: ENAP, 2006.

FERNANDES, Ciro Campos Christo. Escolas de Governo: Conceito, origens, tendências e perspectivas para sua institucionalização no Brasil. In: CONGRESSO CONSAD DE GESTÃO PÚBLICA, 8. 2015. Brasília/DF. *Anais...* Brasília/DF: Centro de Convenções Ulysses Guimarães. Disponível em: <http://repositorio.enap.gov.br/bitstream/handle/1/2238/027.pdf?sequence=1&isAllowed=y>. Acesso em: 17 maio 2016.

FERREIRA, Agripina Encarnación Alvarez. *Dicionário de imagens, símbolos, mitos, termos e conceitos bachelardianos*. Londrina: Eduel, 2013.

FORTES, Simone Barbisan. *Previdência social no Estado Democrático de Direito*: uma visão à luz da teoria da justiça. São Paulo: LTr, 2005.

FOUCAULT, Michel. *Vigiar e punir*: nascimento da prisão. Petrópolis: Vozes, 1977.

FOUCAULT, Michel. *Microfísica do poder*. Organização e tradução de Roberto Machado. Rio de Janeiro: Edições Graal, 1979.

FREIRE, Paulo. *Pedagogia do oprimido*. 11. ed. Rio de Janeiro: Paz e Terra, 1982.

FREITAG, Bárbara. *Escola, Estado & Sociedade*. 6. ed. São Paulo: Moraes, 1986.

GATTI, Bernardete Angelina. A produção da pesquisa em educação no Brasil e suas implicações. In: *A Construção da Pesquisa em Educação no Brasil*. Brasília: Plano Editora, 2002.

GELLNER, Ernest. *Condições de liberdade*: a sociedade civil e seus rivais. Tradução: Lucy Magalhães. Revisão técnica: Renato Lessa. Rio de Janeiro: Jorge Zahar, 1996.

GHIZZO NETO, Affonso. Corrupção, estado democrático de direito e educação. Rio de janeiro: Lumen Juris Editora, 2013.

GIL, Antônio Carlos. *Como elaborar projetos de pesquisa*. 5. ed. São Paulo: Atlas: 2013.

GIL, Antônio Carlos. *Métodos e técnicas de pesquisa social*. 6. ed. São Paulo: Editora Atlas S.A., 2008. Acesso em: 22 jul. 2015.

GOIÁS. Tribunal de Contas do Estado de Goiás. *Concurso Nacional de Monografias*: Conselheiro Henrique Santillo. Brasília: ESAF, 2012.

GONSALVES, Elisa Pereira. *Iniciação à Pesquisa Científica*. 2. ed. Campinas, SP: Editora Alínea, 2001.

GRAMSCI, Antonio. *A concepção dialética da História*. Rio de Janeiro: Civilização Brasileira, 1981.

GREMAUD, Amaury Patrick. Orçamento da Educação Básica: execução orçamentária e controle social. In: ABMP, Todos pela educação, *et al. Justiça pela qualidade na educação*. São Paulo: Saraiva, 2013.

HEGEL, Georg Wilhelm Friedrich. *Escritos Pedagógicos*. México-Madrid-Buenos Aires: Fondo de Cultura Económica. 1991.

HEGEL, Georg Wilhelm Friedrich. *The Philosophy of Right*: the Philosophy of History. Trans. T.M. Knox. Chicago: Willian Benton, 1952.

HORTA, José Luiz Borges. *Direito constitucional da educação*. Belo Horizonte: Decálogo, 2007.

INSTITUTO RUI BARBOSA. *Institucional*. A casa do conhecimento dos Tribunais de Contas, 2015. Disponível em: <http://www.irbcontas.org.br/site/index.php/2014-11-04-14-23-27/institucional>. Acesso em: 21 mar. 2016.

INSTITUTO RUI BARBOSA. *Finalidades*. A Casa do conhecimento dos Tribunais de Contas, 2017. Disponível em: <http://www.irbcontas.org.br/site/index.php/2014-11-04-14-23-27/finalidades>. Acesso em: 24 fev. 2017.

JESUS, Antônio Tavares de. *Educação e hegemonia no pensamento de Antônio Gramsci*. São Paulo: Cortez, 1989.

KIM, Richard Pae; PEREZ, José Roberto Rus. Responsabilidades públicas, controles e exigibilidade do direito a uma Educação de qualidade. In: ABMP, Todos pela educação, *et al. Justiça pela qualidade na educação*. São Paulo: Saraiva, 2013.

LAKATOS, Eva Maria; MARCONI, Marina de A. *Técnicas de Pesquisa*. 7. ed. São Paulo: Atlas, 2010.

LALANDE, André. *Vocabulário Técnico da Filosofia*. 3. ed. São Paulo: Martins Fontes, 1999.

LEAL, Regina Barros. Planejamento de ensino: peculiaridades significativas. *Revista Iberoamericana de Educación*. ISSN: 1681-5653. s.d.

LIBÂNEO, José Carlos. *Didática*. São Paulo: Cortez, 1994.

LIBÂNEO, José Carlos. Perspectivas de uma pedagogia emancipadora face às transformações do mundo contemporâneo. Entrevista concedida ao Prof. Nivaldo A. N. David, em Goiânia, em 16 de dezembro de 1997. *Revista Pensar a Prática* 1:1-21, jan./jun.1998. Disponível em: <http://www.revistas.ufg.br/index.php/fef/article/view/8/2613>. Acesso em: 1º maio 2015.

LOPES, Alfredo Cecílio. *Ensaio sobre o Tribunal de Contas*. São Paulo: Gráfica São José, 1947.

REFERÊNCIAS | 225

LOPEZ, Maria Del Mar Solbas. *O Controle dos Gastos Públicos*: Relacionamento entre o Legislativo e as Entidades de Fiscalização Superior no Brasil, Argentina e Chile. Senado Federal Universidade do Legislativo Brasileiro Unilegis, 2008. Disponível em: <http://portal2.Tribunal de Contasu.gov.br/portal/pls/portal/docs/2525950.PDF>. Acesso em: 29 abr. 2015.

LOUREIRO, Maria Rita; TEIXEIRA, Marco Antonio Carvalho; MORAES, Tiago Cacique. Democratização e reforma do Estado: o desenvolvimento institucional dos tribunais de contas no Brasil recente. *Rev. Adm. Pública* [online]. 2009, v. 43, n. 4, p.739-772. ISSN 0034-7612. Disponível em: <http://www.scielo.br/pdf/rap/v43n4/v43n4a02.pdf>. Acesso em: 23. out. 2015.

LUCENA, Carlos. O Pensamento Educacional de Èmile Durkheim. *Revista Histedbr Online*, Campinas, n.40, p. 295-305, dez. 2010.

MACIEL, Marco. *Educação e Liberalismo*. Rio de Janeiro: José Olympio, 1987.

MADRUGA, Florian. Escolas do Legislativo: a nova visão do parlamento brasileiro. *Senatus*, Brasília, v. 6, n. 1, p. 31-34, maio 2008. Disponível em: <https://www2.senado. leg.br/bdsf/bitstream/handle/id/131834/escolas_legislativo.pdf?sequence=3%20p.%20 4>. Acesso em: 17 fev. 2016.

MASSUKADO-NAKATANI, M. S. *Métodos e técnicas de pesquisa*: Amostragem. 2009. Disponível em: <http://www.turismo.ufpr.br/drupal5/files/Aula%2022%20-%20 Amostragem.pdf>. Acesso em jan./2017.

MEISTER, Jeanne C. *Educação corporativa*. São Paulo: Makron Books, 1999.

MELLO, Guiomar Namo de. Gestão financeira da escola pública e compromisso com a aprendizagem de alunos e professores. In: ABMP, Todos pela educação, *et al. Justiça pela qualidade na educação*. São Paulo: Saraiva, 2013.

MINAYO, Maria Cecília de Souza. (Org.). *Pesquisa social*: teoria, método e criatividade. Rio de Janeiro: Vozes, 2012.

MORA, José Ferrater. *Dicionário de Filosofia*. Texto preparado por Eduardo Garc Belsunce e Ezequiel Olaso. Traduzido do espanhol por Antônio José Massano e Manuel Palmeirim Publicações Dom Quixote – Lisboa, 1978. Disponível em: <http://www.portalconservador. com/livros/Jose-Ferrater-Mora-Dicionario-de-Filosofia.pdf>. Acesso em: 13 out. 2014.

MOREIRA, Alexandre Magno Fernandes. *Estado, Governo e Administração Pública. 2008.* Disponível em: <http://www.lfg.com.br>. Acesso em: 03 out. 2015.

MOREIRA NETO, Diogo de Figueiredo. O parlamento e a sociedade como destinatários do trabalho dos tribunais de contas. In: SOUSA, Alfredo José de *et al. O novo Tribunal de Contas. Órgão* protetor dos direitos fundamentais. Belo Horizonte: Fórum, 2003.

MOURA, Daniela Ruppentha. *Docência artesã na educação infantil*: um estudo dos fazeres docentes com crianças pequenas. Grupo de pesquisa interdepartamental (Letras e Educação) da UNISC, s/d.

MUNIZ, Regina Maria F. *O direito à educação*. Rio de Janeiro: Renovar, 2002.

NAZARETH, Paula Alexandra Canas; MELO, Sandra Cordeiro de. *O papel da Escola de Contas e Gestão do Tribunal de Contas do Estado do Rio de Janeiro na promoção de culturas inclusivas na gestão municipal*. In.: CONGRESSO INTERNACIONAL DEL CLAD SOBRE LA REFORMA DEL ESTADO Y DE LA ADMINISTRACIÓN PÚBLICA. 7. 2012. Cartagena, Colombia. Disponível: <http://www.lapeade.com.br/publicacoes/artigos/ CLAD%202012.pdf>. Acesso em: 15 de set. 2016.

NÓBREGA, Marcos. *Os tribunais de contas e o controle dos programas sociais*. Belo Horizonte: Fórum, 2011.

NOGUEIRA, Marco Aurélio. Para uma governabilidade democrática progressiva. *Revista Lua Nova*, São Paulo, n. 36, p. 105-128, 1995. Disponível em: <http://www.scielo.br/pdf/ln/n36/a07n36.pdf>. Acesso em: 17 out. 2014.

NOSELLA, Paolo. *A escola de Gramsci*. Porto Alegre: Artes Médicas Sul, 1992.

PACHECO, Regina Silvia Viotto Monteiro. Escolas de Governo como centros de excelência em gestão pública: a perspectiva da ENAP- Brasil. *Revista do Serviço Público/Fundação Escola Nacional de Administração Pública*. v. 53, n. 1, jan./mar. 2002. Brasília: ENAP, 2002.

PACHECO, Regina Silvia Viotto Monteiro. Escolas de Governo: tendências e desafios – ENAP - Brasil em perspectiva comparada. *Revista do Serviço Público/Fundação Escola Nacional de Administração Pública*. v. 51, n. 2, p. 35-53. ENAP, Brasília: 2000.

PACHECO, Regina Silvia Viotto Monteiro. Administração Pública nas Revistas Especializadas - Brasil, 1995-2002. RAE. *Revista de Administração de Empresas*, São Paulo, v. 43, p. 63-71, 2003.

PARO, Vitor Henrique. *Administração escolar:* Introdução Crítica. São Paulo: Cortez, 2008.

PIACENTIN, Antonio Isidoro. O direito à educação na Constituição Democrática de 1988. In: PINTO, Daniella Basso Batista; CINTRA, Rodrigo Suzuki *et al*. *Direito e Educação*: reflexões críticas para uma perspectiva interdisciplinar. São Paulo: Saraiva. 2013.

PINTO, Luciana Moraes Raso Sardinha; RODRIGUES, Maria Isabel Araújo. A experiência mineira na formação e profissionalização da função pública: o êxito da Escola de Governo Professor Paulo Neves de Carvalho. *Revista Temas de Administração Pública*. Edição Especial, v. 3, n. 6, 2012. Disponível em: <http://www.fclar.unesp.br/Home/Departamentos/AdministracaoPublica/RevistaTemasdeAdministracaoPublica/6-escola-de-governo-maria-isabel-versao-final.pdf>. Acesso em: 10 jan. 2016.

QUARTIERO, Elisa Maria; BIANCHETTI, Lucídio (Orgs.) *Educação corporativa*: mundo do trabalho e do conhecimento: aproximações. São Paulo: Cortez, 2005.

QUARTIERO, Elisa Maria; CERNY, Roseli Zen. Universidade Corporativa: uma nova face da relação entre mundo do trabalho e mundo da educação. In: QUARTIERO, Elisa Maria; BIANCHETTI, Lucídio (Orgs.). *Educação corporativa*: mundo do trabalho e do conhecimento: aproximações. São Paulo: Cortez, 2005.

QUEIROZ, Marco Aurélio Marques de. *O Princípio constitucional da legalidade administrativa e os limites do controle das atividades-fim das agências reguladoras pelo Tribunal de Contas da União*. Natal: Universidade Federal do Rio Grande do Norte, 2010. (Dissertação de mestrado).

RANIERI, Nina Beatriz Stocco. O direito educacional no sistema jurídico brasileiro. In: ABMP, Todos pela educação *et al*. *Justiça pela qualidade na educação*. São Paulo: Saraiva, 2013.

REDIN, Euclides; ZITKOSKI, Jaime; WÜRDIG, Rogério Costa. *Políticas públicas para a cidade educadora na perspectiva da infância*: interfaces entre o lúdico, a escola e a cidadania. Educação Unisinos, 2003.

RIBEIRO, Clarice Ferreira de Paiva; ZUCCOLOTTO, Robson. Identificação dos fatores determinantes da transparência na gestão pública dos municípios brasileiros. In: *Concurso Nacional de Monografias*: Conselheiro Henrique Santillo. Tribunal de Contas do Estado de Goiás. Brasília: Esaf, 2012.

REFERÊNCIAS | 227

RIBEIRO, Lauro Luiz Gomes. *Direito Educacional*: Educação Básica e Federalismo. São Paulo: Quartier Latin, 2009.

RODRIGUES NETO, Antonio Joaquim Moraes. *O Tribunal de Contas e o Cidadão*: uma instituição a serviço da sociedade. 2015. Disponível em: <http://www.atricon.org.br/wp-content/uploads/2015/09/Aula-Magna.pdf>. Acesso em: 30 set. 2015.

RODRIGUES, Leôncio Martins. O sindicalismo corporativo no Brasil. In: *Partidos e sindicatos*: escritos de sociologia política [online]. Rio de Janeiro: Centro Edelstein de Pesquisas Sociais, 2009. Acesso em: 23 jul. 2015.

ROSSIAUD, Jean; SCHERER-WARREN, Ilse. *A democratização inacabável*: as memórias do futuro. Petrópolis, Rio de Janeiro: Vozes, 2000.

SANTOS, Boaventura de Sousa. *Um discurso sobre as ciências*. 7. ed. São Paulo: Cortez, 2010.

SANTOS, Eliseu Muniz dos. Educação para a cidadania: estamos preparando nossas crianças e jovens para serem cidadãos? *Revista Parlamento e Sociedade*. Câmara Municipal de São Paulo. v. 4, n. 6. 2016.

SANTOS, Marcelo Fausto Figueiredo. *Teoria geral do Estado*. 3. ed. São Paulo: Atlas, 2009.

SÃO PAULO. *Revista Parlamento e Sociedade*. Câmara Municipal de São Paulo. São Paulo. v. 4, n. 6, jan./jun. 2016. ISSN: 2318-4248.

SÃO PAULO. *O papel dos Tribunais de Contas no controle da constitucionalidade das leis e atos administrativos*. Tribunal de Contas do Município de São Paulo, n. 2, jul. 2002. Disponível em: <http://www.tcm.sp.gov.br/tcminforme/julho/papel_tc07.htm>. Acesso em: 05 ago. 2016.

SAVIANI, Dermeval. *Pedagogia histórico-crítica*: Primeiras Aproximações. 7. ed. Campinas-SP: Autores Associados, 2000.

SERGIPE. Tribunal de Contas do Estado de Sergipe 40 anos. *Cartilha Cidadã*: Orientações para o exercício da cidadania. Aracaju/SE: J. Andrade, 2010.

SERGIPE. Tribunal de Contas do Estado de Sergipe. *Revista do TCE/SE*, n. 63. Aracaju: Tribunal de Conta de Sergipe/SE, nov. 2014.

SERGIPE. *Lei Complementar nº. 205, de 06 de julho de 2011*. Institui a Lei Orgânica do Tribunal de Contas do Estado de Sergipe, e dá providências correlatas. Disponível em: <http://www.al.se.gov.br/Legislacao/Complementar/2011/C2052011.pdf>. Acesso em: 23 dez. 2015.

SERGIPE. Tribunal de Contas do Estado de Sergipe. *Resolução nº 220, de 19 de dezembro de 2002*. Dispõe sobre o Regimento Interno da Escola de Contas José Amado Nascimento. Disponível em: <https://www.tce.se.gov.br/sitev2/assets/files/Regimento_ECOJAN.doc>. Acesso em: 05 set. 2015.

SERGIPE. Tribunal de Contas do Estado de Sergipe. *Resolução nº 227, de 12 de agosto de 2004*. Altera o Regimento Interno da Escola de Contas José Amado Nascimento. Disponível em: <https://www.tce.se.gov.br/sitev2/assets/files/Regimento_ECOJAN.doc>. Acesso em: 25 set. 2015.

SERGIPE. Tribunal de Contas do Estado de Sergipe. *Histórico*. Disponível em: <http://www.Tribunal de Contase.se.gov.br/sitev2/historico.php>. Acesso em: 25 set. 2015.

SERGIPE. Tribunal de Contas do Estado de Sergipe. *Resolução nº 275, de 12 de abril de 2012*. Altera o art. 3º da Resolução nº 220, de 19 de dezembro de 2002, que aprova o Regimento Interno da Escola de Contas Conselheiro José Amado Nascimento – ECOJAN, e revoga o art. 174 do Regime Interno do Tribunal de Contas do Estado de Sergipe. Disponível em: <http://www.tce.se.gov.br/sgw/upload/167d063e436baf11963e335148323d204dd95 9a0.pdf>. Acesso em: 07 fev. 2016.

SERRA, Rita de Cássia Chió; CARNEIRO, Ricardo. Controle social e suas interfaces com os controles interno e externo no Brasil contemporâneo. *Revista Espaços Públicos* [*on line*] maio/ago. 2012, 15. Disponível em: <http://www.redalyc.org/html/676/67623463002/>. Acesso em: 19 out. 2014.

SERVIDOR 01. *Avaliação aplicada ao Jurisdicionado*. [abr., 2015]. Aracaju, 2015. Avaliação concedida para a ECOJAN.

SERVIDOR 02. *Avaliação aplicada ao Jurisdicionado*. [abr., 2015]. Aracaju, 2015. Avaliação concedida para a ECOJAN.

SERVIDOR 03. *Avaliação aplicada ao Jurisdicionado*. [abr., 2015]. Aracaju, 2015. Avaliação concedida para a ECOJAN.

SILVA, Rosália de Fátima e. No 'fazer da política', o 'conceito educação cidadania". In: CABRAL NETO, Antônio (Org.). *Política educacional*: desafios e tendências. Porto Alegre: Sulina, 2004.

SILVA, Karina Bezerra da Fonseca e; PEREIRA, João Dantas. *A escola e o controle*. INTERFASE. Natal/RN, v. 1, n. 2, jul./dez. 2004.

SILVEIRA, Fillipa. *A questão da antropologia entre o empírico e o transcendental*: Foucault sobre Kant. Anais do VII Seminário de Pós-Graduação em Filosofia da UFSCar, 2011. Disponível em: <http://www.ufscar.br/~semppgfil/wp-content/uploads/2012/05/fillipasilveira.pdf>. Acesso em: 27 set. 2015.

SPECK, Bruno Wilhelm. *Inovação e rotina no Tribunal de Contas da União*. São Paulo: Konrad Adenauer Stifung, 2000.

SPENCER, Herbert. *Educação*: Intellectual, moral e physica. Porto: Casa Editora Alcino Aranha, 1884.

SOBRAL DE SOUZA, Patrícia Verônica Nunes Carvalho. *Corrupção e improbidade*. Críticas e controle. Belo Horizonte: Fórum, 2012.

TEIXEIRA, Anísio. *Educação é um direito*. São Paulo: Companhia Editora Nacional, 1968.

TEIXEIRA, Paulo Marcelo M. A educação científica sob a perspectiva da pedagogia histórico-crítica e do movimento C.T.S. no ensino de ciências. *Ciência & Educação*. v. 9, n. 2, p. 177-190, 2003. Bauru/SP: Universidade Estadual Paulista "Júlio de Mesquita Filho" Disponível em: < http://text-br.123dok.com/document/ozln8wrq-a-educacao-cientifica-sob-a-perspectiva-da-pedagogia-historico-critica-e-do-movimento-c-t-s-no-ensino-de-ciencias.html>. Acesso em: 02 dez. 2016.

TEIXEIRA, Vilmar Agapito. *O controle da corrupção*: desafios e oportunidades para o TCU. Brasília/DF: Universidade de Brasília, 2006.

TERRA, Alcides; BOMFIM, Ester Andrade *A educação corporativa e sua contribuição para o Brasil*. 2007. Disponível em: <http://www.educor.desenvolvimento.gov.br/public/arquivo/ arq 1229430057.pdf>. Acesso em: 25 de jul. 2015.

REFERÊNCIAS | 229

TILLY, Charles. *Democracia*. Tradução Raquel Weiss. Petrópolis. Rio de Janeiro: Vozes, 2013.

TIMÓTEO, Marcela de Oliveira. *Princípios e práticas de educação corporativa no tribunal de contas da união*. 2009. Monografia (Trabalho de Conclusão de Curso em Gestão da Educação Corporativa). Brasília: Universidade Gama Filho, 2009.

TRIVIÑOS, Augusto Nibaldo Silva. *Introdução à pesquisa em ciências sociais*: a pesquisa qualitativa em educação. São Paulo: Atlas, 1987.

ZILBERMAN, Regina. *Leitura*: Perspectivas interdisciplinares. São Paulo: Ática, 2007.

APÊNDICES

APPENDICES

APÊNDICE I

ROTEIRO DE ENTREVISTA 1

DIRETORES DA ESCOLA DE CONTAS MAIS ANTIGA (TCE/MG) E DA ESCOLA MAIS RECENTE (TCM/BA)

1 – As formas de conceituar o controle que priorizem menos dependência e eliminem a hierarquização encontram respaldo no crescimento do papel dos órgãos de controle externo da administração, tornando-se imprescindível que os mecanismos se desenvolvam e se mostrem capazes de controlar o emprego adequado dos recursos públicos. A escola considera que esta é uma condição *sine qua non* para o aperfeiçoamento do processo democrático da sociedade brasileira e que, além do mais, se mostra como um forte instrumento para o aumento da governabilidade, auxiliando as instituições públicas a agirem de forma ainda mais transparente e diretiva de suas ações para o atendimento das necessidades da sociedade?

2 – A primeira providência a ser tomada com vistas ao combate à corrupção é a busca incansável pela transparência de como decorrem os atos administrativos envolvendo o erário, a exemplo do que ocorre atualmente no Brasil, uma onda de prisões advindas de corrupções em detrimento dos cofres públicos, sendo, portanto, punidos. A escola entrevistada acompanha e auxilia na tomada de tais providências junto às atividades do controle externo? Caso positivo, apresente três ações.

3 – Em estudos sobre o controle e suas tendências, a vertente do controle emancipatório como fomentador da democracia e a ação da controladoria voltam-se para a função da garantia de que a população tenha o protagonismo, seja revertido em ações do Estado em prol do interesse público, quando teremos um controle tendente à emancipação dos cidadãos, inibindo a apropriação do Estado por interesses egoísticos

e, assim, por exemplo, os objetivos do Tribunal de Contas/SE estão centrados para a contribuição que, não só quer, mas que tem a obrigação de prestar à sociedade controle dos gastos públicos eficientemente. A escola entrevistada assume o mesmo procedimento? Por que sim? E, se não, por que não? Há projetos/ações para tais fins?

4 – Os órgãos de contas se direcionam para a maturidade no âmbito social, passando da condição de meros órgãos de Estado para a condição de órgãos da sociedade no Estado, porque **é à** sociedade que prestam seus serviços, principalmente nas funções de controle externo, auxiliando todo o conjunto dos entes e dos órgãos do aparelho estatal, tanto indireta quanto diretamente. Isso ocorre com esta escola entrevistada? Apresente um exemplo.

5 – No tocante às sanções, os tribunais de contas estão investidos numa formação suficiente para a sua aplicação concernente à prática de atos ilegais por acaso existentes no desempenho de receitas e despesas públicas. A escola entrevistada atua com práticas pedagógico-preventivas? Exemplifique.

6 – A escola entrevistada está de acordo com o pensamento de servir à coletividade, e este ponto está em consonância com a missão da escola?

7 – Você acredita que a Escola de Contas atende plenamente a finalidade para a qual foi criada e enfrenta os desafios que se lhe apresentam? Quais os dois últimos maiores desafios já enfrentados pela escola e os dois maiores desafios a serem enfrentados ainda?

8 – Você considera esta Escola de Contas como padrão? Caso negativo, por que não? Indique quatro escolas de contas do Brasil que você considera como escolas de contas padrão e que podem servir de modelo para as demais.

9 – As implicações das referidas escolas enquanto centros de excelência questionam seu grau de autonomia quanto às políticas de governo para a gestão pública. Esse grau de autonomia se expressa, na prática das condições facilitadoras do exercício da profissão, com a chancela de parcerias celebradas com os *stakeholders* (dirigentes máximos do governo); como suporte para a implementação das políticas de gestão pública e uma fonte de informação para sustentar decisões sobre novas políticas; como fontes de construção de conhecimentos aplicados à solução de problemas de gestão inerentes ao setor público e como um *loco* onde suas demandas têm respostas qualificadas e ágeis. A escola entrevistada se considera dentro de um grau relevante de autonomia pedagógica? Possui plano pedagógico de ação? Como é elaborado e em qual intervalo de tempo? Possui plano de desenvolvimento institucional (PDI)?

10 – As escolas de governo, seja nos Estados Unidos, no Reino Unido e em toda a Europa, dispõem de uma complexa estrutura que envolve todas essas escolas, sinalizando para alguns casos em que aparecem tão valorizadas e atuando integradamente na condição de prioridades estratégicas de governo e, ao mesmo tempo, desenvolvendo uma importante atividade de pesquisa, ocupando um papel semelhante ao das universidades neste campo. A escola entrevistada possui grupo de pesquisa ou de estudos voltados a temas que envolvam o caráter ensino-pesquisa-aprendizagem da equipe de servidores do TCE?

11 – Em conformidade com as diretrizes norteadoras da adoção dessa política, as escolas de governo são as instituições destinadas à formação e ao desenvolvimento de servidores públicos, incluídas na estrutura da Administração Pública federal direta, autárquica e fundacional, evidenciando-se que a abrangência dessas escolas envolve a responsabilidade que elas detêm no aperfeiçoamento da formação de servidores no sentido de que venham a cumprir a missão das organizações públicas funcionando sob os critérios da economicidade, da eficiência, da efetividade e da boa gestão de suas práticas, incluindo também cursos para associações, sindicatos e a comunidade em geral de forma gratuita. É nesse diapasão que funciona a escola entrevistada?

12 – Um estudo analisou o programa de implantação da EC do TCE do Rio de Janeiro, por exemplo, enquanto uma estratégia de educação continuada, tendo como inspiração o modelo de universidade corporativa. A investigação concorda com a ideia de que, historicamente, o Brasil tem presenciado uma luta na direção da democracia e do desenvolvimento, buscando o aprofundamento sobre os instrumentos de controle público e a diminuição do arbítrio e da concentração de poder. Afirma-se ainda que o advento da Constituição de 1988 impulsionou o país a possuir um quadro de maior profissionalização do aparato estatal da esfera pública e da construção de mecanismos de resposta às demandas sociais por controle que se têm acentuado. Para tanto, o papel dos TCs com a significativa responsabilidade na manutenção e da integridade da *coisa pública* naquilo que ela tem de mais sensível: a utilização dos recursos públicos. Tomando por base as informações aqui ajuntadas de uma pesquisa, a escola entrevistada possui aparato tecnológico que viabiliza a consecução de maior conhecimento e afirmaria como satisfatórios os cursos promovidos a distância? Caso não possua EaD, há planejamento estratégico para a sua implementação? Caso já possua, como considera o patamar dos cursos EaD? Considera num patamar evoluído?

13 – A escola entrevistada concorda que as escolas de governo tratam do desempenho de sua missão junto à sociedade, levando a efeito um programa geral de formação da cidadania veiculando a legislação de modo a promover a transparência e oferecer informação necessária a todos os cidadãos, desta forma rompendo o isolamento entre elas e ampliando o compartilhamento de conhecimentos e experiências?

14 – Quais projetos socioeducacionais foram criados pela escola entrevistada que poderiam ser listados e apontadas as suas características, objetivos e resultados geradores de cidadania?

15 – Como a escola entrevistada tem trabalhado o ensinamento e a aprendizagem sobre as contas públicas no tocante às questões relacionadas à ética e à moral? Que resultados têm apresentado?

APÊNDICE II

ROTEIRO DE ENTREVISTA 2

ALUNOS E PROFESSORES CONTEMPLADOS COM O PROJETO TCE CIDADÃO DA ECOJAN

1 – O Projeto TCE Cidadão alcança o seu objetivo em promover a cidadania e divulgar a atuação do Tribunal de Contas/SE, no contexto universitário, enquanto instituição responsável pela fiscalização dos recursos públicos em benefícios da sociedade? Justifique a sua posição.

2 – Qual a sua opinião sobre haver participado com sua escola, ao vivo, a uma sessão plenária do colegiado e acompanhar a pauta de julgamento de processos do dia?

3 – A participação na plenária do colegiado realmente contribuiu para que você, seus colegas e escola possam bem compreender o Tribunal de Contas e suas ações, estimulando o controle social por meio da reflexão sobre o exercício da cidadania? Como você avaliou essa contribuição?

4 – A participação na plenária do colegiado realmente contribuiu para que você, seus colegas e escola possam incentivar a participação ativa do cidadão na fiscalização de recursos públicos? Pode explicar como?

5 – A participação na plenária do colegiado realmente contribuiu para que você, seus colegas e escola possam melhorar a comunicação entre o Tribunal de Contas/SE e a sociedade? Diga em que momentos percebeu isso.

6 – A proposta do Projeto TCE Cidadão é a de motivar universitários e univer;sidade/faculdades a conhecer os princípios da boa Administração Pública, as ferramentas e os instrumentos que permitam a fiscalização dos gastos com o erário de modo a controlar as ações dos sujeitos explicitamente. Você diria que o projeto conseguiu atender ao que se propõe? De que forma viu que o projeto alcança a realização da proposta?

7 – Você considera que as ações do TCE/SE e de sua Escola de Contas realmente tornam mais fácil a fiscalização cidadã sobre o controle dos gastos públicos? Por quê?

8 – Você diria que, antes da aplicação do Projeto TCE Cidadão, a sua visão sobre o controle de gastos públicos era a mesma que tem agora? Por quê?

9 – Você diria que todos os cidadãos, alfabetizados ou não, precisariam conhecer o trabalho do TCE/SE e de sua Escola de Contas sobre a fiscalização dos gastos públicos? Por quê?

10 – Você considera que o controle social é uma das formas de combate à corrupção?

APÊNDICE III

TERMO DE LIVRE CONSENTIMENTO

Eu, _____, declaro, para os devidos fins, que cedo os direitos de uso das respostas a uma entrevista/questionário realizada, em maio/2016 a janeiro/2017, pela doutoranda Patrícia Verônica Nunes Carvalho Sobral de Souza, como parte do trabalho de sua OBRA para obtenção do grau de Doutora em Educação da Universidade Federal de Sergipe, podendo elas, a partir da presente data, serem utilizadas integralmente ou em partes, sem restrições de prazos, citações e, inclusive, de reprodução em sistema de áudio, abdicando de direitos meus e de meus descendentes, ficando o controle do uso vinculado à Universidade Federal de Sergipe. Aracaju (SE), ___ de _____ de 2016.

APÊNDICE IV

CARTA DE RECOMENDAÇÃO PARA TESE DE DOUTORAMENTO EM EDUCAÇÃO NA UNIVERSIDADE FEDERAL DE SERGIPE

Recomendamos, para os devidos fins, o trabalho da doutoranda PATRÍCIA VERÔNICA NUNES CARVALHO SOBRAL DE SOUZA, professora da Universidade Tiradentes e Servidora/ Coordenadora da Escola de Contas do TCE de Sergipe, sob a orientação da professora Doutora Veleida Anahí da Silva, cuja pesquisa tem como título: PANORAMA DAS ESCOLAS DE CONTAS DO BRASIL COM FOCO NA ESCOLA DE CONTAS DO ESTADO DE SERGIPE PARA O EXERCÍCIO DO CONTROLE SOCIAL. Visando dar seguimento à pesquisa, sua contribuição será fundamental para fomentar o arcabouço acadêmico daquela Universidade, bem como dos Tribunais de Contas do Brasil, como tributo institucional e social destes órgãos administrativos, com destaque para as Escolas de Contas. Neste sentido, solicitamos a sua valiosa colaboração para responder aos questionamentos, objeto desta pesquisa, que vem sendo desenvolvida desde 2014 e busca ser concluída no primeiro semestre de 2016.

Aracaju-SE, 22/03/2016

Conselheiro SEBASTIÃO HELVECIO RAMOS DE CASTRO

Presidente do Instituto Rui Barbosa

ANEXOS

ANEXO 1

| SERVIÇOS E CONSULTAS | INSTITUCIONAL | AGÊNCIA DE NOTÍCIAS | INICIATIVAS CULTURAIS | APOIO GESTORES | PORTAL DA TRANSPARÊNCIA | OUVIDORIA |

Portal de Serviços

Atas de Registro de Preço
Ato Deliberativo
Ato Deliberativo ICMS
Biblioteca
Certidão CNJ
Comunicações Processuais
Concursos
Constituição de Sergipe
Espaço Cultural
Grupo de Coral TCE
Impedidos de Contratar
Julgamentos do Mês
Legislação
Licitações
Links
Ofício Circular
Organização
Planejamento Estratégico
Processo e Protocolo
Resoluções
Visitando Acervos

TCE CIDADÃO

CORREGEDORIA

CONTROLE SOCIAL

Estudantes de Direito aliam teoria à prática através do projeto TCE Cidadão

01/11/2013

Tweet 0   Impressão

Curtir Seja o primeiro de seus amigos a curtir isso.

"Assim o ensino se torna mais eficaz". A opinião do estudante de Direito da Universidade Tiradentes (Unit), Vinícius Mendonça, diz respeito à oportunidade de conhecer na prática o funcionamento do Tribunal de Contas do Estado de Sergipe (TCE/SE). Vinícius foi um dos 60 alunos que, na manhã desta quinta-feira, 31, participaram de mais uma edição do projeto TCE Cidadão.

A visita à Corte de Contas teve início na sessão plenária, onde os estudantes acompanharam parte dos julgamentos. "Aqui eles podem levar um conhecimento maior do que é o Tribunal, de como ele funciona e da sua importância para a administração pública", destacou o conselheiro-presidente Carlos Alberto Sobral de Souza.

Fotos: Cleverton Ribeiro

Assim como o presidente, os demais membros do colegiado também saudaram os alunos e enalteceram a iniciativa. "É algo que tem se tornado frequente e deve ser cada vez mais. Aqui se cuida dos assuntos mais variados, mas o forte é o trato com o Direito Administrativo. Estão no lugar certo para uma aula prática", colocou o vice-presidente do TCE, conselheiro Carlos Pinna.

Os estudantes são alunos da disciplina Direito Administrativo II, ministrada pela professora Patrícia Verônica, que também é a coordenadora pedagógica da Escola de Contas (Ecojan). "É fundamental que os alunos conheçam de perto esse papel do controle externo, sobretudo porque aqui são tratados temas que já vimos na teoria em sala de aula", observou a professora.

Do Pleno os estudantes seguiram até o mini-auditório da Corte de Contas, onde assistiram a duas palestras: 'O Tribunal de Contas e a fiscalização quanto aos atos de pessoal' e 'O Tribunal de Contas e o Controle Social', ministradas pela coordenadora da 1ª Coordenadoria de Controle e Inspeção, Sueli Santos Góis, e pelo Coordenador de Controle Interno, Eleonaldo Soares, respectivamente.

"Toda essa logística criada ficou muito boa", elogiou Vinícius Mendonça, fazendo coro com sua colega Rebeca Alves: "na sala de aula a gente vê apenas a teoria e aqui vimos a prática; isso é importante para o aprendizado".

Mais Notícias
04/12/2013 - Projeto 'TCE vai à Escola' terá início na próxima sexta-feira
02/12/2013 - TCE capacita servidores da Grande Aracaju no município de Socorro

ANEXO 2

Portal de Serviços
Atas de Registro de Preço
Ato Deliberativo
Ato Deliberativo ICMS
Biblioteca
Certidão CNJ
Comunicações Processuais
Concursos
Constituição de Sergipe
Espaço Cultural
Grupo de Coral TCE
Impedidos de Contratar
Julgamentos do Mês
Legislação
Licitações
Links
Ofício Circular
Organização
Planejamento Estratégico
Processo e Protocolo
Resoluções
Visitando Acervos

TCE CIDADÃO

CORREGEDORIA

TCE Cidadão contempla novas turmas do curso de Direito
07/11/2013

Em mais uma edição do projeto TCE Cidadão, o Tribunal de Contas de Sergipe (TCE/SE), por meio da Escola de Contas Conselheiro José Amado Nascimento (Ecojan), recebeu durante a manhã desta quinta-feira, 07, alunos do curso de Direito da Universidade Tiradentes (Unit). Os estudantes acompanharam o julgamento dos processos durante a sessão do Pleno e depois seguiram para uma palestra sobre Orçamento Público com Vanderson Melo, analista de controle externo do TCE.

A coordenadora da Ecojan e também professora da Unit, Patrícia Verônica, acompanhou os alunos da disciplina de Direito Administrativo II e o professor Luís Carlos Oliveira de Santana foi o responsável pela participação da turma de Direito Financeiro.

De acordo com a coordenadora, essa experiência é muito importante para complementar o aprendizado desses estudantes. "O Projeto TCE Cidadão tem uma importância ímpar na vida acadêmica dos alunos, pois confere a eles uma visão prática do Direito Administrativo e do Direito Financeiro que eles estudam na teoria em sala de aula", disse a professora.

Valorizando a experiência, os estudantes acompanharam atentamente a sessão do Pleno e a palestra ministrada pelo servidor da Casa, fazendo anotações e tirando dúvidas quanto necessário.

João Antônio cursa o 6º período de Direito e faz parte da turma de Direito Administrativo. Segundo ele, "essa é uma experiência única, tendo em vista a possibilidade de vermos os conceitos e teorias sendo aplicados, além de acompanharmos a dinâmica, a estrutura organizacional do TCE e os julgamentos dos processos submetidos ao Pleno".

Através da Ouvidoria do Tribunal, esses estudantes encontraram um meio de manifestarem as suas impressões sobre a iniciativa e darem sua opinião. A professora Patrícia Verônica analisou o retorno como muito satisfatório e como um medidor do efeito positivo do TCE Cidadão na vida dos alunos. "O feedback é totalmente positivo; esse projeto vem cumprindo o efeito esperado e levando mais experiência para a vida acadêmica do estudante", afirmou.

As instituições de ensino interessadas em proporcionar essa experiência aos seus alunos podem se

Fotos: Cleverton Ribeiro

ANEXO 3

Portal de Serviços

Atas de Registro de Preço
Ato Deliberativo
Ato Deliberativo ICMS
Biblioteca
Certidão CNJ
Comunicações Processuais
Concursos
Constituição de Sergipe
Espaço Cultural
Grupo de Coral TCE
Impedidos de Contratar
Julgamentos do Mês
Legislação
Licitações

Projeto 'TCE vai à Escola' terá início na próxima sexta-feira

04/12/2013

De modo a aproximar ainda mais o Tribunal de Contas do Estado (TCE/SE) da sociedade, um novo projeto pedagógico da Escola de Contas Conselheiro José Amado Nascimento (Ecojan) terá início na próxima sexta-feira, 06, no Colégio Estadual Leandro Maciel.

A ação leva o nome de 'TCE vai à Escola', e tem o objetivo de disseminar conhecimentos sobre ética geral, moral e cívica e preceitos constitucionais visando contribuir com o fortalecimento da cidadania.

O novo projeto da Ecojan tem como público-alvo os alunos dos ensinos médio e fundamental das escolas públicas e particulares estaduais e municipais.

A metodologia prevê que seja levado aos jovens conhecimentos amplos sobre a administração pública, a origem dos recursos, sua destinação e o controle externo através de palestras proferidas por servidores do próprio TCE

ANEXO 4

Portal de Serviços

Atas de Registro de Preço
Ato Deliberativo
Ato Deliberativo ICMS
Biblioteca
Certidão CNJ
Comunicações Processuais
Concursos
Constituição de Sergipe
Espaço Cultural
Grupo de Coral TCE
Impedidos de Contratar
Julgamentos do Mês
Legislação
Licitações
Links
Ofício Circular
Organização
Planejamento Estratégico
Processo e Protocolo
Resoluções
Visitando Acervos

TCE CIDADÃO

CORREGEDORIA

TCE Itinerante capacita servidores do interior no município de Estância

27/11/2013

Tweet 0   Impressão

Curtir Seja o primeiro de seus amigos a curtir isso.

Nesta quarta-feira, 27, foi realizado o terceiro dia de atividades do projeto TCE Itinerante, promovido pelo Tribunal de Contas de Sergipe (TCE/SE) através da Escola de Contas Conselheiro José Amado Nascimento (Ecojan), desta vez no Fórum Ministro Heitor de Souza, em Estância, abrangendo ainda servidores dos municípios de Arauá, Boquim, Cristinápolis, Indiaroba, Itabaianinha, Pedrinhas, Salgado, Santa Luzia do Itanhy, Tomar do Geru e Umbaúba.

O conselheiro Clóvis Barbosa, representando o conselheiro presidente Carlos Alberto Sobral, elogiou a iniciativa da Corte de Contas em abordar com os jurisdicionados temas como transparência, Lei de Responsabilidade Fiscal e licitações e contratos. "O Tribunal de Contas se aproxima dos gestores e esta é uma grande oportunidade que as assessorias têm de conversar com a Corte de Contas e tirar suas dúvidas; hoje aqui com três técnicos do maior gabarito integrantes do quadro de servidores do TCE", frisou o conselheiro.

Fotos: Cleverton Ribeiro

Também presente nesta edição do TCE Itinerante, o prefeito de Estância, Carlos Magno, enalteceu a ação. "Ressalto aqui a importância deste evento, onde o TCE mostra mais uma vez que não tem ação punitiva, que seu trabalho é de orientação. Espero que vocês absorvam esses assuntos que estão sendo abordados aqui hoje, para que as prefeituras possam primar pela eficiência e façam um trabalho com responsabilidade", comentou o prefeito.

A coordenadora pedagógica da Ecojan, Patrícia Verônica Sobral de Souza, mais uma vez compareceu e ressaltou que é sempre uma satisfação participar deste projeto. "Desejo um dia bastante produtivo, afinal conhecimento nunca é demais. Além disso, o Tribunal está de portas abertas para recebê-los", falou a coordenadora.

A Associação dos Municípios da Região Centro Sul de Sergipe, parceira do projeto, se fez presente com o presidente Antônio da Fonseca Dória. "Agradeço mais uma vez essa aproximação do Tribunal de Contas com todos os municípios, ficamos muito felizes em poder participar e aprender, entre outras coisas, a diminuir os erros cometidos nas prefeituras", disse ele.

Nesta quinta-feira, 28, o ciclo de palestras continua na cidade de Propriá. As cidades de Canindé e Nossa Senhora do Socorro serão as sedes seguintes.

ANEXO 5

Portal de Serviços

Atas de Registro de Preço
Ato Deliberativo
Ato Deliberativo ICMS
Biblioteca
Certidão CNJ
Comunicações Processuais
Concursos
Constituição de Sergipe
Espaço Cultural
Grupo de Coral TCE
Impedidos de Contratar
Julgamentos do Mês
Legislação
Licitações
Links
Ofício Circular
Organização
Planejamento Estratégico
Processo e Protocolo
Resoluções
Visitando Acervos

TCE CIDADÃO

CORREGEDORIA

CONTROLE SOCIAL
Contato da Sociedade com o TCE.

TCE Itinerante inicia em Itabaiana mais uma série de capacitações

25/11/2013

Foi iniciada nesta segunda-feira, 25, no município de Itabaiana, mais uma edição do projeto TCE Itinerante, realizado pelo Tribunal de Contas de Sergipe (TCE/SE) através da Escola de Contas Conselheiro José Amado Nascimento (Ecojan). Com a participação de servidores de oito municípios, a ação teve o objetivo de capacitá-los para que aprimorem suas atividades, além de proporcionar uma maior integração com a Corte de Contas.

Temas como transparência, Lei de Responsabilidade Fiscal (LRF) e licitações e contratos fizeram parte da programação ministrada por membros do Tribunal de Contas.

Representando o conselheiro-presidente Carlos Alberto Sobral, o procurador do Ministério Público de Contas, João Augusto Bandeira de Mello elogiou a iniciativa: "É de extrema importância esse contato entre o TCE e os gestores para mostrar o que é gestão pública".

"Esta é uma iniciativa positiva, sobretudo pela participação que se percebe dos servidores. Cada vez mais o TCE trabalha essa vertente de capacitações, se dirigindo aos jurisdicionados e trazendo o TCE aos municípios, pois o trabalho do Tribunal não é punir e sim capacitar e orientar os gestores para que se evite o erro", destacou na abertura a coordenadora pedagógica da Ecojan, Patrícia Verônica Sobral de Souza.

O prefeito de Itabaiana, Valmir Costa, também esteve presente no início das atividades. "É uma satisfação enorme sediar mais uma vez o evento do TCE. Enquanto gestor, tenho grata satisfação em comemorar o cuidado que os nossos servidores tem na aplicabilidade dos recursos da cidade de Itabaiana. Outros órgãos deveriam se espelhar no TCE em trazer os trabalhos para os municípios", comentou o prefeito.

Um dos parceiros do projeto, o presidente da Associação dos Municípios da Região Centro Sul de Sergipe, Antônio da Fonseca Dória, ressaltou a relevância da ação. "Queria agradecer ao Tribunal de Contas por essa aproximação com os municípios. O TCE é uma escola, sempre buscando aproximar e capacitar os servidores, e a Ecojan é referência nesse trabalho de capacitação e correção de erros dos gestores".

A programação do dia iniciou com a palestra "Os municípios e a Lei de Transparência", proferida pelo servidor Vanderson Melo. As palestras com os temas "Os impactos da LRF na administração municipal" e "Licitações e Contratos: aspectos práticos relevantes" deram seguimento à programação do evento.

Nesta terça, 26, o ciclo de palestras continua na cidade de Lagarto. Nos dias seguintes, as sedes serão as cidades de Estância, Própria, Canindé e Nossa Senhora do Socorro, finalizando o projeto no dia 02 de dezembro.

Fotos: Cleverton Ribeiro

Servidor Vanderson Melo foi um dos palestrantes

ANEXO 6

MUNICÍPIO POLO	MUNICÍPIOS CONVIDADOS
ITABAIANA	Carira, Nossa Senhora das Dores, Nossa Senhora de Aparecida, São Miguel do Aleixo, Ribeirópolis, Frei Paulo, Campo do Brito, Pedra Mole, Moita Bonita, Malhador, Areia Branca, Itabaiana, Macambira e Pinhão.
CARMÓPOLIS	Capela, Muribeca, Siriri, Santa Rosa de Lima, Rosário do Catete, Pirambu, General Maynard, Divina Pastora, Japaratuba, Maruim, Barra dos Coqueiros, Nossa Senhora do Socorro, Siriri, Santo Amaro e Riachuelo.
PROPRIÁ	Propriá, Amparo do São Francisco, Aquidabã, Brejo Grande, Canhoba, Cedro de São João, Cumbe, Feira Nova, Graccho Cardoso, Ilha das Flores, Itabi, Japoatã, Malhada dos Bois, Muribeca, Neópolis, Nossa Senhora das Dores, Pacatuba, Santana do São Francisco, São Francisco e Telha
CANINDÉ	Poço Redondo, Porto da Folha, Monte Alegre, Nossa Senhora de Lourdes, Nossa Senhora da Glória, Feira Nova, Itabi, Graccho Cardoso, Feira Nova, Cumbe e Gararu.
ARACAJU	Secretarias e Empresas Municipais.
ESTÂNCIA	Pedrinhas, Itabaianinha, Umbaúba, Cristinápolis, Santa Luzia, Indiaroba, Tomar do Geru, Arauá, Itaporanga, São Cristóvão.
LAGARTO	Simão Dias, Poço Verde, Tobias Barreto, Riachão do Dantas, Salgado, Boquim, São Domingos.
NOSSA SENHORA DO SOCORRO	Aracaju, Nossa Senhora do Socorro, Barra dos Coqueiros, Capela, Carmópolis, Divina Pastora, General Maynard, Itaporanga D'Ajuda, Japaratuba, Laranjeiras, Maruim, Pirambu, Riachuelo, Rosário do Catete, Santa Rosa de Lima, Santo Amaro das Brotas, São Cristóvão e Siriri.

TRIBUNAL DE CONTAS DE SERGIPE

ANEXO 7

RESOLUÇÃO TC Nº 220, DE 19 DE DEZEMBRO DE 2002.

(ALTERADA PELAS RESOLUÇÕES TC Nº 227, DE 12 AGOSTO DE 2004 E TC Nº 281, DE 25 DE JULHO DE 2013)

Cria Escola de Contas Públicas do Tribunal de Contas do Estado de Sergipe e dá providências correlatas.

ANEXO I - Regimento Interno

O **TRIBUNAL DE CONTAS DO ESTADO DE SERGIPE**, no uso de suas atribuições legais, tendo em vista o disposto no art. 70, inciso II da Constituição do Estado de Sergipe combinado com o art. 70 da Lei Complementar nº 04, de 12 de novembro de 1990,

RESOLVE:

Art.1º Fica criada a Escola de Contas Públicas do Tribunal de Contas do Estado de Sergipe, tendo por finalidade o desenvolvimento e aperfeiçoamento profissional com atividade de treinamento técnico nas áreas de sua atuação. (VIDE RESOLUÇÃO TC Nº 227, DE 12 DE AGOSTO DE 2004).

Parágrafo único. A Escola promoverá cursos de especialização, em nível de pós-graduação *lato sensu*, mediante convênio celebrado com instituições de ensino superior, além de outras atividades culturais.

Art.2º A execução dos serviços administrativos e o oferecimento de cursos caberão aos órgãos que o Regimento Interno da Escola instituir com a anuência do Presidente do Tribunal.

Art.3º Fica aprovado o Regimento Interno da Escola de Contas do Tribunal de Contas do Estado de Sergipe, o qual fica fazendo parte integrante da presente

Resolução.

Art.4º Esta Resolução entra em vigor na data de sua publicação, produzindo seus efeitos jurídicos a partir de 1º de janeiro de 2003.

Sala das Sessões do **TRIBUNAL DE CONTAS DO ESTADO DE SERGIPE**, em Aracaju, 19 de dezembro de 2002.

Conselheiro CARLOS ALBERTO SOBRAL DE SOUZA

Presidente

Conselheiro HERÁCLITO GUIMARÃES ROLLEMBERG

Vice-Presidente

Conselheiro CARLOS PINNA DE ASSIS

Corregedor-Geral

Conselheiro HILDEGARDS AZEVEDO SANTOS

Conselheiro REINALDO MOURA FERREIRA

Conselheira MARIA ISABEL CARVALHO NABUCO d'ÁVILA

Conselheiro LUIZ AUGUSTO CARVALHO RIBEIRO

REGIMENTO INTERNO

(REVOGADO PELA RESOLUÇÃO TC Nº 281/2013)

~~CAPÍTULO I~~

~~Da Instituição~~

~~**Art.1º** A Escola de Contas Públicas do Tribunal de Contas do Estado de Sergipe, criada pela Resolução nº 220, de 19 de dezembro de 2002, do Tribunal de Contas do Estado de Sergipe, tem sede na cidade de Aracaju e destina-se a promover a capacitação e o desenvolvimento profissional dos membros e servidores do Tribunal de Contas, compreendendo, em especial, programas de formação, aperfeiçoamento e especialização, realizados no país.~~

~~CAPÍTULO II~~

Dos Fins

Art.2º São fins da Escola de Contas Públicas:

I – ministrar cursos de formação e de aperfeiçoamento profissional, com atividade de treinamento e desenvolvimento técnico nas áreas de atuação do Tribunal de Contas;

II – promover e organizar ciclos de conferências, simpósios, seminários, palestras e outros eventos assemelhados;

III – desenvolver atividades de pesquisa, estudos e cursos de extensão;

IV – promover cursos de especialização, em nível de pós-graduação *lato sensu*, mediante convênio celebrado com instituições de ensino superior.

CAPÍTULO III

Da Administração

Art.3º A Escola tem a seguinte organização administrativa:

I – Conselho Administrativo e Pedagógico;

II – Diretoria;

III – Coordenadoria;

IV – Secretaria.

Seção I

Do Conselho Administrativo e Pedagógico

Art.4º O Conselho Administrativo e Pedagógico é órgão consultivo, normativo e decisório, originário e recursal, em matéria administrativa e pedagógica.

§ 1º Integra o Conselho Administrativo e Pedagógico:

I – O Vice-Presidente do Tribunal de Contas do Estado de Sergipe, que é o seu Presidente;

II – O Diretor da Escola de Contas Públicas;

III – Os Coordenadores de cursos.

§ 2º Compete ao Conselho Administrativo Pedagógico:

I – aprovar proposta de planos anuais dos cursos e recursos financeiros, que serão submetidos à consideração do Presidente do Tribunal de Contas;

II – aprovar os conteúdos programáticos dos cursos;

III – aprovar o valor da gratificação de ensino aos professores;

IV – aprovar os planos de incentivo à pesquisa e as proposições de intercâmbio com entes estatais, paraestatais e fundações nacionais e estrangeiras;

V – decidir, originariamente ou em grau de recurso, sobre assuntos administrativos, pedagógicos e disciplinares;

VI – aplicar pena de cancelamento compulsório da matrícula;

VII – decidir sobre os casos omissos, *ad referedum* do Plenário.

§ 3º O Conselho Administrativo e Pedagógico reunir-se-á, ordinariamente, no início e no fim de cada ano letivo e extraordinariamente, sempre que houver necessidade, por convocação do Diretor da Escola.

Seção II

Da Diretoria

Art.5º A Diretoria da Escola de Contas Públicas será exercida por um Diretor, que será um membro do Tribunal eleito pela Corte de Contas, com mandato de dois anos.

Parágrafo único. O Diretor da Escola somente perderá o mandato por deliberação da maioria absoluta dos membros do Tribunal Pleno.

Art.6º Compete ao Diretor:

I – convocar o Conselho Administrativo e Pedagógico;

II – propor ao Conselho Administrativo e Pedagógico o plano de receita e despesa;

III – deferir os pedidos de matrícula e propor ao Conselho Administrativo e Pedagógico, quando for o caso, o cancelamento compulsório;

IV – movimentar a receita e a despesa, juntamente com a Secretaria;

V – prestar contas ao Tribunal, no fim do exercício financeiro;

VI – supervisionar os cursos e atividades técnico-pedagógicas;

VII – escolher o pessoal administrativo e nomear integrantes do corpo docente, assessorado pelos Coordenadores;

VIII – propor ao Conselho Administrativo e Pedagógico o valor da gratificação dos professores;

IX – apresentar ao Tribunal de Contas relatórios administrativos e pedagógicos;

X – adotar as medidas necessárias à divulgação dos cursos;

XI – editar instruções normativas e gerais para a execução pela Secretaria.

Seção III

Dos Coordenadores de Curso

Art.7º Haverá dois Coordenadores de Curso, nomeados pelo Diretor.

Art.8º Compete aos Coordenadores:

I – orientar as atividades docentes da Escola;

II – convocar professores e instrutores para as reuniões de planejamento;

III – assessorar o Diretor;

IV – orientar projetos e planos gerais de pesquisa;

V – ouvir as reclamações e as sugestões dos cursistas, resolvendo ou submetendo-as ao Diretor.

Seção IV

Do Apoio Administrativo

Art.9º A Escola contará com o apoio de sua Secretaria, composto por funcionários designados pelo Presidente do Tribunal.

Parágrafo único. Dentre os funcionários postos à disposição da Escola, o Diretor nomeará o Secretário.

Art.10º Compete ao Secretário:

I – cumprir as deliberações do Diretor da Escola;

II – proceder aos registros necessários;

III – organizar o fichário e o arquivo;

IV – executar as atividades burocráticas;

V – secretariar as reuniões;

VI – assessorar os Coordenadores, providenciando o material didático;

VII – manter a contabilidade em dia;

VIII – efetuar pagamentos e movimentar as contas, juntamente com o Diretor.

Art.11º A Escola de Contas Públicas será mantida pelo Tribunal de Contas do Estado de Sergipe, ao qual prestará contas anualmente.

Art.12º Este Regimento poderá ser reformado mediante Resolução aprovada pelo voto da maioria absoluta dos Conselheiros, por proposta de iniciativa de qualquer membro do Tribunal ou do Conselho Administrativo e Pedagógico, e suas omissões serão supridas por deliberação do Plenário.

Sala das Sessões do **TRIBUNAL DE CONTAS DO ESTADO DE SERGIPE,** em Aracaju, 19 de dezembro de 2002.

Conselheiro CARLOS ALBERTO SOBRAL DE SOUZA

Presidente

Conselheiro HERÁCLITO GUIMARÃES ROLLEMBERG

Vice-Presidente

Conselheiro CARLOS PINNA DE ASSIS

Corregedor-Geral

Conselheiro HILDEGARDS AZEVEDO SANTOS

Conselheiro REINALDO MOURA FERREIRA

Conselheira MARIA ISABEL CARVALHO NABUCO d'ÁVILA

Conselheiro LUIZ AUGUSTO CARVALHO RIBEIRO

Este texto não substitui para o publicado no D.O.E.

Esta Resolução deve ser analisada à luz do Novo Regimento Interno e Lei Complementar Estadual nº 205/2011 (Lei Orgânica do Tribunal de Contas).

ANEXO 8

Estado de Sergipe
TRIBUNAL DE CONTAS
**ATO DELIBERATIVO Nº 866
DE 18 DE JUNHO DE 2015**

> Estabelece os valores da hora-aula para docentes em atuação nos cursos promovidos pela Escola de Contas Conselheiro José Amado Nascimento deste Tribunal de Contas e dá outras providências.

O **TRIBUNAL DE CONTAS DO ESTADO DE SERGIPE**, no uso de suas atribuições legais e regulamentares;

Considerando que a Escola de Contas Conselheiro José Amado Nascimento tem como finalidade, a capacitação e aperfeiçoamento de recursos humanos deste Tribunal de Contas e de seus jurisdicionados;

Considerando a importância do envolvimento e da participação dos membros e servidores como condutores do desenvolvimento institucional, tendo em vista o conhecimento da realidade interna;

Considerando, ainda, a necessidade de fixar os valores da hora/aula para membros, servidores e professores convidados para ministrar atividades de facilitação de aprendizagem em cursos e eventos destinados à capacitação, nas áreas de interesse institucional,

RESOLVE

Art. 1º. Estabelecer o valor da hora-aula conforme definido no anexo único deste Ato Deliberativo.

§ 1º. O valor da hora-aula será acrescido em 50% (cinqüenta por cento), para os palestrantes quando as palestras forem ministradas fora do Estado de Sergipe.

§ 2º. O valor da hora-aula será acrescido em 100% (cem por cento), para os palestrantes com domicílio fora do Estado de Sergipe.

Art. 2º. Os valores da hora/aula fixados no presente Ato Deliberativo serão corrigidos, anualmente, na mesma proporção da variação do IPCA, com base no índice do mês subseqüente ao da publicação deste Ato, e em caso de extinção do referido índice, utilizar-se-á outro índice que vier a substituí-lo.

Estado de Sergipe
TRIBUNAL DE CONTAS
ATO DELIBERATIVO Nº 866
DE 18 DE JUNHO DE 2015

Art. 3º. Este Ato entra em vigor na data de sua publicação, produzindo seus efeitos a partir de 1º de junho de 2015.

Sala das Sessões do **TRIBUNAL DE CONTAS DO ESTADO DE SERGIPE**, Aracaju, 18 de junho de 2015.

Conselheiro **CARLOS PINNA DE ASSIS**
Presidente

Conselheiro **CLÓVIS BARBOSA DE MELO**
Vice-Presidente

Conselheiro **ULICES DE ANDRADE FILHO**
Corregedor-Geral

Conselheiro **CARLOS ALBERTO SOBRAL DE SOUZA**

Conselheiro **LUIZ AUGUSTO CARVALHO RIBEIRO**

Conselheira **SUSANA MARIA FONTES AZEVEDO FREITAS**

Conselheira **MARIA ANGÉLICA GUIMARÃES MARINHO**

Estado de Sergipe
TRIBUNAL DE CONTAS
ATO DELIBERATIVO Nº 866
DE 18 DE JUNHO DE 2015

ANEXO ÚNICO

INSTRUTOR	VALOR HORA/AULA (R$)
Graduação/Notório Saber	110,00
Especialista	130,00
Mestrado	150,00
Doutorado	180,00
Pós-Doutorado	200,00

ANEXO 9

RESOLUÇÃO TC Nº 227, DE 12 DE AGOSTO DE 2004

Denomina a Escola de Contas Públicas do Tribunal de Contas do Estado de Sergipe e altera o seu Regimento Interno.

O TRIBUNAL DE CONTAS DO ESTADO DE SERGIPE, no uso das suas atribuições e com base no disposto no art. 12 da Resolução nº 220, de 19 de dezembro de 2002.

RESOLVE:

Art. 1º Fica a Escola de Contas Públicas do Tribunal de Contas do Estado de Sergipe denominada Escola de Contas CONSELHEIRO JOSÉ AMADO NASCIMENTO – ECOJAN e seu Regimento Interno passa vigorar na forma do Anexo Único desta Resolução.

Art. 2º Esta Resolução entra em vigor na data de sua publicação.

Sala das Sessões do **TRIBUNAL DE CONTAS DO ESTADO DE SERGIPE**, em Aracaju, 12 de agosto de 2004.

Conselheiro HERÁCLITO GUIMARÃES ROLLEMBERG

Presidente

Conselheiro HILDEGARDS AZEVEDO SANTOS

Vice-Presidente

Conselheiro ANTONIO MANOEL DE CARVALHO DANTAS

Corregedor-Geral

Conselheiro CARLOS ALBERTO SOBRAL DE SOUZA

Conselheiro CARLOS PINNA DE ASSIS

Conselheiro REINALDO MOURA FERREIRA

Conselheira MARIA ISABEL CARVALHO NABUCO D'ÁVILA

Este texto não substitui para o publicado no D.O.E.

*Nota: A **Resolução TC nº 281, de 25 de julho de 2013**, deu nova redação ao Regimento Interno da Escola de Contas Conselheiro José Amado Nascimento.*

ANEXO 10

**ESTADO DE SERGIPE
TRIBUNAL DE CONTAS
RESOLUÇÃO TC Nº 281
25 DE JULHO DE 2013**

Altera o art. 3º da Resolução nº 220, de 19 de dezembro de 2002, que aprova o Regimento Interno da Escola de Contas Conselheiro José Amado Nascimento – ECOJAN.

O TRIBUNAL DE CONTAS DO ESTADO DE SERGIPE, no uso das atribuições que lhe são conferidas pelo art. 70, inciso II, da Constituição do Estado de Sergipe, combinado com o artigo 2º da Lei Complementar nº 205, de 6 de julho de 2011, Lei Orgânica do Tribunal de Contas do Estado de Sergipe, e com os artigos 3º, inciso I, e 40, parágrafo único, do Regimento Interno deste Tribunal, e

Considerando o disposto no art. 14º, §§ 2º e 5º, da Lei Complementar nº 204, de 06 de julho de 2011;

Considerando o que a Resolução nº 275, de 12 de abril de 2012, deu nova redação ao art. 3º da Resolução nº 220, de 19 de dezembro de 2002;

Considerando a necessidade de dotar a Escola de Contas Conselheiro José Amado Nascimento – ECOJAN de uma estrutura que permita atender à legislação pertinente, no que diz respeito ao estudo e à pesquisa;

Considerando a comodidade a ser proporcionada aos participantes de cursos e treinamentos oferecidos pela ECOJAN, quanto ao aperfeiçoamento dos conhecimentos,

Considerando, ainda, a necessidade de adaptação do Regimento Interno da ECOJAN à nova legislação do Tribunal de Contas do Estado de Sergipe,

RESOLVE:

Art. 1º O art. 3º da Resolução nº 220, de 19 de dezembro de 2002, que aprova o Regimento Interno da Escola de Contas Conselheiro José Amado Nascimento – ECOJAN, passa a vigorar com a seguinte redação:

"Art. 3º Fica aprovado o Regimento Interno da Escola de Contas Conselheiro José Amado Nascimento – ECOJAN, com suas alterações, o qual passa a integrar a presente Resolução." (NR).

Art. 2º Ficam revogadas todas as disposições em contrário, especialmente a Resolução nº

**ESTADO DE SERGIPE
TRIBUNAL DE CONTAS
RESOLUÇÃO TC Nº 281
25 DE JULHO DE 2013**

275, de 12 de abril de 2012.

Art. 3º Esta Resolução entra em vigor na data de sua publicação.

PUBLIQUE-SE E CUMPRA-SE.

Sala das Sessões do **TRIBUNAL DE CONTAS DO ESTADO DE SERGIPE**, em Aracaju, 25 de Julho de 2013.

Conselheiro **CARLOS ALBERTO SOBRAL DE SOUZA**
Presidente

Conselheiro **CARLOS PINNA DE ASSIS**
Vice-Presidente

Conselheiro **REINALDO MOURA FERREIRA**
Corregedor-Geral

Conselheiro **CLÓVIS BARBOSA DE MELO**
Ouvidor

Conselheiro **ULICES DE ANDRADE FILHO**

Conselheiro Substituto **ALEXANDRE LESSA LIMA**

ESTADO DE SERGIPE
TRIBUNAL DE CONTAS

ESCOLA DE CONTAS CONSELHEIRO JOSÉ AMADO NASCIMENTO
REGIMENTO INTERNO

CAPÍTULO I
Da Instituição

Art. 1º A Escola de contas CONSELHEIRO JOSÉ AMADO NASCIMENTO – ECOJAN, criada pela Resolução nº 220, de 19 de dezembro de 2002, do Tribunal de Contas do Estado de Sergipe, tem sede na cidade de Aracaju e destina-se a promover a capitação e desenvolvimento profissional dos membro e servidores do Tribunal de Contas e dos órgãos jurisdicionados, compreendendo, em especial, programas de formação, aperfeiçoamento e especialização, realizados no país.

CAPÍTULO II
Dos Fins

Art. 2º São fins da Escola de Contas CONSELHEIRO JOSÉ AMADO NASCIMENTO – ECOJAN:

I – ministrar cursos de formação e de aperfeiçoamento profissional, com atividade de treinamento e desenvolvimento técnico nas áreas de atuação do Tribunal de Contas;

II – promover e organizar ciclos de conferências, simpósios, seminários, palestras e outros eventos assemelhados;

III – desenvolver atividades de pesquisa, estudos e cursos de extensão;

IV – promover cursos de especialização, em nível de pós-graduação *lato sensu* e *stricto sensu*, mediante convênio celebrado com instituição de ensino superior.

CAPÍTULO III
Da Administração

Art.3º A ECOJAN tem a seguinte organização administrativa:

I – Conselho Administrativo-Pedagógico;

II – Diretoria;

III – Coordenadoria Administrativo-pedagógica;

IV – Supervisão;

V – Secretaria;

VI – Biblioteca.

**ESTADO DE SERGIPE
TRIBUNAL DE CONTAS**
Seção I
Do Conselheiro Administrativo-Pedagógico

Art. 4º O Conselho Administrativo-Pedagógico é órgão consultivo, normativo e decisório, originário e recursal, em matéria administrativa e pedagógica.

§ 1º Integra o Conselho Administrativo-Pedagógico:

I – O Vice-Presidente do Tribunal de Contas do Estado de Sergipe, que é o seu Presidente;

II – O Diretor da ECOJAN;

III – O Coordenador Administrativo-Pedagógico;

IV – O Supervisor Administrativo-Pedagógico;

V – O Diretor Administrativo e Financeiro do Tribunal;

VI – O Diretor Técnico do Tribunal.

§ 2º O Compete ao Conselho Administrativo-Pedagógico:

I – aprovar proposta de planos anuais de curso e recursos financeiros, que serão submetidos à consideração do Presidente do Tribunal de Contas;

II – aprovar os conteúdos programáticos dos cursos;

III – aprovar o valor da gratificação de ensino aos professores;

IV – aprovar os planos de incentivo à pesquisa e as proposições de intercâmbio com entes estatais, paraestatais e fundações nacionais e estrangeiras;

V – decidir, originalmente ou em grau de recurso, sobre assuntos administrativos, pedagógicos e disciplinares;

VI – aplicar pena de cancelamento compulsório da matrícula;

VII – decidir sobre os casos omissos, *ad referedum* do Presidente do Tribunal.

§ 3º O Conselheiro Administrativo-Pedagógico reunir-se-á, ordinariamente, no início e no fim de cada ano letivo e extraordinariamente, sempre que houver necessidade, por convocação do Diretor da Escola.

Seção II
Da Diretoria

Art. 5º A Diretoria da ECOJAN será exercida por um Conselheiro indicado pelo Presidente e aprovado pelo Pleno, nos termos da Lei Complementar nº 204, de 06 de julho de 2011 e do Regimento Interno do Tribunal de Contas do Estado de Sergipe.

ESTADO DE SERGIPE
TRIBUNAL DE CONTAS

Art. 6º Compete ao Diretor:

I – convocar o Conselho Administrativo-Pedagógico;

II – propor ao Conselho Administrativo-Pedagógico, plano de receita e despesa, abrangendo cada ano civil;

III – deferir os pedidos de matrículas e propor ao Conselho Administrativo-Pedagógico, quando for o caso, o cancelamento compulsório;

IV – supervisionar os cursos e atividades técnico-pedagógicas;

V – propor ao Conselho Administrativo-Pedagógico o valor da gratificação dos professores;

VI – propor à Presidência do Tribunal a realização de despesas inerentes às atividades da ECOJAN, as quais serão empenhadas, liquidadas e pagas através da estrutura organizacional do Tribunal;

VII – aprovar a seleção dos integrantes do corpo docente, escolher o pessoal administrativo e de assessoramento, indicando-os à Presidência para lotação e/ou nomeação;

VIII – apresentar à Presidência do Tribunal relatórios administrativos e pedagógicos;

XI – adotar as medidas necessárias à divulgação dos cursos, junto à Assessoria de Comunicação do Tribunal;

X – editar instruções normativas e gerais para a execução pela Coordenadoria Administrativo-Pedagógica, Supervisão e Secretaria.

Seção III
Da Coordenadoria Administrativo-Pedagógica

Art. 7º A Coordenadoria Administrativo-Pedagógica será exercida por um servidor do Quadro Efetivo do Tribunal de Contas do Estado de Sergipe com formação superior, mediante indicação do Diretor.

Art. 8º Compete ao coordenador Administrativo-Pedagógico:

I – planejar atividades da Escola;

II – desenvolver as políticas de treinamento nas áreas de atuação do Tribunal;

III – assessorar o Diretor;

IV – orientar projetos e planos gerais de pesquisa;

V – ouvir as reclamações e as sugestões dos cursistas, resolvendo-as ou submetendo-as ao Diretor.

Seção IV
Da Supervisão

Art. 9º A Supervisão das atividades da ECOJAN será exercida por um Supervisor

ESTADO DE SERGIPE
TRIBUNAL DE CONTAS

Administrativo-Pedagógico nomeado em cargo em Comissão, mediante indicação do Diretor.

Art. 10. Compete ao Supervisor Administrativo-Pedagógico:

I – orientar as atividades docente da Escola sob a orientação do Coordenador Administrativo-Pedagógico;

II – supervisionar as atividades administrativas;

III – convocar professores e instrutores para as reuniões de planejamento;

IV – exercer o controle de assiduidade, qualidade e disciplinar do pessoal docente e administrativo;

V – assessorar o coordenador Administrativo-Pedagógico;

Seção V
Da Secretaria

Art. 11. A ECOJAN contará com o apoio do Tribunal, especialmente de sua Secretaria, composta por servidores designados pelo Presidente do Tribunal.

Parágrafo Único. Dentre aqueles postos à disposição da Escola, o Diretor indicará servidor para ocupar Função de Confiança com fim de secretariar a ECOJAN, o qual será designado pelo Presidente do Tribunal.

Art. 12. Compete ao Secretário de Escola:

I – cumprir as deliberações do Diretor da Escola;

II – proceder aos registros necessários;

III – organizar o fichário e o arquivo;

IV – executar as atividades burocráticas;

V – secretariar as reuniões;

VI – assessorar o Supervisor Administrativo-Pedagógico, providenciando o material didático;

VII – manter estatísticas sobre as atividades da Escola;

VIII – Instruir os processos de pagamento de despesas a serem realizadas pelo Tribunal.

Seção VI
Da Biblioteca

Art. 13. Integrará a estrutura da ECOJAN a Biblioteca do Tribunal de Contas do Estado de Sergipe, que será responsável pela guarda, organização, conservação, atualização, disponibilização e integridade do patrimônio bibliográfico e documental do Tribunal.

**ESTADO DE SERGIPE
TRIBUNAL DE CONTAS**

Parágrafo Único. A Biblioteca será chefiada por servidor designado pelo Diretor da ECOJAN e nomeado pelo Presidente do Tribunal.

CAPÍTULO IV
Das Disposições Complementares e Finais

Art. 14. A ECOJAN será mantida pelo Tribunal de Contas do Estado de Sergipe, destacando-se em seu orçamento/programa anual, dotações orçamentárias específicas para suas atividades.

Art. 15. Este Regimento poderá ser reformado mediante Resolução aprovada pelo voto da maioria absoluta dos Conselheiros, por proposta de iniciativa de qualquer membro do Tribunal ou do Conselho Administrativo e Pedagógico, e suas omissões serão supridas por decisão da Presidência do Tribunal.

Sala das Sessões do **TRIBUNAL DE CONTAS DO ESTADO DE SERGIPE**, em Aracaju, 25 de Julho de 2013.

Conselheiro **CARLOS ALBERTO SOBRAL DE SOUZA**
Presidente

Conselheiro **CARLOS PINNA DE ASSIS**
Vice-Presidente

Conselheiro **REINALDO MOURA FERREIRA**
Corregedor-Geral

Conselheiro **CLÓVIS BARBOSA DE MELO**
Ouvidor

Conselheiro **ULICES DE ANDRADE FILHO**

Conselheiro Substituto **ALEXANDRE LESSA LIMA**

Esta obra foi composta em fonte Palatino Linotype, corpo 10
e impressa em papel Offset 75g (miolo) e Supremo 250g (capa)
pela Gráfica e Editora O Lutador, em Belo Horizonte/MG.